Le croisement des pouvoirs

Croiser les savoirs en formation, recherche, action

Cet ouvrage a été réalisé avec le soutien
de l'Association Georges Hourdin

Imprimé en France *Printed in France*

ISBN : 978-2-7082-4038-4

Sous la direction de Claude Ferrand

Patrick Brun, Monique Couillard, Françoise Ferrand,
Martine Lecorre, Hervé Lefeuvre, Cécile Reinhardt

Le croisement des pouvoirs

Croiser les savoirs en formation, recherche, action

LES EDITIONS DE L'ATELIER

Les Editions Ouvrières
12 avenue Sœur Rosalie
75013 Paris

EDITIONS QUART MONDE

Les auteurs

Sous la direction de Claude Ferrand, volontaire-permanent ATD Quart Monde

Patrick Brun, docteur en Sciences de l'Éducation (Paris)
Monique Couillard, volontaire-permanente ATD Quart Monde (Belgique)
Françoise Ferrand, volontaire-permanente ATD Quart Monde, Reims (France)
Martine Lecorre, militante-permanente ATD Quart Monde, Caen (France)
Hervé Lefeuvre, volontaire-permanent ATD Quart Monde, Rennes (France)
Cécile Reinhardt, militante-permanente ATD Quart Monde, Mulhouse (France)

Avertissement

L'astérisque (*) dans le texte renvoie au lexique à la fin de l'ouvrage.
Les renvois de page dans les notes bibliographiques relatifs aux ouvrages *Le croisement des savoirs* et *Le croisement des pratiques* ne prennent pas en compte la nouvelle édition, à paraître en 2009, mais se réfèrent aux éditions précédentes.

Sommaire

Préface

Marie Jahrling-Apparicio [1]

Je me souviens du bidonville de Noisy-le-Grand. Qui aurait cru à tout ce cheminement avec le peu de considération que l'on nous portait ?

Un de mes premiers souvenirs est à l'école primaire, lorsque l'institutrice nous avait demandé ce que pouvaient laisser les parents à leurs enfants. Alors que les réponses allaient surtout dans le sens matériel, quand est arrivé mon tour, j'ai dit : « l'honneur ». L'institutrice étonnée m'a regardée et a dit : « Ah oui, on a déjà fait la leçon l'an passé. » Comme si, venant du bidonville, je ne pouvais pas savoir de moi-même ce que signifiait l'honneur.

À quatorze ans, après le certificat d'études primaires, les propositions n'étaient pas de prolonger la scolarité, on voulait que je fasse une formation de câbleuse. Je suis allée travailler au grand désespoir de mes parents. « Avec ton intelligence... », disaient-ils. Mais ils étaient pendant trop longtemps les seuls à y croire.

De mes camarades du bidonville, une seule a fait des études. Sa mère était secrétaire. Elle nous ravissait lorsqu'elle jouait du violon. Sa fille avait plus de facilités que nous à se faire des amis à l'extérieur du camp. Elle a fait carrière dans l'administration.

Ma chance a été d'avoir des parents attentifs aux autres et je peux dire militants face à toute la détresse qui les entourait. Du plus loin que je me souvienne, je revois des personnes venir chercher mon père afin de soigner quelques bobos, organiser des actions d'entraide ou festives. Ma sœur Mathilde occupait les enfants. Toute cette solidarité rendait pour quelques moments la vie moins dure.

La boue, les conditions de vie faisaient que l'on ne passait jamais inaperçus. On était ceux qui étaient mis de côté, hors normes, hors société. C'est bien souvent que nous surprenions ma mère en pleurs, bien qu'elle essayât de faire bonne figure

1. Membre du Comité d'éthique du Centre international Joseph Wresinski.

devant tous. Ses larmes, sa mauvaise santé sont encore en moi un sentiment de rage envers l'injustice qu'est l'exclusion due à la pauvreté.

Dans les années 1950-1960, je ne mettais pas ce mot exclusion derrière ce que je vivais, tant je me sentais responsable d'être pauvre. Lorsque je sortais du bidonville, mon souci était de ne pas me faire remarquer. Comme si cela pouvait être possible. Le fait est que lorsque je rentrais, c'était comme une respiration, je retrouvais les miens, un monde où on est tous les mêmes, dans la défaite, mais tous pareils.

Je suis entrée dans le combat quand j'ai eu conscience de l'injustice que nous vivions. Je ne suis plus coupable mais victime, puis combattante. Combattante contre l'exclusion que représente la pauvreté. Le Père Joseph Wresinski* demandait à chacun de prendre ses responsabilités dans le combat, prendre conscience de sa valeur personnelle pour mieux s'apprécier soi-même et en se mêlant avec d'autres, faire une force de lutte contre la pauvreté. Les armes du combat viennent de ton propre vécu, c'est le contraire du sauve-toi tout seul. Avec tes frères, avec les tiens, rejoins les autres. Derrière les gens pauvres, il y a des plus pauvres encore.

Les années ont passé. Nous nous sommes formés dans les Universités populaires Quart Monde*, venant de différentes villes, de différents pays. Nous nous sommes reconnus d'un peuple qui vit l'injustice de la misère. Nous avons appris à nous connaître comme des êtres pensants capables de réfléchir, de prendre la parole, de défendre nos idées, de communiquer avec les autres. Puis à travailler avec des universitaires, des professionnels. Avoir mené une recherche avec eux, avoir croisé nos savoirs, écrit ensemble, quelle folie ! Au début c'était comme une grande utopie, mais nous l'avons vraiment fait, ce n'est pas un rêve ! Avec les universitaires, il s'agissait de croiser des savoirs qui nous étaient inconnus, les savoirs sociologiques, historiques ; avec les professionnels il s'agissait de dépasser nos peurs, nos *a priori*, d'effacer les échecs subis dans notre vie que ce soit avec des enseignants, des médecins, des juges, des travailleurs sociaux... Nous l'avons fait pour les nôtres, pour un avenir meilleur.

Nous avons appris qu'un véritable croisement des savoirs ne se réalise pas par un simple échange mutuel de connaissances. Il faut, ce qui est plus difficile, une manière de se connaître et de se reconnaître comme des personnes qui possèdent chacune, à partir de sa vie et de sa perception, un savoir propre que l'autre ignore et qu'il lui faut apprendre. Ce croisement des savoirs n'est donc possible que si un véritable échange entre les personnes se réalise dans le dialogue, le travail mais aussi les moments de doute, de rires et d'espérance. Pour qu'il y ait échange, dialogue, il ne faut pas que certains viennent en tant que donateurs et d'autres en situation de recevoir. Cet échange que j'ai eu en vérité avec des personnes d'autres milieux m'a donné la force de le vouloir non seulement pour mes enfants mais pour tous ceux qui vivent aujourd'hui la pauvreté.

Tout ce que nous avons entrepris depuis est un prolongement. D'autres militants du monde de la pauvreté continuent à se lever, à avancer. On en est encore au balbutiement de la prise en compte de la parole des plus pauvres. C'est une parole pour faire comprendre vers où il faut aller pour que tous aient un maximum de chances. Nous avons l'expérience de ce qui ne doit pas continuer. C'est fini de dire que la misère est une fatalité. Ce n'est pas une fatalité.

J'ai confiance dans le travail que nous faisons avec les universitaires et les différentes institutions. Si on se donne les moyens de se former ensemble, nous pouvons changer des pratiques qui ont donné très peu de résultats contre la misère. Aujourd'hui ce livre est un encouragement pour toutes les personnes qui vivent la pauvreté à rejoindre d'autres, à se former, à prendre la parole pour que cesse cette grande injustice qu'est la pauvreté.

Introduction

Rencontrer, reconnaître les personnes en situation de pauvreté comme porteuses de savoirs est au cœur de la démarche du croisement des savoirs et des pratiques.

Joseph Wresinski*, fondateur d'ATD Quart Monde, l'affirme avec force :

« Ceux qui pensent que les hommes totalement paupérisés sont apathiques et que, par conséquent, ils ne réfléchissent pas, qu'ils s'installent dans la dépendance ou dans le seul effort de survivre au jour le jour, ceux-là se trompent lourdement. Leur savoir et leur réflexion ne portent pas seulement sur leur situation vécue, mais aussi sur le monde environnant qui la leur fait vivre, sur ce qu'est ce monde-là, et sur ce qu'il devrait être pour ne plus exclure les plus faibles [1]. »

Quant à Michel Authier, sociologue, il livre ce constat :

« L'exclusion n'est pas liée seulement au fait de ne pas avoir les moyens de se nourrir, de se loger, mais aussi parce que les gens sont porteurs de richesses qui ne sont pas reconnues dans les milieux dans lesquels ils se trouvent. En particulier, les savoirs dont ils sont porteurs ne sont pas reconnus. Si on trouvait un moyen pour les reconnaître, un nouveau processus de lutte contre l'exclusion s'amorcerait [2]. »

Enfin, Michel Serres, philosophe, pose cette question : « Est-ce qu'on peut faire reconnaître le savoir des plus défavorisés ? L'exclusion c'est le manque de reconnaissance [3]. »

---

1. « La pensée des plus pauvres dans une connaissance qui conduise au combat », *Revue Quart Monde*, n° 140, 1991, pp. 44-52.

2. Intervention Réseau Wresinski, « Participation et croisement des savoirs », 1er décembre 2007.

3. Cf. *Le croisement des savoirs – Quand le Quart Monde et l'Université pensent ensemble*, Paris, Éditions de L'Atelier/Éditions Quart Monde, 1999, pp. 509-512.

Nombreux sont les penseurs, politiques, femmes et hommes d'action... à s'interroger sur les moyens à mettre en œuvre pour que cessent la misère et l'exclusion.

Reconnaître les personnes en situation de pauvreté comme penseurs et acteurs à part entière n'est pas une étape facile à franchir, car elle remet en cause une certaine hiérarchie des savoirs, elle bouscule les positions acquises, les rôles attribués selon la fonction, les statuts obtenus par des diplômes ou l'expérience. Reconnaître les personnes en situation de pauvreté comme des acteurs à part entière, c'est leur reconnaître un savoir de vie et d'expérience sans lequel les autres types de savoirs (scientifiques, d'action...) sont incomplets et donc à terme inefficaces, voire même générateurs d'effets contraires à ceux qui sont en principe recherchés.

Mais pour autant la démarche de croisement des savoirs ne saurait se confondre avec une simple démarche de participation ou de consultation des populations en situation de pauvreté[4]. L'ambition est autre, il s'agit d'enclencher et de vivre durablement un processus démocratique. Processus exigeant de laisser s'exprimer des points de vue différents et de prendre le temps de la compréhension. Le but n'étant pas d'arriver à un accord de circonstances. Peut-être est-ce là la profonde originalité de la démarche du croisement des savoirs avec des personnes en situation de pauvreté : nous apprendre que le conflit fait partie de la relation et que la relation conflictuelle n'est pas synonyme d'échec. Elle est une étape. Elle pousse chacun à expliciter sa position, ses valeurs, ses motivations en acceptant que l'autre avec ses propres références, ses propres expériences emprunte un chemin différent. Pour autant l'objectif n'est pas de renforcer des chemins parallèles, mais de vivre la pluralité, la diversité, en créant et développant des occasions de croisement.

L'expérimentation du croisement entre universitaires, professionnels de l'intervention sociale et personnes en situation de pauvreté a prouvé qu'une démarche de recherche-action-formation, de co-construction des savoirs, de co-formation entre des savoirs théoriques, d'explication, des savoirs transformateurs de l'action et des savoirs pratiques de l'expérience, était possible et donnait lieu à de nouvelles connaissances, de nouvelles pistes d'action[5]. En décernant un prix aux groupes de recherche qui ont mené cette expérimentation, l'Académie des Sciences morales et politiques de l'Institut de France[6] en reconnaît le caractère novateur.

Il fallait aller plus loin, sortir de l'expérimentation, diffuser, faire rayonner cette démarche de croisement en la pratiquant au quotidien et en la proposant à des publics professionnels diversifiés, en la confrontant avec celles des chercheurs, en la

4. Cf. Annexe 1 : « La charte du croisement du croisement des savoirs et des pratiques avec des personnes en situation de pauvreté et d'exclusion. »

5. Programmes expérimentaux Quart Monde-Université (1996-1998), Quart Monde Partenaire (2000-2002).

6. Le jury était composé de membres de la section économie politique de l'Académie. Le Prix Villermé, Fondation Lucien Dupont 2007, a été remis le 12 novembre 2007 lors de la séance annuelle de l'Académie des Sciences morales et politiques de l'Institut de France.

faisant connaître là où se réfléchissent, se décident et s'évaluent les politiques. L'objectif n'étant pas de propager une méthode pédagogique, mais de faire avancer de façon significative l'exercice de la démocratie.

Après dix ans de démultiplication de cette pratique, qu'en est-il ? Quelles ont été les avancées ? Quelles ont été les difficultés ? En quoi la démarche du croisement des savoirs change-t-elle la vie des personnes en situation de pauvreté ? En quoi influence-t-elle l'action des professionnels de l'enseignement, du social, de la santé, de la justice... ? En quoi modifie-t-elle les pratiques associatives, les politiques sociales, économiques, culturelles, la démocratie participative et représentative ?

Au moment où l'aspiration à une démocratie participative suscite un foisonnement d'initiatives, ce livre *Le croisement des pouvoirs*, relate des actions en forme de défi. Il raconte et analyse de multiples interventions de connaissance, de formation, d'action réalisées en France et en Belgique par des acteurs-auteurs des programmes initiaux Quart Monde-Université et Quart Monde Partenaire et par l'équipe permanente des Ateliers du Croisement des savoirs* en partenariat avec des collectivités locales ou territoriales, des institutions, des universités... Il s'agit d'actions dites de co-formations avec des professionnels qui font l'objet de la première partie de ce livre, de travaux universitaires dans la deuxième partie, et enfin de deux exemples d'action de croisement au sein du Mouvement ATD Quart Monde.

Ce livre se veut le témoin d'une nouvelle manière d'appréhender la lutte contre la misère et l'exclusion dans quatre directions : connaissance, méthodologie, éthique, politique. Nous osons dire que cette nouvelle manière est révolutionnaire dans le sens où l'explique Paul Bouchet, président d'honneur d'ATD Quart Monde :

> « Le croisement des savoirs et des pratiques et le croisement des pouvoirs auquel il introduit, c'est la révolution copernicienne dont nous avons besoin dans la lutte contre l'extrême pauvreté, dans le sens d'un changement radical, profond entraîné par une conception nouvelle qui est la mobilisation des personnes en situation de pauvreté en tant qu'acteurs de transformations sociales. »

Nous espérons que ce livre suscitera de multiples prolongements. Nous laissons au lecteur le soin d'en voir les champs d'application que ce soit dans sa vie professionnelle, sa vie personnelle, associative, d'engagement politique... et aux institutions le soin d'oser entreprendre leur propre révolution copernicienne par le croisement des pouvoirs.

Claude Ferrand

Première partie

LE CROISEMENT DES SAVOIRS ET LES PRATIQUES PROFESSIONNELLES

Introduction

À la suite des programmes Quart Monde-Université qui a donné lieu à la publication du livre *Le croisement des savoirs*, et Quart Monde Partenaire, qui a abouti à la parution du livre *Le croisement des pratiques*[1], des formations ont été réalisées à la demande d'institutions, entre des professionnels et des personnes en situation de précarité, membres d'associations de lutte contre la pauvreté. S'agissant de formations réciproques utilisant la méthode du croisement des savoirs et des pratiques, ces formations sont dénommées « co-formations ».

Dans cette partie, nous développerons particulièrement l'étude de huit co-formations qui représentent une diversité significative de champs d'intervention (travail social, petite enfance, santé, accueil municipal, action territoriale, enseignement et banque). Elles ont duré de deux à quatre jours, ont réuni en moyenne quinze professionnels, et de trois à huit personnes en situation de précarité. Les éléments d'analyse et d'évaluation présentés dans cette partie s'appuient sur une soixantaine d'interviews de participants et d'organisateurs de co-formations.

Nous présenterons la méthodologie mise en œuvre lors de ces co-formations et les effets transformateurs qu'elles génèrent. De 2003 à 2007, plus de trente co-formations ont été réalisées en France et en Belgique. Elles ont chacune fait l'objet de conventions passées entre l'institution organisatrice et le mouvement ATD Quart Monde. Ces conventions prévoient la rémunération des personnes en situation de précarité pour le temps de la co-formation. La préparation et l'animation de chaque co-formation sont portées en coresponsabilité par un formateur de l'institution et un formateur d'ATD Quart Monde.

Nous mettrons enfin en perspective cette démarche de co-formation avec des orientations politiques et sociales européennes et des approches participatives.

1. *Le croisement des pratiques, Quand le Quart Monde et les professionnels se forment ensemble*, Paris, Éditions Quart Monde, 2002.

Chapitre 1

LES ENJEUX ET LA MÉTHODOLOGIE

Les enjeux des co-formations

La demande principale adressée par les institutions partenaires à l'équipe d'animation du croisement des savoirs est *l'amélioration des relations entre les services et les personnes en difficultés*. La volonté de résoudre les conflits dans l'accueil des personnes, de trouver les modalités d'une « vraie communication » anime les promoteurs comme la plupart des participants aux sessions de formation proposées. Que ce soit dans les domaines de la santé, de l'enseignement (avec les parents d'élèves), de l'accueil à la mairie, de l'accueil à la banque, tous souhaitent « être plus à l'aise dans la relation ». Cette amélioration repose d'abord sur une meilleure compréhension les uns des autres. On retrouve cette motivation tant du côté des professionnels que des militants [1]. Chez ces derniers, comprendre les professionnels, c'est d'abord comprendre leur métier et le cadre dans lequel ils l'exercent.

Au-delà de ces objectifs opérationnels, pour certains promoteurs, l'horizon peut s'ouvrir sur des ambitions plus vastes : la lutte contre l'exclusion, l'effort pour créer un rapport moins inégal entre professionnels et usagers, l'égalité des chances, la démocratie participative... On remarquera que pour les membres du

1. Dans ce chapitre, les participants venant du monde de la pauvreté sont nommés selon les contextes institutionnels : parents, militants (ATD Quart Monde), personnes-ressources, allocataires (du RMI). Le point commun de ces différents termes est : personnes vivant ou ayant vécu la pauvreté.

Mouvement ATD Quart Monde il s'agit de devenir « acteurs ensemble de la lutte contre la misère ». Ils déplacent le rapport entre les interlocuteurs du face à face au côté à côté.

Pour illustrer ce propos, nous reprenons l'introduction faite par la formatrice de l'Institut Cardijn[2] lors du module de formation :

> « Il s'agit de croiser le savoir des professionnels qui chaque jour côtoient les personnes en situation de pauvreté avec un mandat, une mission spécifique à leur institution mais qui globalement viennent en aide à ces publics et le savoir des militants qui représentent les personnes en situation de pauvreté, qui vivent ou ont vécu en situation de pauvreté. La perspective est de mieux se connaître, se comprendre pour mieux agir ensemble.
>
> La philosophie du centre de formation permanente de Cardijn est de mettre au travail les pratiques, questionner, interpeller, construire ensemble de nouvelles pratiques, et de permettre aux professionnels de prendre du recul pour innover, oser penser autrement leur travail. Pourquoi ce module se fait-il en collaboration avec ATD Quart Monde ? Ce Mouvement de lutte contre la pauvreté est une association dont les options fondamentales rejoignent les nôtres. Il a mis en œuvre deux programmes de co-recherche-action-formation que nous avons suivis de près, que Cardijn a soutenus, dont les résultats nous ont convaincus.
>
> Le module proposé s'inspire largement de la démarche de co-formation mise en œuvre dans les programmes parce que la démarche a fait ses preuves, elle est porteuse de remise en question et de transformation. »

Les demandes des institutions de l'action sociale, sanitaire et de l'enseignement, se déclinent en un certain nombre de préoccupations selon les domaines et selon les personnes : par souci de présentation nous les avons classées en trois groupes : les préoccupations institutionnelles, les préoccupations professionnelles (ou « techniques ») et les préoccupations « humanistes ». Les préoccupations institutionnelles sont exprimées généralement par les promoteurs qui sont à l'initiative de la demande.

Plusieurs attendent de la co-formation un recueil de la « parole des gens sur leurs rapports avec les services sociaux », ou le recueil du point de vue du Mouvement ATD Quart Monde sur cette question. L'École nationale d'application des cadres territoriaux (ENACT) notamment a le désir de faire connaître aux cadres de l'action sociale un écho de la relation des personnes avec les services sous leur responsabilité. La Commission locale d'insertion (CLI) de Lille veut « donner la parole aux allocataires. »

On rencontre également des motivations plus internes aux institutions : c'est l'occasion de faire travailler les services entre eux en les associant dans une même formation à un public qui leur est commun et de développer une « culture

---

2. Institut Cardijn de la Haute école Charleroi-Europe : Institut de formation situé à Louvain-la-Neuve, assurant la formation initiale et la formation permanente de travailleurs sociaux.

commune », une culture de réseau (dans le cas de l'hôpital de Chambéry par exemple entre médecine hospitalière et médecine de ville). Il y a aussi (notamment dans le cas de la Mairie de Vitrolles) l'inscription de la co-formation dans le cadre de la formation professionnelle continue des agents d'accueil. Il est attendu d'une co-formation sur plusieurs jours une amélioration concrète des rapports professionnels.

Un deuxième groupe de motivations concerne davantage les professionnels participants : *le lien entre relations et techniques de prise en charge.* Ce lien est évoqué soit de façon plus générale, comme par l'hôpital de Chambéry : « Intégrer la dimension sociale dans le traitement des soins » pour « développer une culture de la prise en charge des personnes en difficultés en gériatrie, en pédiatrie, en maternité », soit de manière plus instrumentée, des outils, des méthodes pour gérer les relations et désamorcer les conflits. Cela suppose pour les participants de connaître la population, de comprendre ce que vivent les personnes. D'un souci de plus grande efficacité on passe au désir de partage, de croisement des connaissances en prenant conscience progressivement au cours de la formation que soigner ou aider c'est appréhender la personne dans sa globalité, à la fois selon la dimension personnelle et collective.

Mais plusieurs entretiens, réalisés dans le cadre de l'évaluation de la mise en œuvre du croisement des savoirs et des pratiques, vont au-delà de ces attentes somme toutes immédiates. La co-formation engage un changement personnel. Un premier désir est exprimé de part et d'autre : rapprocher des personnes et arriver à ce qu'elles dépassent leurs peurs de l'autre, voire parfois leur hostilité. Dépasser ce cap permet alors *la découverte de l'autre*, dans la relation à lui, plus spécifiquement ici le plus démuni. L'altérité devient source d'enrichissement personnel et collectif : à partir de l'objectif « Toujours découvrir comment l'autre est si étranger de moi », on parle de « temps de ressourcement », de « découverte de l'autre », de « remise en question de soi-même », de « passer d'acquisition de savoirs à une expérience de changement personnel ». Chacun est alors prêt à donner et à recevoir.

Ces attentes ne sont pas figées et évolueront au cours de la co-formation. Ces propos traduisent aussi le degré d'implication de chacun. Il n'est pas sûr que tous conçoivent la formation comme une véritable interaction transformatrice non seulement de la qualité des relations mais aussi de soi-même. Cela dépend aussi du degré d'attente à l'entrée en formation et de la disponibilité de chacun à se laisser « bousculer ».

De leur côté, les militants associatifs attendent beaucoup des journées de co-formation. D'une façon générale, ils expriment qu'ils ne sont pas écoutés, entendus ni compris : « On ne se comprend pas avec les gens des bureaux. » Exister positivement aux yeux de l'autre et non à travers ses manques, c'est être reconnu comme partenaire du dialogue et de la recherche commune de solutions : « pour qu'ils s'aperçoivent qu'ils peuvent dialoguer avec nous sur un thème, sur des problèmes et réussir à trouver des solutions ensemble qu'ils n'ont pas encore mises en pratique. Montrer qu'on peut discuter intelligemment malgré nos différences de langage». Les personnes en situation de pauvreté ne sont pas là, selon le mot de l'un des militants, comme des «faire-valoir», comme si on les avait convoquées pour délivrer un témoignage avec lequel les professionnels «feront leur affaire». Ils se trouvent «repositionnés» comme dit l'un d'eux face aux professionnels. Les personnes doivent être convaincues que les professionnels «veuillent vraiment comprendre», que «l'on puisse travailler ensemble» sans jugement, autrement dit être des partenaires et non des victimes, des acteurs à part entière dans la lutte contre la misère.

Une militante explique les raisons de son implication dans la co-formation :

> « C'était surtout se sentir égal, par rapport à l'écoute, la parole, ne pas faire un jugement à la personne, comme moi je me suis fait un jugement quand je les ai vus tous dans la salle, je me suis dit dans ma tête, comment ils vont nous regarder, en fait ça s'est très bien passé.
>
> Qu'ils essaient de nous écouter, même si on a du mal à dire les choses, qu'ils prennent leur temps, qu'ils ne fassent pas des choses à notre place à nous, qu'ils nous écoutent bien. Bien prendre les personnes l'une après l'autre, tout le monde a sa propre existence, son propre vécu.
>
> J'ai dit oui [pour la formation] parce que ça peut m'aider au niveau des professionnels, savoir beaucoup de choses qu'on ne sait pas. Je voulais savoir comment ils travaillaient, comment ils arrivaient à s'exprimer, parce que des fois il faut arriver à les comprendre, quand ils viennent à la maison, des fois j'ai du mal à les comprendre. Ils ont leurs mots, leur façon de parler et on ne comprend pas ou à l'envers. »

Ces attentes se déclinent ensuite selon les spécificités de chaque co-formation. Pour une militante participant à une co-formation relative aux relations entre les parents et les enseignants, il faut que les enfants soient traités à égalité (et donc d'abord les parents), et aussi que les enseignants soient à l'écoute des parents. «Qu'ils soient disponibles et quelle que soit la situation de la famille», car plus la famille a connu d'échecs plus elle aura de difficultés à aller rencontrer les enseignants et plus l'accueil que ceux-ci leur réserveront sera important.

Les étapes, la démarche pédagogique des co-formations

Compte tenu des enjeux, à quel type de démarches la co-formation convie-t-elle les participants ? Comment procède le croisement des savoirs pour que l'on devienne «ensemble acteurs de lutte contre la misère» ? Quelles sont les interactions vécues ?

Le montage des co-formations

Le montage d'une co-formation est toujours un montage institutionnel devant définir la nature du partenariat avec ATD Quart Monde, les objectifs pédagogiques, le financement, le recrutement. Ce montage peut demander un ou deux ans de préparation. Prenons quelques exemples diversifiés.

Avec le centre de formation permanente de l'Institut Cardijn/ATD Quart Monde

En 2003, un an après la fin du programme expérimental Quart Monde Partenaire, un premier module de co-formation est élaboré conjointement par le Mouvement ATD Quart Monde Belgique et le Centre de formation permanente de l'Institut Cardijn Haute École Charleroi-Europe à Louvain-la-Neuve (Belgique). Il s'intitule : *« Le croisement des savoirs et des pratiques. Quand des professionnels et des personnes en situation de pauvreté se rencontrent. »* Les deux initiatrices de ce projet ont été conseillères à la formation dans le programme expérimental Quart Monde Partenaire, l'une, Béatrice Derroitte, au nom de l'Institut Cardijn, comme référente pour les professionnels, l'autre, Françoise Ferrand au nom d'ATD Quart Monde comme référente pour les personnes ayant vécu ou vivant la pauvreté. Le dossier de financement déposé auprès de la Région Wallonne est accepté. Béatrice Derroitte explicite sa motivation :

> « Je sortais de l'expérience de Quart Monde Partenaire. Il y avait donc une conviction de ma part, l'envie de faire des petits, d'un développement à destination des travailleurs sociaux. Et il y a l'orientation du Centre de Formation Cardijn au niveau d'un projet pédagogique ainsi que d'une philosophie : défendre des valeurs telles que la lutte contre l'exclusion, le souci des plus faibles, des personnes marginalisées. Cela se trouve dans le projet pédagogique de l'école, mais c'est davantage qu'un discours. Beaucoup de professeurs sont engagés politiquement ou dans l'associatif, cela se marque dans le choix des cours. Il y avait donc une connexion entre mon expérience, mes convictions personnelles, et le terreau de l'école. »

Un dépliant réalisé informe les professionnels et les institutions du travail social. Quatre journées sont programmées, à quinze jours d'intervalle, en mai et juin 2003. Le nombre de professionnels inscrits est insuffisant (inférieur à 10). Est-ce la nouveauté de la proposition de formation ou l'appréhension que suscite la formulation du dépliant qui présente comme formateurs des militants d'ATD Quart Monde, ou la période d'avant l'été qui est mal choisie ? La formation est repoussée en septembre-octobre.

La formatrice de l'Institut Cardijn présente de vive voix le module dans plusieurs circuits professionnels et régule les inscriptions des professionnels. Ils seront

12 de diverses associations et institutions : assistants sociaux, directeur de Maison d'accueil, formateurs, directrice d'un centre de promotion de la santé, délégué du Service d'aide à la jeunesse, éducatrice... La formatrice d'ATD Quart Monde sollicite trois militants ayant l'expérience de la grande pauvreté. Pour l'une d'entre eux, c'est la première expérience de formation avec des professionnels.

Les deux partenaires, l'Institut Cardijn et ATD Quart Monde, signent une convention de formation. Elle fixe les objectifs, la durée, les méthodes pédagogiques, la rémunération des formateurs (versée aux employeurs) et des personnes en situation de précarité sollicitées (versée directement à elles sous forme de vacation).

Avec la Commission locale d'insertion de Lille

Des journées de l'insertion sont organisées par la Commission locale d'insertion (CLI) de Lille du 16 au 19 juin 2003. L'objectif de ces journées est de mettre en dialogue les professionnels agissant dans le cadre de l'insertion et les « bénéficiaires ». Plusieurs associations sont sollicitées pour participer à ces journées, dont ATD Quart Monde.

Un militant d'ATD Quart Monde de Lille a vécu les programmes de croisement des savoirs et des pratiques. Il impulse la dynamique de préparation avec les bénéficiaires du Revenu minimum d'insertion (RMI) afin que ceux-ci soient à même de dialoguer avec les professionnels lors des journées de co-formation.

D'autres associations adhèrent à cette démarche de préparation. Il est proposé par les membres d'ATD Quart Monde de Lille de rédiger des récits sur les parcours d'insertion de chacun, à la manière des récits écrits pendant le programme Quart Monde Partenaire[3], afin de les analyser avec les professionnels.

La direction générale de l'Action sociale du Conseil général du département du Nord lance un appel à projet auprès des associations dans le cadre de la préparation de cette journée de l'insertion. Un projet inter-associatif est alors monté ayant comme objectif de mettre en œuvre un processus d'expression des personnes bénéficiaires du RMI afin d'aboutir à une expression publique construite. Le financement de ce projet est accepté par la CLI.

Le Forum de l'insertion a lieu les 17, 18, 19 juin 2003. Il réunit près de 1 000 personnes. Il donne lieu à un document *« Regards croisés sur l'insertion »*. Dans le cadre des suites de ce forum, un comité de pilotage se met en place afin d'envisager les possibilités d'un approfondissement de la démarche de co-formation des professionnels de l'insertion et des allocataires du RMI. Les promoteurs institutionnels de ce projet sont le « Pôle de lutte contre les exclusions et de promotion de la

3. *Le croisement des pratiques*, *op. cit.*, pp. 27-30.

santé » du Conseil général du Nord, ATD Quart Monde Nord-Pas-de-Calais et l'Institut lillois d'éducation permanente (ILEP).

Isabelle Ivanoff, responsable du secteur Nord (Lille intra-muros), a participé activement à la mise en place du Forum de l'insertion :

« Mon rôle comporte le financement des secteurs et des organisations qui proposent des actions d'insertion, d'où la question de l'évaluation et de l'impact des actions sur les personnes. Nous constatons une augmentation du nombre des allocataires et une augmentation du nombre des demandeurs d'emploi. Pas mal de personnes disent leur inquiétude pour l'avenir et interrogent : qu'est-ce qui est mis en place pour les aider ? Donc, on finance de plus en plus et il y a de plus en plus de pauvreté ! On se demande à quoi ça sert ! D'où toute cette réflexion sur l'évaluation, avec des questions du type : peut-être qu'il faudrait aussi interroger les personnes concernées, leur donner la parole ? Toutes ces questions ont été portées dans le Forum de l'insertion. Ce qui a été nouveau pour moi, c'est le travail avec ATD. Je connaissais ATD pour en avoir entendu parler, mais j'ai découvert ATD dans le Forum. Je n'avais jamais eu d'échange de ce type avec une association. C'était différent des appels à projets d'insertion où les relations sont institutionnalisées, formalisées. J'avais participé, sur mon temps personnel, à la réflexion sur l'Éducation nationale avec des militants d'ATD. J'y ai découvert un groupe de réflexion et ils voulaient mettre en place une co-formation. Et je me suis dit : pourquoi rien qu'à l'Éducation nationale ? J'ai rencontré M. Ferrand. Mais s'il n'y avait pas eu le Forum, cela ne se serait pas fait. Cela n'aurait pas pu se faire s'il n'y avait pas eu une réflexion en amont. »

Il faut plus d'un an pour que les conditions d'une co-formation soient réunies (en diversité des participants, en non-dépendance les uns avec les autres, en nombre suffisant). Cette co-formation se situe dans le cadre de la loi du 18 décembre 2003 attribuant au Département la compétence de gestion du RMI. Le souci du Plan départemental d'insertion est de rendre participatifs les bénéficiaires de l'insertion. L'objectif de cette co-formation est non seulement d'améliorer les relations entre référents RMI et allocataires, mais de travailler sur les conditions d'élaboration et de mise en œuvre des contrats d'insertion.

Une convention est passée entre la CLI et ATD qui travaillera en partenariat avec l'ILEP. L'équipe d'animation est pilotée par une conseillère pédagogique des programmes « Quart Monde-Université » et « Quart Monde Partenaire », assistée d'un membre d'ATD Quart Monde Lille et d'un formateur de l'ILEP.

Avec le réseau Santé Précarité de Chambéry

Le réseau Santé Précarité du bassin chambérien organise le 23 janvier 2003 une journée de formation multidisciplinaire accueillant des professionnels de santé libéraux, des professionnels de santé hospitaliers et des acteurs du champ social et associatif. Cent vingt personnes sont réunies pour l'occasion. Cette journée s'intitule : *« Exclusion et santé : quel travail en commun ? »*. Le responsable des programmes Quart Monde Université et Quart Monde Partenaire et une militante d'ATD Quart Monde ayant participé à Quart Monde Partenaire interviennent lors de la table ronde finale sur le thème « La co-formation : utopie ou avenir ? » Ils affirment qu'il ne s'agit pas d'une utopie ni uniquement de l'avenir puisqu'une expérience réussie de co-formation a eu lieu en 2000-2001 dans le cadre du programme de recherche-action-formation Quart Monde Partenaire.

En août 2003, l'équipe du réseau Santé Précarité, coordonné par la Permanence d'accès aux soins de santé (PASS) du Centre hospitalier de Chambéry, propose un avant-projet pour une co-formation « Santé et exclusion » entre professionnels intervenant dans le champ de la santé et personnes en situation de pauvreté et d'exclusion sociale. Le budget établi sera accepté en août 2004, avec signature des conventions par la Direction régionale de l'action sanitaire et sociale (DRASS), la Caisse primaire d'assurance maladie et ATD Quart Monde.

Un comité de pilotage se constitue. Composé de 11 professionnels, il se réunira 7 fois. Annie Biboud, cadre de santé à l'hôpital de Chambéry, fait partie de ce comité de pilotage :

> « La prise en charge des populations en difficultés sociales n'est pas une spécificité et ne doit pas le devenir. Elle doit être la préoccupation de tout le monde dans l'institution. Cette situation on la retrouve en gériatrie, en unités de soins, aux urgences, en pédiatrie, en maternité... La co-formation venait en complément des formations existantes. »

Bruno de Goër, médecin responsable de la PASS, complète :

> « On voulait une formation à travers un travail de réseau et non intra hospitalière : l'hôpital, les libéraux, le secteur associatif en lien avec la santé. Le professionnel confronté à une situation d'échec la vit très mal, parce qu'on n'aime pas l'échec en général, ensuite parce que celui-ci est d'autant plus incompréhensible et inacceptable que l'on sait prendre en charge correctement l'immense majorité de la population. La conséquence logique naturelle est la suivante : si nous ne réussissons pas à soigner telle personne, ce n'est pas parce que nous ne sommes pas compétents, c'est parce qu'il ne veut pas, qu'il n'a pas envie. Je suis parti de là pour développer l'argumentaire sur l'amélioration de la relation. On est sur l'amélioration des relations à partir d'une meilleure connaissance de la pensée des gens. »

Le comité de pilotage rédige une présentation de la co-formation avec un bulletin d'inscription, le diffuse auprès des différents secteurs professionnels (personnels hospitaliers, libéraux, travailleurs sociaux...). Il se charge de l'attestation de formation pour les participants, de l'indemnisation des militants, de l'évaluation de la co-formation et de tous les aspects pratiques d'organisation. Le 5 février 2004, une journée des professionnels des PASS de Rhône-Alpes a lieu sur le thème « Se connaître et échanger », organisée par le Centre hospitalier de Chambéry (PASS), la DDASS de Savoie, la DRASS Rhône-Alpes, la société régionale de santé publique Rhône-Alpes. Un atelier sur le thème « La construction du partenariat » permet de présenter les conditions pour que les personnes en difficultés soient reconnues comme partenaires à part entière.

La co-formation est organisée par le réseau Santé Précarité du bassin chambérien, réseau sans statut juridique, non formalisé, mais particulièrement actif, réunissant des professionnels du Centre hospitalier de Chambéry, des professionnels libéraux et des institutions et associations du champ social ou médico-social. Un partenariat très étroit a été mis en place avec Santé Toxicomanies Savoie (réseau ville hôpital) pour la gestion financière et ATD Quart Monde (convention).

L'équipe pédagogique est composée de Bruno de Goër, médecin ayant participé au programme Quart Monde Partenaire, de Josiane Cognard, formatrice du service de formation continue de l'hôpital, ayant participé au conseil d'orientation de Quart Monde Partenaire, et de Claude Ferrand, formateur d'ATD Quart Monde. Le 17 septembre 2004, l'équipe d'animation participe à la 1re réunion du comité de pilotage. Les critères de recrutement des professionnels et des personnes en difficultés sont établis. Les professionnels seront 19 (14 du champ sanitaire, hospitaliers et libéraux, médecins, infirmiers, dentiste, pharmacien, orthophoniste – 5 du monde social travaillant en lien avec la santé) et les personnes ayant vécu ou vivant la grande pauvreté seront 8 (2 du Secours catholique, 6 d'ATD Quart Monde) avec un accompagnateur de chaque association pour les travaux intermédiaires.

Le 20 janvier 2005, l'équipe pédagogique de la co-formation et les deux accompagnateurs se réunissent pour préparer le schéma d'animation des journées et leur progression au cours des trois journées prévues les 24, 25 mars et 12 mai 2005. Une quatrième journée, non prévue initialement, aura lieu un an plus tard sous forme de bilan et perspectives.

Avec l'Office de la naissance et de l'enfance en Belgique

En Belgique, en Communauté française (Wallonie et communauté francophone de Bruxelles), les travailleuses médico-sociales (TMS) de l'Office national de l'enfance (ONE) jouent un rôle unique : à l'occasion de la naissance de tout enfant, elles prennent contact avec les jeunes parents, de quelque milieu qu'ils soient ; elles sont les chevilles ouvrières de consultations prénatales gratuites et des « consultations de nourrissons » organisées dans chaque quartier (suivi préventif des enfants de 0 à 6 ans) ; elles proposent de soutenir les parents par des visites, plus ou moins régulières, à domicile.

Ainsi, elles interviennent à l'occasion d'un événement *a priori* heureux et non à partir de l'identification d'un problème ; elles proposent un soutien, en principe en toute liberté, à toute famille. Leur intervention ne produit pas en soi une stigmatisation. Toutefois, il arrive que le non-placement d'enfants soit conditionné par l'acceptation d'un suivi étroit par l'ONE.

L'ONE est consciente des difficultés qu'elle rencontre à assumer sa mission auprès des familles qui vivent la grande pauvreté. Depuis plusieurs années, des liens se sont noués, à différents niveaux, entre le Mouvement ATD Quart Monde et l'institution. En particulier, sous l'impulsion de Pierre Hendrick, médecin, allié* du Mouvement ATD Quart Monde, a été mise en place une formation à la connaissance et au partenariat avec les familles en situation de pauvreté. Cette formation de plusieurs journées, étalée sur plusieurs mois, a été organisée durant de nombreuses années et a touché de nombreuses travailleuses médico-sociales.

En 1998, l'ONE a mis en place un groupe de travail composé de TMS et d'inspectrices. Il a mené une recherche-action, qui a conclu, en juin 2000, sur la nécessité de mettre en place une formation systématique des travailleurs sociaux (coordinatrices et TMS) afin de développer leurs compétences à établir une « alliance vers la bientraitance » (des enfants).

Par ailleurs, l'ONE s'est impliqué dans le programme Quart Monde Partenaire par la participation d'un membre de sa direction au Conseil d'orientation et d'une coordinatrice en tant qu'acteur-formateur. Béatrice Derroitte, formatrice de l'Institut Cardijn avait guidé méthodologiquement la recherche-action. Dans le prolongement, l'ONE lui a confié la mise en œuvre de la formation « Alliance vers la bientraitance ». Forte de cette expérience, Béatrice Derroitte a demandé qu'ATD Quart Monde collabore avec l'Institut Cardijn pour assurer deux jours de co-formation au sein des six jours du module de formation destiné aux coordinatrices de l'ONE (les journées 3 et 4). Les deux premières journées de formation devaient mener à la co-formation, les deux dernières la prolonger.

Une autre originalité de cette co-formation est qu'elle a été dédoublée, puisque les vingt-quatre coordinatrices ONE ont été réparties en deux groupes distincts en octobre 2004. La totalité de la formation se tient dans le Centre de formation de l'ONE de La Hulpe, commune au sud de Bruxelles. L'équipe d'animation était placée sous la responsabilité de la formatrice de l'Institut Cardijn, soutenue par deux autres formatrices de l'Institut, une pour chaque groupe dont le rôle était d'être les vis-à-vis des professionnels et une formatrice d'ATD Quart Monde dont le rôle spécifique était de constituer les équipes des personnes en situation de pauvreté et de les soutenir durant la co-formation. Deux équipes de trois militants ayant vécu ou vivant la pauvreté ont été formées. Un critère a été retenu pour cette co-formation : être parent, mais ne plus avoir d'enfant de moins de 6 ans, et donc ne plus être en situation de dépendance de l'ONE.

Avec la mairie de Vitrolles

En 2004, Danielle Lachapelle, alliée* d'ATD Quart Monde résidant à Vitrolles et un ancien haut fonctionnaire à la mairie de Vitrolles informent que la mairie de Vitrolles a donné son accord pour que les employés municipaux reçoivent une formation sur la loi contre les exclusions votée en 1998, en cohérence avec son programme politique : retour aux valeurs de la République et application de la loi républicaine pour tous. Le fonctionnaire en charge de ce dossier définit ainsi cette formation :

– donner des outils pour lutter contre les inégalités sociales exacerbées par la gestion municipale précédente,

– redéfinir la mission de service public du personnel communal en redonnant confiance aux anciens employés et en formant les employés recrutés par la précédente équipe municipale.

Un accord se crée avec la mairie pour que la formation ait lieu pendant le temps de travail du personnel. Il prévoit également que les professionnels seront volontaires pour participer à la formation, que la partie juridique de la loi contre les exclusions sera traitée par un juriste travaillant à la Mairie, que cette formation mettra en œuvre le dialogue avec la population concernée, ce qui suppose d'aborder la connaissance de celle-ci.

Début 2005, Claude Ferrand, responsable des programmes Quart Monde-Université et Quart Monde Partenaire, se rend à Vitrolles pour comprendre le contexte de cette formation demandée. Il fait connaissance avec le haut fonctionnaire qui a sollicité ATD Quart Monde après avoir lu deux livres : *Artisans de démocratie*[4] et *Le croisement des savoirs*[5]. Ces deux ouvrages ont, dit-il, rencontré son propre combat. Entré « en clandestinité et résistance » pendant les cinq années où la municipalité de Vitrolles était d'extrême droite, il souhaite participer activement au renouveau de sa ville. Il a créé sur la région *« L'université des possibles »* qui veut être un espace de dialogue et de démocratie participative. À la fin de cette visite, les modalités de la formation se précisent et seront présentées et acceptées par la responsable de la formation de la mairie.

Le budget est voté, la convention est signée. La formation s'adressera aux agents d'accueil de différents services de la mairie. Elle a pour titre : *« Accueil et lutte contre les exclusions – Formation d'accueil des personnes en situation d'exclusion par le croisement des savoirs et des pratiques. »* Elle aura lieu à la Maison des associations. Madame Bury, responsable de la vie associative à la mairie de

4. J. Rosenfeld, B. Tardieu, *Artisans de démocratie*, Paris, Éditions de l'Atelier/Éditions Quart Monde, 1998.

5. *Le croisement des savoirs, op. cit.*

Vitrolles, explique les motivations qui l'ont conduite à demander cette intervention de formation :

« Je suis chargée d'impulser différents partenariats associatifs et institutionnels. J'ai fait le constat que les agents d'accueil sont tous les jours confrontés aux publics dont les difficultés les dépassent. Cela induit deux niveaux d'insatisfaction : au niveau des fonctionnaires et au niveau du public. J'ai participé à une réunion avec ATD et j'étais très intéressée par la démarche d'ATD. D'où l'idée d'un partenariat avec la commune de Vitrolles et ATD. L'objectif était de professionnaliser l'accueil en amenant les agents à réfléchir à leur mission. On voulait développer les compétences des agents d'accueil pour développer un meilleur service public. Les publics en difficultés ont plus de mal à formuler leurs besoins parce qu'ils sont sous tension, il faut que les agents soient encore plus attentifs. Il faut avant tout amener une perception de ce qu'est l'accueil, de l'ouvrir à ceux qui sont différents, et se poser la question : derrière les publics, qu'est-ce qu'il y a réellement ? »

L'équipe d'animation se met en place, elle est composée de Claude Ferrand et deux alliées ATD Quart Monde. L'une d'entre elles, Danielle Lachapelle, de Vitrolles, dont l'engagement sur la ville est bien connu, sera le référent des professionnels et l'autre, Christine Metral, de Marseille, sera le référent des personnes vivant ou ayant vécu la pauvreté. Le recrutement des professionnels se fait par la responsable des ressources humaines qui a envoyé aux différents chefs de service de la Ville une lettre de présentation de la co-formation. Leur nombre fixé à 15 a été atteint facilement, tous agents d'accueil de différents services municipaux : logement, état civil, office de tourisme, bibliothèque, petite enfance, emploi, Maison du droit, cabinet du maire, loisirs et vacances, vie associative.

Pour les militantes d'ATD Quart Monde, il s'agit de leur première expérience de co-formation ; néanmoins, l'une d'entre elles a participé au programme Quart Monde Partenaire et les deux autres ont une longue histoire de participation aux Universités populaires* animées par le Mouvement dans la région. Les journées de co-formation sont programmées les 15 et 16 septembre 2005, puis le 27 janvier 2006 à Vitrolles.

Avec la banque Caisse d'Épargne

En conformité avec sa politique de mécénat, la Caisse d'Épargne a participé au financement le programme Quart Monde-Université. Plusieurs rencontres de travail pour rendre compte de l'avancée des travaux et des résultats ont lieu. En 2005, le directeur de l'agence de Reims est invité à participer à une Université populaire de la région Champagne-Ardennes sur le thème de l'exclusion bancaire. Le système bancaire fait l'objet d'une analyse et suscite de fortes interrogations compte tenu des contentieux qui opposent les personnes en grandes difficultés et les banques, souvent dès le moindre découvert.

Dans le courant de la même année, au cours d'une rencontre avec les membres de la Fédération nationale des Caisses d'Épargne, la lutte contre l'exclusion bancaire est à nouveau abordée. La Fédération nationale a décidé de mener une étude innovante, dans la continuité de ses travaux de recherche sur l'exclusion bancaire, ses origines, ses conséquences, sur la manière d'en atténuer les effets sociaux. L'association Finances & Pédagogie[6] présente un projet. L'échange est nourri par une question fondamentale : voulons-nous par nos actions que les personnes sortent de la misère et pour cela faut-il concevoir ces actions dès le départ avec la participation effective des personnes en difficultés ? Pour Didier Ponsot, directeur de l'Université Caisse d'Épargne, allié du Mouvement ATD Quart Monde, « les professionnels ne peuvent faire l'économie d'une confrontation avec les personnes elles-mêmes et d'une réflexion sur la manière d'exercer leur métier ».

À l'issue de la rencontre, un projet de co-formation au niveau national est évoqué. Il est confirmé quelques mois plus tard par le Directeur de développement à la Caisse d'Épargne qui exprime son intérêt pour la démarche. Les modalités et le déroulé de la co-formation sont mis au point avec la responsable de la formation. La Caisse d'Épargne constitue en interne un comité de pilotage afin de définir le sens et les objectifs de la co-formation, d'organiser la diffusion et l'exploitation des résultats. Il est chargé de définir le profil des professionnels susceptibles de participer à la co-formation et de les recruter.

La co-formation a lieu les 25 janvier, 22 et 23 février 2006. Elle regroupe cinq militants d'ATD Quart Monde, treize professionnels représentant sept régions administratives : responsable de caisse sociale de développement local, directeur de projet stratégique, directeurs chargés de l'exclusion bancaire, directeurs d'agence, contrôleur de gestion, responsable marketing, chargée de clientèle, conseillers de caisses régionales, responsable du département formation, chercheur. Elle est animée par deux volontaires-permanents* d'ATD Quart Monde et par la responsable de la formation des Caisses d'Épargne.

Avec la Fonction publique territoriale

La Fonction publique territoriale, c'est plus d'un million et demi de personnes employées par les collectivités territoriales (communes, syndicats intercommunaux, conseils généraux, conseils régionaux, offices publics d'HLM, organismes d'action

6. Finances & Pédagogie, soutenue par la Caisse d'Épargne, met en place des actions collectives de sensibilisation, de formation et/ou d'information sur l'argent, reposant sur une démarche pédagogique d'accompagnement et de prévention.

sociale et médico-sociale, d'action locale à vocation culturelle...). Les Écoles nationales d'application des cadres territoriaux (ENACT) forment à plus de 250 métiers de la Fonction publique. Le Centre national de la Fonction publique territoriale (CNFPT) est un organisme officiel qui collecte 1 % de la masse salariale de toutes les collectivités territoriales de France pour organiser les concours et les formations des fonctionnaires de la Fonction publique territoriale de France.

Laurent Sochard, psychosociologue de formation, travaille depuis 2000 au Pôle de compétences Social du CNFPT et est responsable de formation à l'ENACT d'Angers :

« Notre rôle est de nous occuper du secteur social qui est très vaste : gérontologie, handicap, lutte contre l'exclusion, l'insertion... Le CNFPT a une trentaine de structures sur le territoire. Je suis chargé de projets dans cette institution, je peux donc y créer des alliances. Dans les délégations régionales il y a des collègues interlocuteurs, notre travail est d'orienter les secteurs auprès de ces collègues ainsi que de les former.

En 2001, le CNFPT a été contacté par ATD et très intéressé par le conseil d'orientation du croisement des pratiques qui se mettait en place. Une formatrice de la délégation de Picardie a participé au programme Quart Monde Partenaire comme stagiaire. Les relations entre associations et institutions sont des rapports compliqués, nous avons sauté sur cette sollicitation. Après on a monté ces co-formations à l'ENACT Angers en 2005, 2006 et 2007. Mon travail maintenant est que cela soit transféré vers les délégations régionales et récemment en Midi-Pyrénées à Toulouse. »

Avec l'Éducation nationale à Reims

Le Groupe académique d'appui « Grande pauvreté et réussite scolaire » de Reims se réunit régulièrement sous l'impulsion du Centre académique de ressources pour l'éducation prioritaire (CAREP), service du rectorat de Reims. Il est composé de formateurs d'Instituts universitaires de formation des maîtres (IUFM), d'inspecteurs de l'Éducation nationale, de directeurs d'établissements et d'un membre d'ATD Quart Monde.

Lors d'une séance en 2004, ce groupe définit trois objectifs pour les formations à venir :

– acquérir une meilleure connaissance des familles en grande pauvreté,

– permettre une réflexion sur les modes de relations et d'interactions avec les publics en grande pauvreté,

– s'interroger sur les pratiques pédagogiques.

La co-formation est une initiative du groupe. Michèle Coulon, responsable du CAREP :

« La motivation était de faire mieux connaître les familles qui vivent la précarité. Et donc de faire rencontrer aux enseignants ces familles pour leur faire découvrir un autre point de vue sur l'école. L'objectif étant que tous les enfants réussissent à l'école, que les enseignants écoutent ce que les parents attendent d'eux, qu'ils se parlent. Le choix d'une co-formation a été fait plutôt qu'une intervention sous forme de témoignages personnels. Il s'agissait de bien se recentrer sur notre métier d'enseignants en faisant évoluer nos pratiques et en changeant de regard sur les familles en situation de pauvreté. »

La première co-formation a lieu les 15 et 16 mars 2005.

Le déroulement des co-formations

Différents temps ponctuent la co-formation. Un premier temps est consacré à la préparation des personnes vivant ou ayant vécu la pauvreté sur leurs lieux de vie.

Puis sept étapes marquent la co-formation elle-même :

– les représentations croisées des uns et des autres,

– l'élaboration, l'écriture des récits d'expérience portant sur une situation de confrontation vécue positivement ou négativement entre professionnels et personnes en situation de grande pauvreté,

– l'apport réciproque de connaissances,

– l'analyse des récits,

– les conditions pour devenir acteurs ensemble de la lutte contre la misère,

– l'évaluation,

– enfin la retransmission du travail des groupes aux institutions promotrices de ces co-formations.

La préparation des personnes ayant l'expérience de la pauvreté (militants d'ATD Quart Monde)

Pour décrire le contenu du premier temps de la co-formation, la préparation des personnes vivant ou ayant vécu la pauvreté, nous nous référons à l'expérience menée avec deux institutions : l'Ecole nationale d'application des cadres territoriaux (ENACT) en France et l'Office national de la naissance et de l'enfance (ONE) en Belgique.

L'ENACT est une structure du Centre national de la Fonction publique territoriale (CNFPT). Il y a quatre ENACT en France où se forment les professionnels des collectivités territoriales (Communes et Intercommunalités, Conseils généraux et régionaux) occupant des fonctions de direction, d'encadrement. Outre les ENACT, on compte 29 délégations régionales du CNFPT, une par région administrative. Elles organisent les formations issues des plans de formation des collectivités territoriales.

Le Pôle de compétences Social du CNFPT est une mission nationale basée à l'ENACT d'Angers, qui se décline en trois champs :

– Orientation de l'établissement sur l'ensemble des politiques publiques relevant du secteur social.

– Prospection et étude relatives aux besoins de compétences et de formations dans les collectivités.

– Animation de réseaux professionnels et institutionnels.

La co-formation a été conçue dans le cadre d'un partenariat national entre ATD Quart Monde et le CNFPT. Elle se déroule du 3 au 6 octobre 2005. Elle réunit quinze professionnels, cadres territoriaux chargés de l'action sociale, de l'Aide sociale à l'enfance, de l'insertion RMI, de la politique de la ville, du Pôle « Exclusion et Insertion » d'un Conseil général... Et d'autre part, quatre personnes ayant vécu ou vivant encore des conditions de grande précarité, membres de l'Université populaire* du Mouvement ATD Quart Monde Normandie.

Martine Le Corre, qui a participé aux programmes Quart Monde – Université et Quart Monde Partenaire et à plusieurs interventions de formation avec des professionnels, raconte :

« J'étais très heureuse que d'autres militants de ma région puissent eux aussi vivre cette aventure considérant que c'était une vraie chance, un enrichissement. Il fallait donc que nous nous préparions ensemble. Après avoir fait la demande personnelle de participation à chacune des trois militantes, nous nous sommes retrouvées à la Maison Quart Monde de Caen. J'ai expliqué ce qu'était ce temps de co-formation, qui nous allions avoir face à nous et comment nous allions travailler. Nous avons surtout réfléchi ensemble sur les conditions qui allaient nous permettre d'aller au bout de ces quatre jours, fièrement.

Nous avons compris ensemble que ce qui nous était demandé était un vrai "travail", que nous n'allions pas à Angers pour changer d'air, nous balader. Nous avions plusieurs défis à relever :

– Tenir les quatre jours.

– Rester sérieuses et ne pas faire du copinage avec les professionnels, chacun ayant son rôle à tenir.

– Se protéger en ne racontant pas sa vie, son histoire personnelle.

– Rester solidaires et se tenir les coudes ensemble.

– Se soutenir si l'on sentait que l'une d'entre nous "perdait pied".

– Parler au nom de notre milieu.

Une fois les défis à relever exprimés par l'ensemble de notre groupe, nous avons pris "conscience" du sérieux de notre participation. Aussi, nous avons décidé de nous revoir un autre après-midi pour nous "entraîner" au programme de cette co-formation. Lors de cet après-midi-là, nous avons travaillé sur le thème des représentations, ce que cela voulait dire. Pour cela, nous avons dit quelles représentations nous avions des vacances, du bonheur... Nous avons aussi commencé à réfléchir à différents moments où nous avons été en lien avec des professionnels, puis nous avons essayé d'écrire ces rencontres.

J'avais commencé l'écriture concernant un apport de connaissance sur le milieu de la pauvreté pour cette co-formation. Les militantes m'ont donné des exemples de ce qui se vit dans notre milieu, de ce qu'elles avaient envie que l'on dise pour que je l'intègre dans mon texte qui du coup devient notre texte. Nous avons eu la chance toutes les quatre de faire le trajet Caen-Angers en voiture. Pendant ce trajet, nous nous sommes redit nos défis à relever. Nous avons refait ensemble des exercices concernant les représentations. Nous nous sommes redit notre accord pour l'apport de connaissance du milieu de la pauvreté que je devais faire en notre nom. Tout cela dans une bonne ambiance. On s'est motivées, encouragées, on s'est données confiance, on s'est rassurées... »

Avant d'entamer la co-formation menée avec l'Office national de la naissance et de l'enfance (ONE) en Belgique, les personnes en situation de pauvreté font prévaloir et expriment des intérêts individuels et collectifs :

– développer les compétences de chacun à vraiment entrer en dialogue, donc à se faire comprendre et à comprendre les autres,

– creuser collectivement la question des conditions nécessaires au bon développement du petit enfant : comprendre les réalités et développer des pistes d'action,

– mieux connaître l'ONE et mieux comprendre le rôle des travailleuses médico-sociales (TMS) d'une part, celui des parents d'autre part, pour pouvoir mieux s'appuyer mutuellement en vue de l'avenir des enfants.

Les militants invités ont tous immédiatement donné leur accord : « Parce que c'est important pour l'avenir ». « Avec un projet comme cela, on sent que les choses avancent, on n'aurait jamais cru que ce serait possible ». Alors qu'il venait expliquer que sa vie était actuellement trop difficile pour qu'il puisse participer – provisoirement – aux activités du Mouvement, un militant a demandé à participer quand même à la co-formation « parce que les enjeux sont tellement importants », et il y a consacré des dizaines d'heures de travail, à domicile, seul ou avec d'autres, en plus des temps collectifs... Un autre militant, pour lequel la lecture reste difficile, est venu au Centre de documentation du Mouvement pour emprunter le livre *Le croisement des savoirs* « pour mieux me préparer »... Un autre encore, ne sachant ni lire ni écrire, a mobilisé une de ses voisines en tant que secrétaire, pour sa préparation à l'écrit.

Monique Couillard, formatrice ATD Quart Monde, raconte :

« Au cours d'une première journée de préparation, je rassemble les six militants qui vont participer à la co-formation. J'ai le souci de constituer un groupe dont les membres pourraient se soutenir mutuellement – ils se connaissaient peu au départ –, de les préparer à rencontrer les coordinatrices de l'ONE et de bâtir une réflexion commune, basée sur un partage d'expérience quant au thème précis de cette co-formation : "Le bon développement du petit enfant."

C'est pourquoi nous avons commencé par nous présenter mutuellement : nous nous sommes dit pourquoi nous avons accepté de participer à cette co-formation, mais aussi quelles sont les personnes "que nous avons derrière nous", personnes en situation de grande pauvreté que nous rencontrons dans nos quartiers, nos groupes locaux, à l'Université populaire* Quart Monde, etc. »

Un temps est pris pour comprendre le contexte de cette co-formation, ce que sont l'ONE et l'Institut Cardijn, les enjeux, qui participera, etc. Il s'agit de situer globalement l'institution et la place des coordinatrices au sein de celle-ci, de prendre conscience qu'une des raisons d'être de l'ONE rejoint le souci des parents : assurer le bien-être de l'enfant, permettre son bon développement. Durant l'après-midi, un temps est également pris pour mettre en route la rédaction de récits relatant une interaction entre professionnels et personnes en situation de pauvreté. Ces récits ont été finalisés ensuite lors des rencontres personnelles avec chacun.

Les étapes de la co-formation

Au temps de préparation des personnes vivant ou ayant vécu la pauvreté succèdent plusieurs étapes où se rencontrent les différents acteurs de la co-formation.

Croisement des représentations

Le temps pris au début de chaque co-formation pour croiser les représentations respectives sur la pauvreté, sur le rôle des professionnels est un temps essentiel qui d'emblée donne toute son importance au fait de devoir se parler, s'expliquer, s'écouter, se comprendre.

Au cours de l'expérience menée avec le Comité local d'insertion à Lille, les professionnels et les allocataires du RMI travaillent sur les mêmes mots mais en deux groupes afin de préserver la liberté de chacun et donc la richesse de la mise en commun. Que mettons-nous derrière les mots « exclusion » et « insertion » ? Chacun écrit deux *post-it*. Puis, par la technique des photos langage, il est proposé de choisir une photo représentant le rôle des professionnels et le rôle des allocataires. La mise en commun des mots mettra en évidence que les mots des allocataires sont très concrets pour désigner l'exclusion : « dehors » – « manger » – « dormir » – « regards »... et les mots des professionnels plus abstraits : « isolement » – « déconnexion » – « rupture »...

Françoise, formatrice ATD, raconte :

« La mise en commun des photos fut un choc déterminant pour la suite de la co-formation. Les professionnels ont choisi une seule photo pour dire à la fois le rôle des professionnels et des allocataires. C'est la photo d'une équipe de rugby "On n'a pas la même place dans l'équipe, mais on en fait tous partie, on est tous égaux, on y va tous parce qu'on veut que ça change." »

Les allocataires ont choisi pour montrer le rôle des professionnels, la photo d'un homme robotisé devant son ordinateur "Quand on va les voir, ils sont anonymes derrière leur bureau." Et pour montrer leur propre rôle d'allocataires, ils ont choisi une photo où des gens regardent de très loin un match de foot "Nous, on est là, sur l'arbre, on vous regarde jouer." »

Le contraste est de part et d'autre tellement saisissant entre les photos qu'un silence lourd clôture la matinée. Heureusement, le temps convivial du repas pris en commun détend l'atmosphère.

Avec la mairie de Vitrolles, le travail sur les représentations commence par le mot « misère » avec des mots clefs. Il y a deux groupes de professionnels, un groupe de militants. Une militante raconte :

« Dans la mise en commun, je fais la remarque que dans le groupe des professionnels, aucun mot clef n'exprime le combat. Dans notre groupe, le mot "politique" signifie la lutte contre la pauvreté. Une militante est choquée par le mot "famine" écrit dans un groupe de professionnels. La professionnelle qui a écrit ce mot dit qu'elle faisait référence à la misère dans les pays pauvres. Ensuite, nous expliquons les mots "humiliation" et "colère" que nous avons été les seuls à écrire. »

Le deuxième exercice sur les représentations se fait avec le support des photos. La question était : Quelle est la représentation que vous vous faites du rôle des professionnels du Service public ? Un groupe de professionnels a choisi une photo de chantier pour dire que le rôle des professionnels, c'est de construire ensemble dans un travail d'équipe. L'autre groupe de professionnels a choisi une photo où l'on voit une foule multicolore agiter un foulard : pour eux, le rôle des professionnels du Service public, c'est de se mettre tous ensemble pour accueillir tout le monde. Le groupe des militants, a choisi la photo d'un oiseau qui s'envole. Cécile raconte :

« La militante qui avait choisi cette photo dans notre groupe expliquait que cette photo lui donnait envie de dire "qu'on arrête de nous prendre pour des oies blanches". Nous avons discuté longtemps, nous n'étions pas d'accord entre nous. Nous avons gardé la photo pour dire l'idée que les professionnels survolent les personnes en difficultés sans vraiment les comprendre et les prendre en compte. »

Dans le Réseau Santé Précarité à Chambéry, un groupe de militants et deux groupes de professionnels, travaillent d'abord sur les représentations des mots « misère » et « santé ». Chaque groupe a un animateur. Le formateur raconte :

« La mise en commun a permis de se rendre compte que derrière les mêmes mots on ne met pas les mêmes réalités, selon qui on est, les cadres de référence ne sont pas les mêmes. Pour illustrer le mot "santé", la santé apparaît pour les professionnels comme un état de bien-être, un capital à ne pas perdre. Pour les personnes en difficultés, elle apparaît comme un but jamais atteint. »

Puis les participants, à l'aide de la technique des photos langage, ont abordé le rôle des professionnels de la santé et le rôle des personnes en situation de pauvreté. Pour illustrer le rôle des personnes en situation de pauvreté, celles-ci ont choisi une photo où une personne est assaillie d'insectes qui représentent la maladie, mais la personne existe, se bat, se défend. Les professionnels ont choisi une photo de mamans qui allaitent leurs enfants...

Pendant la co-formation effectuée au Centre académique de ressources pour l'enseignement prioritaire (CAREP) à Reims, les photos choisies par le groupe des enseignants et par le groupe des parents étonnent fortement. Enseignants et parents se surprennent mutuellement. Pour dire leur rôle d'enseignants, ceux-ci ont choisi une photo de saut à ski, expliquant : notre métier est à risque, il est flou, l'enseignant ne sait plus qui il est... Le groupe de parents a choisi la photo d'un artisan charpentier : l'enseignant c'est quelqu'un qui aime son métier, qui transmet son savoir. N'idéalisez-vous pas le rôle des enseignants, demanderont alors les enseignants présents ?

Pour symboliser le rôle des parents, les enseignants ont choisi une photo d'une personne sans visage errant dans une rue aseptisée, expliquant qu'ils ne connaissent pas les parents. Les parents quant à eux ont choisi une photo où une mère protège son enfant. Les enseignants font alors remarquer que la photo choisie par les parents représente la misère, l'enfant dort sur une pierre dans un environnement délabré. Cela les parents ne l'avaient pas vu. Ils ont mis l'accent sur l'expression de tendresse dégagée par la mère veillant sur son enfant endormi.

Écriture de récits d'expérience

Après le travail sur les représentations, le deuxième temps est consacré à l'écriture d'un récit d'expérience. Chacun se remémore une situation précise qu'il a vécue, situation qui mettait en présence une ou des personnes en situation de pauvreté et des professionnels. Chaque participant écrit son récit ou le raconte au sein d'un petit groupe : c'est l'acteur du récit qui l'écrit avec l'enrichissement et les précisions demandées par le groupe.

Après avoir été présentés, certains récits font l'objet d'une analyse dans chaque groupe. Leurs auteurs respectifs n'y participent pas afin de ne pas donner d'éléments d'information que l'autre groupe n'aura pas. Les consignes d'écriture sont précises : récits anonymes, sans analyses ni commentaires, description du déroulement de la rencontre, la longueur n'excède pas un recto-verso. Les récits ne servent que pour le module de formation, ils seront détruits à la fin du module, c'est un accord passé entre les participants qui libère l'écriture.

Dans toutes les co-formations l'équipe d'animation se met au service des professionnels et des militants pour l'écriture des récits. Les difficultés de part et d'autre ne sont pas de même nature. Les professionnels ont souvent du mal à limiter leur écrit à une rencontre précise et à se remémorer les paroles prononcées, les gestes posés. Bien souvent, ils ont envie de raconter l'histoire d'une relation sur plusieurs mois ou plusieurs années avec leurs propres commentaires. L'animateur intervient alors pour mettre l'accent sur les détails d'une rencontre afin que le travail d'analyse soit ensuite possible.

Pour les militants, les difficultés de l'écriture sont autres. Martine Le Corre raconte :

> « Pour les militants, c'est un exercice très éprouvant, difficile car chez nous l'écriture n'est pas courante, et certains d'entre nous ne maîtrisent pas le lire et écrire. C'est là que le rôle de l'animatrice est essentiel, elle devra permettre aux militants en difficultés de raconter le récit, de le construire et elle se fera leur voix par sa main. Il y a eu alors des moments extraordinaires. D'abord le bonheur de se rendre compte que les militants ont des choses à dire, à raconter, qu'ils peuvent être témoins de vies difficiles et que cela soit compréhensible par d'autres.
>
> Puis, il y a eu cet acharnement pour celles qui ne savaient pas écrire à mettre un point d'honneur à recopier, mot à mot, le récit écrit sous leur dictée par l'animatrice, avec leurs hésitations, leur application, le sérieux. C'était impressionnant de respect et de concentration, il y en allait de son honneur, c'était magnifique. Avoir été témoin de cela me touche car je savais aussi combien dans la vie courante, deux d'entre elles mettaient tout en œuvre pour ne pas laisser voir – par des inconnus – qu'elles ne maîtrisaient pas le lire et l'écrire. Témoin aussi que cet apprentissage du lire et de l'écrire, c'est un combat, et que cela représente une place importante dans leur vie. »

Au cours d'une co-formation, parmi les personnes en situation précaire, l'un d'eux écrit phonétiquement, il a la parole facile, il a l'air sûr de lui dans ses relations, mais il s'énerve en écrivant car il bute sur chaque mot. Le fait que l'animatrice de la co-formation peut lire son écriture phonétique, et donc pourra mettre en forme son récit, lui permet d'aller jusqu'au bout. « Écrire un récit, cela nous a libérés », dira-t-il.

Un autre est terriblement angoissé devant sa feuille blanche. Ce n'est pas la technique de l'écriture qui le gêne, il écrit sans faute, d'une belle écriture soignée, mais il donne une très grande importance à cet écrit. Il veut parler d'une humiliation qu'il vit actuellement au travail dans le cadre d'un contrat lié au Revenu minimum d'insertion (RMI). De mettre ainsi des mots sur ce vécu, d'expliquer ce qui se passe, c'est comme un accouchement. L'écriture est très lente, marquée d'une hésitation devant chaque mot. Il a chaud, il refuse d'enlever son blouson, il va ouvrir la fenêtre alors que c'est le plein hiver, les blagues d'un autre allocataire ne l'amusent pas, au contraire, « Personne ne me comprend », dit-il. L'animatrice est présente à ses côtés jusqu'à la fin de sa rédaction qui se termine par un magnifique sourire de fierté : « Il faudrait que certains lisent mon texte », lance-t-il en parlant de son patron et de ses compagnons de travail.

Apport réciproque de connaissances

Troisième étape de la co-formation, l'apport réciproque des connaissances.

L'apport de connaissances sur les milieux de la pauvreté et sur les mandats des professionnels est en lien avec la nature de l'institution où se déroule la co-formation.

Les professionnels ont des missions confiées par les institutions, par des personnes et par la société. Leur mandat est par conséquent de trois ordres : institutionnel, professionnel et social[7]. Dans un mandat, on distingue le mandant (personne qui donne un mandat) et le mandataire (personne à qui est donné un mandat, le pouvoir d'agir). À l'ENACT d'Angers, ces notions ont été présentées de la manière suivante :

Le mandat institutionnel : l'institution donne mandat au professionnel, elle lui demande de contribuer aux objectifs qu'elle lui assigne. Le professionnel est lié à celle-ci par les instructions qu'il reçoit, il doit rendre des comptes. Pour autant, il dispose également de marges de manœuvres.

Le mandat professionnel : le mandat est donné par le bénéficiaire. Celui-ci confie au professionnel le pouvoir d'intervenir en son nom. Le professionnel est l'interprète du bénéficiaire auprès de l'institution. Le mandat professionnel dépend du mandat institutionnel et des bénéficiaires.

Le mandat social : le mandat est donné par la société, qui confie au professionnel une fonction au service du bien-être de la société. Ce mandat se fonde d'une part sur l'autorité professionnelle reconnue par le bénéficiaire et par la société, d'autre part sur l'autorité institutionnelle.

À titre d'exemple, l'Allocation personnalisée d'autonomie est conçue dans le cadre du renforcement d'une solidarité entre générations et pour les plus âgés (mandat social) ; elle rentre dans les compétences des départements (mandat institutionnel) ; sa mise en œuvre, son évaluation, sont confiées à une équipe médico-sociale (mandat professionnel). Ce dispositif ne se heurte pas à des désaccords majeurs. Par contre, lorsqu'il s'agit du traitement du chômage, le mandat social fait-il prévaloir un principe de solidarité entre ceux qui travaillent et ceux qui sont privés d'un emploi, ou incite-t-il à contrôler des chômeurs estimés responsables de leur situation ? Les départements, qui ont en charge la gestion du RMI, pourraient compter sur les professionnels pour faire baisser le nombre d'allocataires. Le professionnel peut se demander quant à lui si le RMI est une bonne façon de lutter contre le chômage. Le problème devient alors beaucoup plus complexe et des tensions surgissent souvent entre les différents mandats.

Pour résumer, si les contenus des mandats n'ont rien de commun entre eux, le professionnel est dans une position « d'acrobate » pour tenter de répondre aux

7. *Le croisement des pratiques*, *op. cit.*, pp. 175-180.

trois mandats en même temps. Si les contenus sont proches ou très proches, la mission du professionnel est plus claire, ses possibilités d'ajustements sont plus grandes.

La connaissance du milieu de la pauvreté est abordée par les militants sous différents angles : la relation avec les travailleurs sociaux, le développement de l'enfant, la relation parents-enfants-enseignants, la relation avec l'argent... Comment se bâtit cet apport de connaissances ? Une formatrice raconte :

« Un des enjeux était de permettre aux militants de s'appuyer sur ce que d'autres avaient fait avant eux, pour aller un pas de plus plutôt que de toujours devoir repartir de zéro. C'est pourquoi j'avais sélectionné des extraits du livre *Le croisement des savoirs*[8]. J'avais constitué des fiches thématiques avec ces extraits. Les militants, en groupes de deux, dont au moins un pouvait lire couramment, ont lu ces fiches à haute voix et ont souligné ce qui les marquait, reliant ce qu'ils lisaient avec leurs propres exemples. Ensuite a commencé l'écriture collective.

Au cours d'un premier tour de table, ils ont repris chacun un extrait qui leur semblait particulièrement important. Au cours d'un second tour de table, ils ont ajouté chacun un élément qu'ils n'avaient pas trouvé dans les fiches, mais qui ressortait de leur expérience personnelle ou de celle de leur entourage. Ensuite, l'échange s'est poursuivi librement, en dialogue les uns avec les autres, intégrant différents apports (lecture, expérience personnelle, Université Populaire Quart Monde, vie de leur milieu, etc.). Tous les éléments apportés ainsi étaient immédiatement saisis sur ordinateur, projetés sur écran géant, relus à haute voix afin que celui qui apportait un élément puisse contrôler s'il avait été bien entendu et que l'ensemble du groupe puisse visualiser continuellement les apports en construction.

À la fin de la matinée, quatre pages d'éléments divers, disparates, avaient été rassemblés. Ces quatre pages ont été imprimées et remises à chacun. »

Dans les semaines qui ont suivi l'élaboration de ces documents, la formatrice ATD travaille personnellement avec chacun des militants, durant deux heures environ, à domicile ou dans un autre lieu selon sa préférence. Au cours de cette rencontre, les éléments rassemblés le premier jour ont été relus, et chaque militant, qui y avait réfléchi entre-temps, y a rajouté des exemples. Ainsi, les apports de connaissance pour cette co-formation ont été le fruit d'un travail collectif, individuel et en petits groupes. Ils se sont construits à partir d'accords, mais aussi en approfondissant des aspects qui avaient au départ provoqué des désaccords, parce qu'ils s'appuyaient sur des expériences de vie différentes. Par exemple, une militante avait provoqué l'incompréhension des autres lorsqu'elle avait affirmé que le rôle des aides familiales était « que la famille soit moins menacée ». Invitée à argumenter, elle avait évoqué des familles où la maman était épuisée, malade ou handicapée, le papa absent, ou avec beaucoup d'enfants et où il y avait menace de placement des enfants. Une aide familiale venue aider à faire les courses, à ranger

8. *Le croisement des savoirs, op. cit.*

la maison avait rassuré l'assistant social de la déléguée à la jeunesse lors de ses visites dans la famille, et celle-ci s'était sentie moins menacée. Ce développement a recueilli l'accord de l'ensemble du groupe.

Analyses croisées

L'analyse des récits d'expérience à la lumière de l'échange sur les représentations et de l'apport de connaissances conduit à identifier les logiques qui sont à l'œuvre dans les rapports entre professionnels et personnes très pauvres, mais aussi à s'interroger sur la nature de leurs relations, sur les initiatives et prises de risques engagés par les uns et les autres.

Prenons quelques exemples.

Dans le travail mené avec les professionnels de la Caisse d'Épargne, l'analyse des récits se fait dans un premier temps sous l'angle des logiques institutionnelles, professionnelles et personnelles mises en œuvre. Les institutions (banquiers, travailleurs sociaux, gérants de tutelle, caisse d'allocations familiales, etc.) ont des logiques qui se renforcent et ont tendance à ne pas se remettre en cause. Lorsqu'un problème intervient au niveau d'une seule institution, il est bien souvent amplifié par les autres institutions. Par exemple, si des allocations familiales ne sont pas versées à la suite d'une erreur d'une institution, c'est à la personne en difficultés de s'adresser à la banque et de la prévenir qu'elle a signé des chèques qui risquent d'être refusés. Autre exemple, EDF demande à un client d'ouvrir un compte pour régler un impayé ; opération qui ne peut être effectuée, étant donné la situation financière du client...

La requête de la personne en difficultés est souvent assimilée à une demande d'assistanat, alors qu'elle cherche avant tout à régler un problème qui est crucial pour sa survie. D'une situation qui semble anodine en apparence, peut naître une situation complexe qu'aucune institution ne cherche à régler de façon générale. Chacune se focalise sur le problème qui lui est propre : conditions à remplir pour le versement du RMI, l'état du surendettement, le recouvrement de la quittance EDF, etc. Au pire, une institution qui a été défaillante ne prend pas sur elle de résoudre tous les problèmes qui en découlent pour la personne.

Le banquier est dépendant de son institution, il obéit à des logiques économiques, de droit, de réglementation. Mais il dispose de marges de manœuvre qui lui permettent de débloquer une situation donnée, d'un lieu de rencontre pour faire l'interface entre la personne en précarité et l'institution. Toutefois, il se met de fait devant un choix, le respect d'une règle ou la satisfaction de l'individu. Les personnes en précarité relèvent, lors de l'analyse des récits, que les clients dans des situations similaires, ne sont pas traités avec les mêmes égards, selon leur position sociale. La personne en précarité est souvent présentée comme étant en tort, alors que « l'ex-femme du chirurgien » suscite la compassion et la complaisance du banquier.

L'analyse d'autres récits se fait sous l'angle des relations entre banquiers et clients. Les premiers obstacles à une relation apaisée sont liés à l'aspect physique de la personne en situation de précarité, qui a parfois du mal à s'exprimer et encore plus à comprendre le langage technique du banquier. Elle est davantage jugée et se voit tenir un discours moralisateur, qui procède souvent d'un désir d'éduquer. Les personnes en difficultés sont totalement dépendantes des banquiers qui ont toujours la possibilité de ne pas les accepter comme clients, d'autant plus quand elles sont fichées à la Banque de France (loi Neiertz de prévention du surendettement). Le rapport est d'emblée déséquilibré.

De cette analyse croisée, les professionnels de la banque prennent acte qu'ils doivent consacrer plus de temps à accueillir les personnes en difficultés pour comprendre leur situation personnelle, trouver un compromis. Les contraintes réglementaires ne doivent pas entraver cette procédure de travail.

« Je retiens la perception qu'a chacun de l'autre. Le fait que les représentations de chacun sont souvent liées à un manque de connaissance réciproque. À ce titre, on constate que les perceptions ont évolué au fil de la formation », dira un banquier. Comme en écho, un autre banquier ajoute :

> « Ce qui me semble tout à fait déterminant tient à la découverte de ce que signifie concrètement le vécu de la pauvreté. Comme nous l'avons vu de nombreuses pratiques bancaires qui répondent à des considérations techniques ont une toute autre signification pour les personnes. Un point intéressant est également le fait que l'aggravation des difficultés tient souvent au traitement standardisé et procédural des problèmes qui se posent. »

La co-formation réalisée à La Louvière est née de l'initiative du bourgmestre (maire) de La Louvière, ville moyenne entre Mons et Charleroi, qui a soutenu depuis leur début les programmes Quart Monde-Université et Quart Monde Partenaire. Elle a mis en présence des professionnels issus de différentes institutions de la ville (CPAS, ONE, santé scolaire, contrat de sécurité, relais social...) et des personnes en situation de précarité venant d'autres communes. Pour s'ancrer dans les réalités locales, ces derniers se sont préparés avec des personnes en précarité habitant la Louvière. À partir de l'analyse de récits rédigés par les participants à la co-formation mais aussi à partir de l'ensemble des échanges, les participants ont cherché à identifier les risques pris tant par les personnes en situation de pauvreté que par des professionnels, lorsque les uns et les autres veulent mener à bien leurs projets.

Prendre un risque, c'est s'exposer à un danger « probable ». Au départ, les professionnels ne voyaient pas en quoi il y avait des risques dans la relation entre personnes pauvres et travailleurs sociaux. Le croisement d'analyse a permis de mettre en avant que lorsqu'une personne en situation de pauvreté ouvre sa porte à un travailleur social et dévoile sa vie privée, elle prend des risques personnels. La personne risque de perdre son intimité, risque de dévoiler des choses qu'elle n'a pas envie qu'on sache, elle risque d'être jugée, en particulier par rapport à son passé. Elle risque de perdre son autonomie.

Mais les travailleurs sociaux aussi prennent des risques. Par exemple, quand ils font confiance à une famille, qu'ils ne dénoncent pas ses difficultés, qu'ils ne demandent pas le placement des enfants parce qu'ils croient possible que les enfants puissent grandir au sein de leur famille, ils prennent des risques par rapport à leurs supérieurs: « Ils pourraient avoir un blâme ou pire encore parfois, aller jusqu'à risquer leur place. » Un militant réalise que quand les professionnels disent les difficultés en face, sans mentir, ils prennent le risque d'être mis dehors par la famille et que la porte ne s'ouvre plus. De même, quand les militants demandent que les professionnels prennent du temps avec les familles, et que ces derniers choisissent de le faire, cela n'est pas sans conséquences: « Nous avons compris, dit un militant, que quand ils prennent ce temps, ils risquent de ne pas répondre aux demandes de leurs supérieurs, de leur institution ». Et aussi de ne pas avoir assez de temps pour les autres personnes qui ont aussi besoin d'eux, de bâcler le travail avec celles-ci.

À la mairie de Vitrolles, au cours de la co-formation entre agents d'accueil des services municipaux et des militants d'ATD Quart Monde ayant vécu la pauvreté et l'exclusion, les participants ont croisé leur compréhension des logiques différentes à partir d'un récit d'action.

Une femme toute tuméfiée, mère de trois jeunes enfants, vient à la Maison du Droit pour dire ce qui lui arrive; son mari la bat quand il a bu. L'agent d'accueil, après l'avoir écoutée, intervient à plusieurs niveaux: auprès d'un centre d'hébergement pour obtenir une place pour cette femme avec ses trois enfants en attendant le référé pour que son mari quitte le domicile conjugal; auprès de l'avocat pour mettre en place le divorce pour faute grave et saisir le juge des référés; auprès du centre médico-psychologique; auprès de la Police nationale et du médecin expert pour obtenir un certificat. Après deux heures et demie d'écoute, de conseil, d'orientation, la femme dit à l'agent d'accueil de laisser tomber tout cela car elle aime son mari et elle s'en va...

Lors de la mise en commun, la discussion porte sur les logiques à l'œuvre dans cette situation. L'agent d'accueil se situe dans une logique d'autorité, d'efficacité, d'application des droits, d'efficacité. Le comportement de la femme obéit à des logiques de peur, de demande de secours immédiat, de protection des enfants, d'espoir. Il y a incompréhension entre agents d'accueil et militants. La discussion débouche sur le fait qu'il ne suffit pas d'interpeller les structures compétentes pour répondre à un problème, encore faut-il qu'il y ait une vraie rencontre basée sur la recherche commune d'une action à mener pour que les logiques des uns et des autres se renforcent.

Conditions pour être acteurs ensemble

Après l'analyse croisée de récits d'expériences, le cinquième temps consiste à tirer des leçons pour l'action dans la perspective de construire un partenariat entre professionnels et personnes en difficultés dans la lutte contre la misère: « Être acteurs ensemble » en s'appuyant sur des textes législatifs[9]. Ainsi, lors de la troisième journée de la co-formation à Vitrolles, une juriste de la mairie présente une lecture de la loi contre les exclusions de 1998. Le but de cette présentation est de comprendre comment la co-formation par le croisement des savoirs et des pratiques peut créer des moyens pour la mise en application de cette loi, notamment dans le partenariat entre institutions, professionnels et associations où les personnes en situation de précarité prennent la parole et sont actrices.

Trois lectures de la loi sont possibles: une lecture éthique avec le principe supérieur de l'égale dignité de tout être humain; une lecture juridique des moyens que donne la loi, c'est cette lecture qui est faite à Vitrolles; et une lecture civique avec une vigilance citoyenne pour son application.

Dans toute co-formation, les acteurs militants et professionnels sont conduits à dégager de la réflexion et des travaux engagés les conditions qui favorisent la participation commune à un projet, ou au contraire qui lui sont préjudiciables. Les acteurs identifient et nomment ensemble ces conditions. Les conditions sont recherchées, écrites, exprimées et discutées par l'ensemble des acteurs lors de l'analyse croisée de récits sous l'angle de la participation ou lors de temps de travail prévus à cet effet pour identifier et nommer les conditions d'une action commune tout au long de la co-formation.

Une autre méthode consiste, en fin de formation, à demander à chaque participant d'inscrire sur une feuille verte un mot ou une expression qui représente pour lui-même ce qu'il veut privilégier, et sur une feuille rouge, ce qu'il veut éviter. Les animateurs invitent les acteurs à lire les enseignements qu'ils ont retenus, puis à disposer leurs feuilles par couleur sur le sol, au centre de la salle de réunion. Les acteurs circulent entre les papiers pour avoir une vision globale des conditions, chacun peut dire à ce moment ce qu'il comprend ou non de telle expression. L'auteur est alors amené à s'expliquer davantage. Les expressions semblables sont regroupées par les acteurs, pour permettre une meilleure lisibilité ou pour souligner des convergences.

---

9. Notamment en France: la loi relative à la lutte contre les exclusions de 1998, et la loi rénovant l'action sociale et médico-sociale de 2002 (voir annexe 2).

Évaluation

Puis vient le temps de l'évaluation. Chaque participant écrit sa propre évaluation du contenu, des méthodes utilisées, de la vie du groupe et des interactions qu'il a suscitées : en quoi la formation a-t-elle ou non répondu aux questions qu'il se posait au départ ? Quelles nouvelles questions lui sont apparues ? Une attestation de formation est remise à chaque participant.

Un exemple de questionnaire d'évaluation proposé à la fin de la co-formation à la Commission locale d'insertion de Lille et des réponses écrites est présenté en annexe 3.

Le temps de la retransmission

Le déroulement de certaines co-formations prévoit la restitution des travaux devant des responsables institutionnels et associatifs qui ont mandaté les professionnels et les militants. Cette activité oblige les groupes à formuler et formaliser leurs conclusions et donc à élaborer un texte commun.

Dans le travail engagé en 2006 avec la Commission territoriale d'insertion de Lille (2006), après trois jours de co-formation, la dernière matinée est consacrée à élaborer une synthèse des différents travaux, en mettant en évidence les points principaux et les plus significatifs qui ont été étudiés. Trois groupes mixtes, composés de militants et de professionnels, se forment autour des différentes thématiques : les représentations, les problématiques, les mandats – les logiques institutionnelles/logiques de la personne, nature de la relation – les conditions qui favorisent/font obstacle à l'élaboration et à la réalisation d'un projet commun.

Dans chaque groupe, les participants réfléchissent individuellement, un tour de table permet à l'animateur de noter les idées sur une affiche. Le groupe discute ensuite afin de retenir les idées principales, même si elles ne font pas forcément l'objet d'un accord. Les participants utilisent les supports écrits des journées précédentes. Afin de préparer la retransmission d'une synthèse qui soit la plus juste et la plus complète possible, chaque groupe soumet aux autres ses propositions et les rectifie en fonction des remarques et amendements formulés par les autres groupes. Par exemple, le groupe qui travaille sur les logiques veut signifier le déséquilibre entre les allocataires dont l'attitude est régie essentiellement par leurs propres sentiments (détresse, colère, fierté, dignité...) et les professionnels souvent contraints d'appliquer les règles édictées par leurs institutions (efficacité, rendement, distance...). Les autres groupes approuvent l'énoncé du déséquilibre, mais veulent faire apparaître que le professionnel est également régi par des sentiments humains qui influencent la relation avec l'allocataire. La discussion entre les groupes évite de trop simplifier et fait ainsi apparaître la complexité des différentes logiques mises en œuvre et découverte au cours de la co-formation.

Une dizaine de responsables institutionnels et associatifs sont présents le 29 novembre 2006 pour entendre les acquis et les enseignements de cette formation. Après les retransmissions de chaque groupe, ils sont invités à poser des questions. Les professionnels et les militants toujours groupés saisissent la question et se préparent ensemble à y répondre. Le savoir-faire acquis au cours des exercices précédents facilite la réflexion et la prise de parole communes. Il ne s'agit pas de présenter des réponses toutes faites, mais de poursuivre au-delà des revendications une recherche mutuelle, une réflexion menée de plusieurs bords.

À La Louvière, c'est à l'occasion du 17 octobre 2006, journée mondiale du refus de la misère, que les participants à la co-formation retransmettent publiquement la synthèse de leur travail à l'Hôtel de ville. Ils le font sous la forme d'une scène de théâtre réalisée à partir des différentes problématiques rencontrées au cours de la co-formation. Le choix des situations, des dialogues, la répartition des rôles à jouer, les répétitions font partie intégrante du travail des participants. La méthode théâtrale choisie est le théâtre-forum afin de solliciter les réactions du public et ainsi d'enrichir le débat.

La scène modèle a pour titre « Nous sommes bien d'accord, n'est-ce-pas ? » Une mère seule vit avec ses deux enfants, un petit garçon de deux ans et une fille de dix ans. La famille occupe un minuscule appartement de deux pièces, très sombre. La maman est au Centre public d'action sociale, elle vit d'un Revenu d'intégration sociale. Elle se fait beaucoup de soucis pour sa fille qui, à 10 ans, ne sait pas encore lire.

1re scène : Dans la famille

La maman est chez elle. Autour de la table trois amis. Les enfants sont absents.

– « C'est chouette, tu as un ordinateur ! »

La maman : « Je l'ai acheté à crédit, pour ma fille, pour qu'elle étudie mieux. »

– « C'est bien pour aider ta fille. »

– « Et ça marche ? »

La maman : « Non. Je n'ai pas l'électricité. Ici, il faut toujours de la lumière, et j'ai un limitateur. »

Arrive le frère de la maman : « Excuse-moi, je vois qu'il y a du monde chez toi, mais c'est urgent ».

La maman : « Ce n'est rien, ce sont des amis. »

Le frère : « Mon propriétaire m'a mis à la porte, et je ne sais pas où aller... Avec mon chômage, je n'ai pas pu mettre de l'argent de côté pour payer une garantie. »

La maman : « Tu peux dormir ici. »

Le frère : « Je ne voudrais pas que tu aies des ennuis avec le CPAS ».

La maman : « Juste pour quelques nuits, ils ne le sauront pas. Je ne vais quand même pas te laisser à la rue, non ? Même un chien, je ne le laisserais pas dehors ! »

Le frère : « Je n'ai pas besoin de grand-chose. Et je te donnerai deux euros par jour, ça va ? Comme ça, je mettrai un peu de côté pour un nouveau logement. »

2ᵉ scène : Visite d'une travailleuse médico-sociale (TMS) de l'Office national de l'enfance (ONE)

Deux semaines plus tard, le frère est toujours là car il n'a pas encore trouvé de logement.

La maman est assise dans sa salle de séjour avec son frère et ses amis. Les enfants sont absents : la fille à l'école, le petit chez son parrain.

Arrive une TMS accompagnée d'une stagiaire.

La TMS : « Bonjour. Vous vous souvenez de moi ? Je suis la TMS de la consultation. Je vous avais dit que je viendrais aujourd'hui. »

La maman : « Ah ? Non, j'avais oublié. »

Elle fait entrer la TMS, qui s'assied. La stagiaire s'assied aussi, sort un bloc et prend des notes sans parler à personne. Le frère regarde un journal en buvant une canette de bière.

La TMS : « Il y a du monde chez vous ! »

La maman : « C'est mon frère et des amis qui sont venus me rendre visite. »

La TMS : « Votre petit n'est pas là ? »

La maman : « Non. Il est chez son parrain. »

La TMS : « C'est dommage, j'aurais bien voulu le voir. Comment va-t-il ? »

La maman : « Ça va... »

La TMS : « Tiens, vous avez un ordinateur ? »

La maman : « Je l'ai acheté à crédit pour ma fille. »

La TMS : « Avec toutes les dettes que vous avez déjà ! Pour votre fils Frédéric, il est vraiment très difficile à la consultation. Nous soupçonnons un syndrome d'hyperkinésie. Il faudrait le faire examiner par un pédopsychiatre. Et il a un gros retard de langage. Il va avoir des problèmes quand il ira à l'école l'année prochaine. Il faut qu'il aille chez une logopède. »

La maman : « Oui... mais où je vais trouver ça ? »

La TMS : « Il y a le centre de guidance, en ville. »

La maman : « Et ça va coûter cher ? »

La TMS : « Madame, c'est l'avenir de votre fils qui est en jeu ! Il faut faire un effort ! Donc, nous sommes bien d'accord, n'est-ce pas ? Vous prenez rendez-vous chez le pédopsychiatre et la logopède. »

3ᵉ scène : Réunion d'un réseau de travailleurs sociaux

La responsable : « On passe au dossier suivant. La famille Dupont. C'est toi qui lui as rendu visite en dernier lieu ? »

La TMS : « Oui, j'y ai été hier. La situation est très inquiétante. Il y avait le frère de Madame, un homme bizarre... Enfin, elle disait que c'était son frère ! Soi-disant en visite... Et bien entendu, il y avait de l'alcool ! De plus, Madame a acheté un ordinateur à crédit, alors qu'elle est déjà surendettée ! »

Un travailleur social : « Ce n'est pourtant pas une priorité ! Elle est couverte de dettes et a déjà une guidance budgétaire... »

La TMS : « Comme d'habitude, les enfants n'étaient pas là. Je me fais beaucoup de soucis pour Frédéric. C'est un enfant difficile, probablement hyperkinétique, avec un gros retard de langage et des problèmes psychomoteurs. »

Un travailleur social : « Et la grande sœur qui a dix ans, c'est une vraie catastrophe. Elle ne sait toujours ni lire, ni écrire. On va devoir l'envoyer en enseignement spécial. Et elle n'est pas souvent à l'école. J'ai voulu plusieurs fois la rencontrer dans sa famille, mais chaque fois, les enfants ne sont pas là... »

La TMS : « Tout cela n'est pas rassurant. »

La responsable : « Est-ce que vous pensez que les enfants sont en danger ? »

Tous les travailleurs sociaux poussent un soupir en levant les yeux au ciel.

À la suite de la présentation de cette scène, de nombreuses interventions du public apportent des pistes d'amélioration au sein de la famille : Il est possible d'informer des possibilités d'hébergement d'urgence dans la ville. On peut aborder d'une autre manière les difficultés des enfants : « Votre enfant est plein de vie », « Si on cherchait ensemble comment faire pour que votre petit garçon soit heureux à l'école ? » Au lieu de focaliser sur le surendettement de la maman, on peut reconnaître que, si la maman a acheté un ordinateur, c'est parce qu'elle se fait du souci pour sa fille, voir l'effort qu'elle a fait et la soutenir pour que sa fille puisse vraiment profiter de cet outil pédagogique. S'impliquer « j'ai aussi des enfants... » peut changer positivement l'atmosphère. Ne pas se fier aux apparences permet d'éviter les jugements hâtifs : par exemple, ce n'est pas parce qu'il y a une canette de bière sur la table qu'il y a automatiquement problème d'alcoolisme. Des amis peuvent soutenir, accompagner ; faire partie d'une association donne davantage de force à la maman pour oser faire entendre son point de vue...

Des changements sont aussi tentés en réunion de coordination : transmettre les aspects positifs de la famille provoque une autre ambiance dans l'équipe, davantage de recherche de pistes d'avancée – chercher en équipe des pistes de solution pour améliorer la vie de la famille, en particulier pour qu'elle puisse disposer d'un accès suffisant à l'électricité...

Mais le jeu théâtral fait aussi apparaître des difficultés. Donner une information n'est pas suffisant pour lever les peurs et les craintes liées à de mauvaises expériences qui peuvent bloquer l'accès aux aides prévues. Lorsque le travailleur social insiste, lorsqu'il a une attitude du type « je sais ce qui est bon pour vous » sans vraiment chercher à comprendre le point de vue de la maman, provoque l'agressivité, la maman ne se sent pas écoutée.

Au sein de la banque Caisse d'Épargne, le programme de cette co-formation prévoyait la retransmission du résultat des travaux devant les membres du comité de pilotage composé de directeurs et de cadres de la banque et de responsables du Mouvement ATD Quart Monde.

Hervé Lefeuvre, animateur du groupe des militants, explique :

« Le bilan très positif que les acteurs retirent de la première journée de co-formation, leur permet de se retrouver après trois semaines et pour les deux dernières journées de travail dans un climat de confiance, avec la volonté de relever ensemble un défi, et il n'est pas mince, puisqu'ils doivent restituer leurs travaux le dernier jour. Cet objectif oblige à mettre en place une méthode d'animation qui allie le travail personnel, la réflexion en groupes mixtes (professionnels et personnes militantes), les interactions entre groupes thématiques. Le travail fourni est très dense et avec un rythme soutenu. La réflexion commune entre les acteurs est très productive.

Trois groupes mixtes se forment avant la rencontre avec le comité de pilotage. Ils doivent faire la synthèse des travaux à partir de tous les écrits rédigés pendant la co-formation et en fonction de trois thèmes : les représentations mutuelles, les logiques personnelles et institutionnelles, les conditions qui favorisent ou aggravent les relations entre la banque et les exclus bancaires. Élaborer un plan et le contenu d'une retransmission avec l'égale contribution de tous les participants, en un temps compté, représente un exploit que les groupes parviennent à réaliser avec beaucoup de satisfaction et d'enthousiasme. Chaque groupe désigne un porte-parole qui avant l'arrivée des responsables bancaires s'exerce à présenter sa synthèse dont le plan est présenté sur une affiche. Les logiques sont présentées par un tandem militant-professionnel. Les interventions devant les responsables bancaires synthétisent de façon très claire et complète le résultat des travaux. »

À Chambéry le 12 mai 2005, les acteurs de la co-formation effectuée avec le Réseau Santé Précarité ont retransmis leurs conclusions à une quinzaine de représentants : responsables institutionnels du centre hospitalier, DDASS, Mission régionale d'information sur l'exclusion, associatifs... Un riche débat a pu s'instaurer autour des thématiques retenues par le groupe : la connaissance réciproque, les logiques institutionnelles et personnelles, la nature des relations entre professionnels de la santé et personnes en situation de pauvreté.

Les interactions vécues

Les formations durent entre deux et quatre jours (généralement en deux périodes).

La mise en présence des deux groupes, ceux qui représentent les personnes en grandes difficultés et les professionnels, est problématique d'un double point de vue :

– La façon dont les personnes issues de la pauvreté se représentent les professionnels suscite peurs et angoisses. Le sort des uns est dépendant de la décision des autres, médecins, assistants sociaux, personnels d'accueil de mairie ou de banque... Le risque est donc pour les personnes comme pour les professionnels de projeter sur la situation de co-formation celle qu'ils ont connue à l'extérieur. Rappelons ici les vigilances prises pour que les participants d'une co-formation (professionnels et personnes en situation de précarité) ne soient pas en relation dans la vie courante, et donc n'aient aucune relation de dépendance les uns vis-à-vis des autres.

– La plupart des professionnels de leur côté ont le sentiment de bien faire leur travail et, même s'ils se plaignent des conditions que l'institution leur impose, de respecter les personnes. Ici la protection de l'institution n'existe plus. Les professionnels s'exposent aux critiques de personnes.

La nouveauté de la relation proposée est exprimée par une chargée de mission dans un Centre communal d'action sociale (CCAS) :

« Cette formation nous met dans une relation totalement différente de la relation habituelle que les services sociaux entretiennent avec les usagers. Elle permet de dépasser les positions d'aidé et d'aidant qui créent une inégalité de fait et nous empêchent souvent de réellement écouter ce qu'ont à nous apprendre les personnes qui connaissent la précarité. »

La complexité des relations peut entraîner des effets négatifs : soit de compassion à l'égard des personnes au risque de perdre toute distance professionnelle ; soit de réaction défensive qui pourra faire naître des réactions violentes de rejet comme pour éviter le piège précédent. On peut dénier la distance, faire comme si « prendre un verre » ensemble effaçait les différences, passer à côté d'une vraie confrontation et risquer de créer une proximité illusoire avec les personnes issues de la pauvreté voire les inciter à la confidence, flattant ainsi le voyeurisme des uns et aggravant la fragilité des autres. Le rôle de l'animation sera alors de guider le groupe sur une ligne de crête afin de parvenir à une véritable rencontre sans fusion ni déni et ouvrir la porte à une connaissance mutuelle.

Mais la relation peut à tout moment rebasculer et menacer la cohésion du groupe en figeant les attitudes sur une confrontation frontale groupe contre groupe, et ce d'autant plus que les mises en cause des pratiques institutionnelles seront souvent ressenties comme des mises en cause de la compétence des professionnels qui s'identifient alors à leur institution sans distance critique. Par exemple, lors d'une mise en commun des analyses faites par les professionnels et les militants, ces derniers ne comprennent pas les mots employés et écrits par les professionnels. Leur tendance est alors de laisser passer le temps, comme s'ils se retiraient du débat. Ou bien, quand le sujet traité est trop sensible pour eux, ils se taisent, l'émotion étant trop forte : ainsi lors de l'analyse du récit parlant d'un homme en Belgique accusé de travailler au noir, à qui les services sociaux ont coupé le minimex, qui a alors perdu son logement, se retrouvant à la rue. L'équipe d'animation dut alors être très vigilante, notamment la formatrice d'ATD pour que le croisement puisse continuer et parfois elle fut obligée de suppléer le silence momentané des militants en rappelant leurs propos, leurs exemples quand ils étaient entre eux en sous-groupe.

Une tension s'exprime alors avec quelques professionnels sur le rôle joué par la formatrice d'ATD. Elle est soupçonnée d'influencer les militants, disant que le dialogue se passerait mieux s'ils étaient seuls avec les militants. L'un des militants exprime son point de vue :

« Il était difficile pour nous de réagir quand ça va trop vite et que tout le monde parle en même temps. C'est là que l'une d'entre nous est intervenue en disant l'importance pour nous d'être soutenus par quelqu'un qui nous connaît bien, pour nous donner confiance. Moi, j'étais largué, je n'ai eu aucune réaction, je pensais que pour les autres militants c'était pareil, mais non, elle avait pigé et elle est tout de suite intervenue. »

L'équipe pédagogique propose alors une nouvelle base de discussions en présentant les points qui font l'objet de « nœuds » au cours des échanges (Voir encadré). Un nœud étant un point de convergence ou de divergence qui justifie un travail de réflexion.

Le travail de co-formation suscite des blocages, des conflits. Les repérer aide à les dépasser. Deux types de nœuds apparaissent.

1er nœud	
Tendance des personnes en situation de pauvreté à : – raconter leur vie dans la rencontre avec les professionnels ; – produire une forme de mise en scène pour obtenir qu'on les aide (se justifier, faux-semblant...)	Tendance des professionnels à : – considérer que si la personne raconte sa vie, c'est qu'une relation de confiance s'installe (ou vider son sac...) ; – inscrire les personnes dans le rapport aux événements passés.
Et en même temps : – sentiment d'intrusion dans leur vie privée ; – être appelé par les nombreux intervenants à donner (répéter) des infos sur leur vie.	Et en même temps : – considérer comme important d'avoir des infos sur le passé et la vie des personnes pour comprendre ou proposer un service ; – considérer comme important de relayer des infos à d'autres professionnels pour favoriser la cohérence et/ou la continuité de l'aide.

Que faire pour améliorer ces tensions ? Quelles informations dire/demander ? À qui ? Jusqu'où ?

De quelles informations a-t-on besoin pour travailler avec les gens [10] ?

10. *Le croisement des pratiques*, *op. cit.*, pp. 107-111.

2e nœud
La façon dont les personnes issues de la pauvreté perçoivent les professionnels est marquée par : – l'histoire du travail social et la place qu'il a pris dans la vie des familles ; – la dimension « contrôle » du travail social et l'expérience vécue ; – la méconnaissance des institutions et de la complexité du rôle des professionnels ; – ...

À quelles conditions les bénéficiaires pourraient-ils voir la facette positive du rôle des professionnels ? Comment améliorer, de part et d'autre, la compréhension des missions des institutions et du rôle des professionnels ?

Plus globalement : quelles sont, dans ces conditions, les responsabilités de chacun pour améliorer les rapports entre les professionnels et les personnes en situation de pauvreté, afin de lutter contre la pauvreté [11] ?

Choc émotionnel, choc interculturel, choc des places occupées... La confrontation entre les deux groupes est parfois vive et fluctue au cours de ces journées. Un militant l'explique ainsi :

« Les professionnels, surtout ceux qui travaillent avec un lien d'aide matérielle, ont des priorités orientées vers le logement, la nourriture, le chauffage, la santé... Nous, nous avons des priorités plus larges, plus globales : l'avenir de nos enfants, qu'ils apprennent bien à l'école, pouvoir choisir ce qui est le plus important pour nous... Ils ont besoin que nous discutions avec eux, car nous ne voyons pas les choses de la même manière. Les professionnels parlent de volonté, de contrôle, de besoins vitaux ; nous parlons de lutte, de liberté, de vie privée, de droits. »

Les professionnels livrent également leur vision :

« La formation, rien qu'entre travailleurs sociaux, cela n'aurait pas fonctionné, constate l'un d'eux. Même s'il y a eu des clashes, des moments difficiles, surtout pour les référents RMI... Avant, je n'étais pas consciente de la crainte [que je suscitais] : on est là pour les aider. Et eux voient un contrôle ! Il y a eu pas mal de confrontations entre les deux points de vue. Surtout parce qu'il y a la question du contrôle, cela provoque de la tension, et on a pu confronter cela. Cela a permis de voir les visions différentes. »

« Nous avons ressenti que vivre une co-formation, c'est prendre un risque pour chacun, indique un autre. C'est prendre le risque de se remettre en question, de se rendre compte qu'on n'est peut-être pas sur la bonne voie, qu'on croit cerner les besoins de l'autre mais qu'ils sont peut-être tout autres. On ne peut pas vivre une co-formation sans se remettre en question. Cela demande de la tolérance, de la compréhension. »

11. *Ibid.*, pp. 120-124.

Pour un autre professionnel :

« Cela demande aussi de la liberté. Pour pouvoir se former, avancer ensemble, nous avons tous besoin d'oser nous parler en face. Quand quelqu'un a peur des répercussions de ce qu'il dit, il ne peut pas être tout à fait franc. »

La plupart des professionnels sont prêts à s'impliquer même si l'interpellation est parfois rude. L'implication ne suffit pas, encore faut-il pouvoir remettre en question ses pratiques, accepter de se laisser « décaper ». L'apport des récits permet de passer des mots et des représentations aux situations vécues et à l'analyse. Un dialogue s'instaure sur la compréhension des logiques différentes. On s'ouvre alors des deux côtés à des compréhensions différentes : « Sans vous, dit un professionnel, on passait à côté de la compréhension de la situation. » Pour lui, on a besoin des militants pour sortir du « formatage ».

Un formateur explique :

« Les responsables territoriaux auraient bien aimé être tout de suite en groupe avec les militants. Mais il faut d'abord se rendre compte de nos différences, qu'on n'analyse pas les récits de la même façon. On peut faire des groupes mixtes parce que la confiance s'est installée, parce qu'on a appris à penser ensemble. Pour une professionnelle, le blocage s'est dénoué le dernier jour, elle m'a dit : "Je m'en suis pris plein la tête dans ce stage, ce n'était pas facile au début, mais c'est bien, on n'a pas les mêmes visions, ça va cheminer." »

Chez certains professionnels les résistances se sont révélées parfois persistantes. Une promotrice dit des professionnels de son secteur en le déplorant : « Il y a une connaissance des phénomènes et des personnes vivant dans la pauvreté qui a toujours tendance à s'imposer comme la "bonne manière de voir, de penser à leur (les pauvres) place." ». L'écoute réelle n'est possible que si on accepte d'apprendre de l'autre, fût-il « le pauvre ». Pour une autre responsable : « C'est le côté "écouter" qu'il faut défendre, et c'est là qu'il y a des résistances. » « Pourquoi écouter ? (semblent dire, selon elle, certains professionnels) J'ai les réponses ! »

La représentativité est parfois mise en doute.

« Au début, nous les professionnels, nous avons éprouvé des difficultés à reconnaître dans les membres du groupe ATD Quart Monde (les militants) les personnes que nous côtoyons dans notre travail de tous les jours. Nous disions : "Vous n'êtes pas comme EUX." Mais nous avons pris conscience que les conditions de la rencontre étaient différentes : dans un bureau, les personnes en situation de pauvreté demandent et espèrent obtenir quelque chose. Dans la co-formation, nous sommes ensemble pour nous former en étant à l'écoute les uns des autres. Les membres du groupe ATD Quart Monde se forment pour parler au nom des autres personnes en situation de pauvreté. »

Traversée par des conflits, la co-formation est l'occasion de la découverte du travail en commun, d'apprentissages mutuels.

Une des formatrices de la co-formation avec l'ONE raconte :

« À partir des réactions des militants, certains professionnels ont osé dire qu'eux non plus n'avaient pas vraiment compris leurs collègues lors du travail en petits groupes, mais n'avaient rien dit de peur de paraître bêtes... À un autre moment, des coordinatrices s'exprimaient de manière tellement complexe qu'elles ne se comprenaient plus entre elles et c'est une militante qui, en reprenant le cœur de l'intervention par quelques mots très simples, concrets... a remis tout le monde d'accord. Les coordinatrices ont constaté, non sans surprise, que c'étaient les militants, et non elles, qui mettaient l'enfant au centre de la famille ! »

Une militante exprime ses découvertes lors de l'analyse des récits :

« Il y avait un éducateur qui se rendait régulièrement dans une famille et il trouvait porte close. Il se posait la question du placement des enfants. Je lui ai fait prendre conscience du risque que prenait la famille en ouvrant la porte. Il m'a dit qu'il n'avait jamais perçu qu'il pouvait être perçu comme quelqu'un qui pouvait nuire ! Je ne sais pas ce qu'il en a fait, mais il disait qu'il allait chercher... On avait expliqué le temps différent pour nous et pour eux. Une participante n'avait pas du tout conscience de cela. On a expliqué qu'eux sont sur une ligne, et nous, cela va en dents de scie, avec des périodes d'avancées et d'autres... Cela les avait intéressés. Après, ce qu'ils en ont fait, je ne sais pas. »

La progression du travail en commun proposé contribue à décrisper les relations car des moyens de compréhension mutuelle sont mis en place. Une militante explique :

« Les co-formations m'ont vraiment permis de découvrir qu'il y a des professionnels qui se posent des questions sur leur boulot, qui essaient de faire autrement. Au début, pour moi, c'était une découverte, je croyais tout le monde dans le même moule. Au début, surtout, j'ai découvert leurs limites. Je les croyais tout-puissants, ou presque, alors qu'aujourd'hui, quand je rencontre un professionnel, je sais que je ne peux pas tout lui demander : c'est quoi qu'il peut m'offrir, dans son service ? C'est quoi qu'il ne peut pas m'offrir, dans son service ? »

Chez beaucoup de professionnels la situation évolue aussi, comme en témoigne l'analyse et le questionnement d'une participante :

« On ne voit pas les choses de la même façon. À la CAF, une urgence, c'est quelque chose à régler dans les trois semaines. Eux c'est tout de suite. Il faut se dire cela. Ce n'est pas facile. Mais il faut le savoir pour arriver, un peu, au même langage. Mais cette urgence-là, on ne la pratique pas... Comment faire pour arriver à un vrai contact ? Comme se serrer la main. Sur des choses comme cela, on a eu une discussion profonde, on ne s'est pas contenté d'énoncer un fait, il y a eu un suivi, des échanges, on a vérifié si on s'est bien compris... Est-ce que c'est suffisant pour arriver à une compréhension mutuelle ? Oui pour les travailleurs sociaux. Mais il faut que cette compréhension le soit aussi pour les personnes en précarité. S'ils ne nous font pas confiance, comment avancer ? Nous, on a l'impression que quand une personne ne vient pas, c'est qu'elle ne souhaite pas avancer. Alors qu'eux disaient que la personne se sent dépassée. Cela nous fait voir qu'il n'y a pas eu assez d'efforts fournis de part et d'autre pour atteindre une fin satisfaisante. »

Peut-être est-ce là un enseignement majeur de ces co-formations, la prise de conscience de la coresponsabilité dans la relation, dans l'interaction, dans la construction de solutions individuelles et collectives, s'appuyant sur les connaissances, les capacités et les compétences de chacun :

« Nous évoquons régulièrement en de multiples lieux les actions collectives ou encore les dispositifs de parole, lesquels visent à permettre l'expression des plus démunis afin que la notion de citoyen prenne pleinement son sens. La formation avec ATD Quart Monde offre aux différents professionnels que nous sommes un moyen unique de comprendre que la parole en soi ne suffit pas, elle doit être soutenue par des échanges construits et réciproques. »

L'échange suivant à l'issue d'une co-formation à l'ENACT d'Angers (3 au 6 octobre 2005) permet d'apprécier la nature et le contenu des interactions vécues. Les participants sont des militants qui évaluent leur participation. Ils dialoguent avec un volontaire du Mouvement ATD Quart-Monde :

« Au début, j'ai eu peur de me présenter devant eux, ils sont plus hauts que nous, vu que j'ai beaucoup de problèmes, j'ai réussi à faire pas mal de trucs que je ne croyais pas que j'allais faire, j'ai dit je vais jamais y arriver, et en fait j'étais contente de moi parce que j'ai réussi à leur parler, leur dire ce qu'on pensait, leur demander dans quoi ils travaillaient, qu'on sache ce qu'ils faisaient. Au début quand j'ai vu deux trois personnes je me suis dit : ils ne vont pas passer, pour moi ils ne vont pas passer et après quand on leur a parlé, je les ai trouvés très gentils, ils parlaient bien. Tout ça met en confiance, tu peux dire des trucs que tu penses. Quand on a été un petit groupe c'était bien. J'avais peur de ne pas savoir quoi dire. On se dit : qu'est-ce qu'on va leur dire, on n'est pas intelligent, eux ils sont intelligents. Est-ce qu'ils vont comprendre ce qu'on va leur dire ?... »

« On avait préparé, on savait quand même quoi dire, mais c'est s'exprimer, parce que je ne m'exprime pas trop bien, alors je me demandais comment j'allais m'exprimer. Mais une fois que c'est parti, ça y est, ça a été tout seul, je suis contente de moi... »

« J'ai aimé l'écriture, les récits, moi je ne sais pas lire et écrire et ça m'a appris beaucoup de choses. Ils nous ont écoutés et ont compris ce qu'on leur a dit, ce que les gens vivent. Ils se sont mis en tête qu'il fallait écouter des gens comme nous. Et puis ils écrivaient... »

« On se bat contre la pauvreté, c'est ça qui nous aide à ne pas parler de nous. Je me suis sentie courageuse... »

« De retour chez moi, j'ai dit à mes enfants comment je suis fière de moi... »

Une illusion serait de croire qu'en définitive on va arriver à un consensus sur les « bons comportements », les « bonnes pratiques ». En réalité il y a des points sur lesquels le désaccord demeure, voire l'impossibilité d'entrer dans la logique de l'autre. Par exemple, une participante explique que « ... sur l'hospitalisation on n'a pas pu se mettre d'accord, ni se comprendre, c'est trop douloureux. » Le dialogue n'en reste pas moins ouvert. De même, un médiateur culturel a pris conscience du décalage entre les intentions des institutions et les attentes des personnes en situation de précarité :

« Ce stage nous rappelle que le fossé est souvent important entre les intentions de notre société, de nos institutions, de nos mandats, et les besoins des personnes en difficultés. Il montre que nos méthodes, nos réalités administratives ne produisent pas toujours les effets escomptés dans la réalité des usagers... »

Chapitre 2

LES EFFETS TRANSFORMATEURS

Les transformations personnelles

Pour les professionnels, les interactions seront positives dans la mesure où elles ouvrent la possibilité d'un triple développement.

D'une part, une distance critique vis-à-vis de ses propres représentations ou au moins une disposition intérieure à prendre cette distance critique. Se laisser bousculer par l'autre de sorte que soient remis en cause ses propres schémas de pensée et de comportement, comme l'exprime ce travailleur social : « À force de clichés, de globaliser, d'institutionnaliser, on n'est plus créateur, inventeur... on banalise les choses qu'on n'a pas à banaliser. Ici on s'est moins retrouvé avec une personne, avec son histoire, et plus avec un groupe. »

Il devient ainsi possible de s'ajuster à son interlocuteur et d'accepter de porter son regard au-delà des apparences, de se disposer à l'écoute profonde de la personne sans chercher à l'enfermer dans un dispositif. Pour un travailleur social :

« En permanence sociale, j'essaie d'être plus précise, plus large... mais en restant neutre. Je suis là pour aider, pas pour juger. Je tente de mettre la personne en confiance, de reformuler systématiquement ce qu'elle me dit pour vérifier si je ne me suis pas trompée. Je tends la main : je donne mes coordonnées, mon horaire, je dis qu'elle peut me rappeler... pour que la personne puisse faire le pas si elle le souhaite...

Je pense que les trois premières secondes sont fatales : ce sont nos clichés et il faut faire avec. Par exemple, quelqu'un de tatoué, de scarifié... j'ai besoin de temps. Mais je sais que c'est pareil pour eux. Si on est sur le long terme, alors on peut aller plus loin pour qu'il n'y ait plus de barrière. Mais c'est à partir de ce qui est dit en premier lieu qu'on peut évoluer.

Dans mon antenne, j'ai fait un compte rendu, j'ai parlé de la co-formation en réunion d'équipe, j'ai relaté comment cela s'est fait : le travail sur les représentations avec les images et les mots, le travail sur les récits... J'avais besoin que tous l'entendent. »

Ce changement d'attitude amène à poser de nouvelles questions et à changer les problématiques d'intervention dans l'habitat, la banque, les soins, l'école et d'autres. Les professionnels prennent conscience qu'ils ne peuvent les élaborer seuls.

Un médecin hospitalier :

« Ce stage a eu l'intérêt d'avoir, pour ma part, un double apport, professionnel mais aussi personnel. Professionnel car, en effet, pouvoir mesurer concrètement, en présence de personnes issues du public concerné, nos écarts de pratiques, de priorités, d'analyse des situations, de postures mais aussi et surtout de langage et de représentations, est une richesse incontestable, même si cet exercice peut parfois être violent pour chacun. Personnel, pour moi, qui pensais être ouvert, attentif à toutes les conditions, la prise de conscience de ces écarts, m'incite à être plus vigilant, plus exigeant avec moi-même et mon entourage dans le regard et le langage, le respect de chacun. »

Une formatrice conforte cette prise de conscience et ce changement d'attitude :

« A mon niveau, cela m'a transformée dans ma capacité d'écoute, alors que je parle toujours beaucoup. J'ai le caractère fonceur, je veux toujours que tout aille très vite. Là, j'ai appris à aller au rythme des autres. Le changement, c'est que je prends du temps. C'était intéressant de découvrir et de respecter le rythme des autres. Mon entourage me dit que j'ai changé. Je suis plus dans l'écoute par rapport aux gens en pauvreté, mais aussi par rapport aux autres.

J'utilise d'autres techniques. Je ne fonctionne plus comme avant où j'étais le leader. Je me laisse plus entraîner par les autres, et je découvre que c'est intéressant. »

Pour les militants, dans ce dialogue à parts égales, ils ont un chemin à faire. Ils sont entre colère du vécu passé et désir d'être compris :

« Avant j'aurais dit : "Je ne discute pas avec certaines personnes" et aujourd'hui je dis : "Oui elles sont bien placées pour répondre à des questions." J'ai appris à me freiner un peu plus, à discuter avec tout le monde », « J'ai appris à mettre des nuances dans ce que je dis et à ce que je fais, à prendre le temps de la réflexion plutôt que d'être dans "l'action-réaction". », « Avant, j'avais entendu quelque chose qui ne me plaisait pas, je fonçais ! Avant, tout était tout blanc ou tout noir. J'ai toujours mon point de vue, mais autrement. J'ai appris qu'un autre peut avoir un autre avis que le mien et que ce n'est pas forcément mauvais ! »

Le travail d'analyse est nouveau pour les personnes en situation de précarité. Voici ce qu'en dit un militant :

« Faire des analyses, cela a été très dur pour moi : je n'avais jamais fait ce genre de travail. Mais cela a été une découverte. J'adore faire ce genre d'analyse, je trouve cela passionnant et depuis lors je ne lis plus de la même façon. J'essaie de comprendre et d'avoir ma propre opinion, par rapport à ce que je vis. Les autres font pareil et puis on échange, on n'a pas la même analyse, c'est passionnant de lire le même texte à plusieurs et puis d'échanger. C'est surtout passionnant avec des gens qui viennent d'un autre milieu, qui ont vécu d'autres choses et donc ils voient d'autres choses que toi. Tu peux lire la même phrase et ne pas la comprendre de la même façon, par rapport à ton vécu. »

On peut résumer le témoignage des militants par « désormais j'ose » ; ils se retrouveraient certainement dans cette parole d'une militante : « J'ai osé parler à des professionnels comme je parle à des gens de mon entourage, osé m'exprimer comme je m'exprime avec tout le monde. Cela m'a fait grandir en quelque sorte. » Ces capacités acquises ou développées dans la co-formation seront pour certaines transférées dans la vie quotidienne.

La connaissance réciproque

Ce travail présente plusieurs aspects.

L'activité sur les représentations ou la confrontation des points de vue laisse paraître les différences de sens donné aux mots ou aux contenus qu'ils expriment.

De même est acquise une meilleure compréhension des langages administratifs et des mots employés. Les mots renvoient à des réalités vécues différemment. Ainsi, dans le travail sur les mots, la santé évoque pour les médecins un état de bien-être qu'il faut conserver, « un capital à ne pas perdre » alors que pour les militants c'est « un but jamais atteint ».

Pendant la co-formation, les professionnels, pour la plupart, redécouvrent les conditions de vie des très pauvres du point de vue des personnes qui les vivent sans que cette connaissance soit déformée par les rapports de dépendance qui pèsent sur les entretiens dans les démarches que font les personnes pour obtenir une aide. Par exemple, des professionnels soulignent combien le passé de la personne peut apparaître comme étant un élément clé de l'élaboration et de la réalisation d'un projet. Les éléments du passé (le désir de retrouver sa famille par exemple) constituent un tremplin lorsqu'ils déclenchent le désir de s'en sortir. Les militants expliquent alors que le passé représente au contraire un fardeau lorsqu'il est focalisé sur les échecs de la personne, quand, à cause de ce passé, ils sont l'objet d'un questionnement systématique, d'un jugement. Le rappel du passé accentue alors le sentiment de culpabilité.

Certains militants témoignent que leur contribution les aide eux-mêmes à mieux comprendre leur histoire, comme celui-ci qui témoigne : « Mon apport m'a permis de mieux comprendre mon histoire et celle de ma famille en la liant justement aux autres militants. » Ils découvrent également des règles et des dispositifs des institutions, des logiques mises en œuvre, le fonctionnement de celles-ci. « On a appris qu'ils ont un temps de cinq minutes pour recevoir les gens », souligne un militant, prenant conscience que l'attitude des professionnels n'est pas seule à mettre en cause.

Au cours d'une autre co-formation, les professionnels parlent de l'importance du dossier comme outil de transmission. Le « dossier » inquiète les militants : les familles ne savent pas ce qui s'y trouve, le dossier peut être aussi un moyen de transmettre les préjugés, les jugements sur une famille. Les coordinatrices expliquent alors que l'Office national de l'enfance (ONE) prévoit que tout rapport écrit par une travailleuse médico-sociale doit pouvoir être lu, vérifié, éventuellement amendé par la famille. Pour les militants, c'est une découverte que les familles aient un tel droit, les professionnelles admettent d'ailleurs qu'il s'agit le plus souvent d'un principe peu mis en pratique. À la fin de la co-formation, les militants pointeront ce droit à connaître leur dossier et à y faire inscrire leur point de vue. Il est retenu comme un des aspects essentiels de ce qu'ils ont appris. « Parfois, on ne sait pas que les professionnels sont obligés de dire ce qu'on leur a confié. On leur dit des choses qu'on ne voudrait pas qu'ils disent ailleurs, et après, on a une patate sur le cœur. »

D'autres exemples sont fournis par des professionnels de la banque qui prennent conscience que les problématiques spécifiques de la grande pauvreté ne sont pas prises en compte dans les plans d'action de la banque et par des professionnels de l'hôpital quant à la nécessité de réévaluer la part donnée aux relations par rapport aux soins techniques.

Lors d'une retransmission des travaux, un dialogue entre des représentants institutionnels et le groupe participant à la co-formation est l'occasion d'approfondir le rôle des institutions dans le domaine de la santé. Un responsable institutionnel s'adresse ainsi aux militants :

> « Vous avez mis en évidence une question qui touche aux moyens, en soulignant que pour pouvoir satisfaire à une relation de qualité, vous ressentiez à l'heure actuelle un manque de moyens, de disponibilité, quelque chose qui s'interposait entre vous et le professionnel. J'aimerais que vous précisiez ce que vous entendez par manque de moyens. »

La réponse du groupe n'a rien d'une pétition de principe :

> « Les situations sont complexes donc les réponses sont complexes. Il n'y a pas au regard d'un problème, une réponse. La formation a au moins servi à dire qu'il y a différents niveaux, différents étages, et il faut prendre en compte tous les aspects.
>
> Nous ne sommes pas dans une démarche de type syndical. Ces journées de co-formation sont un moyen pour permettre une meilleure ouverture, une meilleure compréhension de ce qui manque. À partir de l'échange entre les patients et le personnel soignant ou social, nous pouvons expliquer auprès de la hiérarchie ce qui peut manquer ou ce qui pourrait être amélioré, tout en restant partenaires pour que ça marche mieux.

Prenons l'exemple d'une personne en difficultés qui va pour la première fois voir un médecin, elle ne dialogue pas. La personne en difficultés ne pourra pas faire le premier pas pour entrer en relation. C'est au professionnel de savoir faire le premier pas. Un autre moyen qui peut être pris par les professionnels, est de se déplacer à l'extérieur de l'institution pour rejoindre les gens là où ils sont, par exemple dans un squat. »

Un responsable institutionnel expose une situation où s'opposent la volonté du patient et la logique des soins :

« Nous sommes souvent confrontés à la question de contraindre les personnes à accepter les soins étant donné les pathologies lourdes. Cette action de contraindre est souvent mal vécue de la part des usagers. Nous avons souvent du mal à avoir l'adhésion des personnes pour aller se soigner avant d'accéder à un hébergement. Cette action est difficile à gérer dans la relation. »

La réponse du groupe est essentielle :

« Nous avons vu trois points essentiels pour la personne en difficultés : la peur de se faire soigner – la honte de ce qu'elle dit ou de ce qu'elle est – et peut-être un sentiment d'indignité qui fait qu'elle se refuse aux soins. Même si la personne ne vous répond pas, ne vous donne pas l'impression d'entendre, il y a un travail qui se fait en elle, qui fera qu'à un moment donné, la parole du professionnel aura un écho. Cela prendra peut-être un an, deux ans, peut-être moins, personne ne maîtrise le temps. Les professionnels n'y arriveront peut-être pas avec tout le monde. Mais la personne se souviendra de ce qui a fait le déclic, de ce qui a permis cette acceptation des soins. Les professionnels doivent voir au-delà de la logique technique du soin et prendre plus en charge la globalité de la personne.

En tant que professionnels, nous ne prenons pas en compte la logique de la personne qui veut une prise en charge plus globale, sur la durée. Pour les personnes qui sont dans une misère très grande, le problème, c'est surtout la peur de l'hôpital. En étant dans la misère, je n'ai pas les moyens d'aller chez le médecin, il n'y a que l'hôpital, et je suis dans un tel état que pour moi ça représente la fin, la mort. Les urgences sont le seul moyen de sauver quelqu'un qu'on a trouvé dans la rue.

Un responsable institutionnel déclare alors :

« Ce qui me marque dans tout ce qui a été dit c'est que finalement la lutte contre l'exclusion, c'est vouloir transformer la société. Plutôt que de vouloir toujours plus de moyens, toujours plus de dispositifs, c'est agir autrement en privilégiant la connaissance réciproque, l'agir ensemble. Aujourd'hui, cela me paraît une alternative très intéressante. Ma question est : comment peut-on prendre en compte dans cet autrement, la logique économique ? »

Puis, le groupe ajoute :

« Dans un groupe de professionnels, la logique économique était apparue très clairement mais qu'est-ce qu'on en fait ? C'est quelquefois de la responsabilité des professionnels de demander, de revendiquer. Et quelquefois il faut faire avec. C'est le professionnel et les gens qui sont dans la situation qui feront que ça va se passer de telle façon ou telle autre. Cette formation montre que les exclus peuvent être militants avec des organismes qui les soutiennent. Notre démarche à nous professionnels était de soutenir cette démarche militante et de voir comment on peut s'y associer également pour changer quelque chose de cette logique économique qui produit de l'exclusion. On s'est rendu compte à travers certains récits que finalement le militant était conscient qu'il manquait d'infirmières, de box, de chambres, etc. Mais ce qui gêne le plus, c'est le manque d'informations, de reconnaissance. »

Nouvelles relations et évolution des pratiques

La co-formation ne conduit pas seulement le professionnel à changer ses pratiques dans l'exercice ultérieur de son métier, elle est en temps réel une nouvelle pratique des relations avec les personnes vivant en grande précarité.

La priorité est donnée à la relation sur la recherche immédiate des solutions techniques. Cela suppose de savoir poser des gestes qui créent la relation avec la personne ou sa famille en prenant garde aux mots et aux gestes qui humilient. Écoutons cet autre dialogue instauré lors d'une retransmission.

Un responsable institutionnel s'interroge: « Pour aller vers la connaissance mutuelle, est-ce qu'il ne faut pas quelquefois entrer dans l'affectif tout en restant dans le cadre professionnel ? Même si l'allocataire n'attend pas que le professionnel lui offre un café... »

La réponse donnée par un groupe évalue l'impact de ce geste :

« Chaque professionnel a une marge de manœuvre possible, c'est à chacun de savoir ce qu'il est possible de faire ou non avec l'allocataire, même de boire un café, mais qui va payer? Il faut toujours rester "professionnel", car cela peut se retourner contre le professionnel ou la personne et cela peut compliquer la relation. Trop d'affectif risquerait de minimiser la relation professionnel-personne. »

Accueillir la personne et écouter sa parole est pour ce professionnel la première attitude à adopter :

« Cela m'est resté, d'être prudent avec les personnes. De continuer à respecter les personnes avec leurs savoirs : c'est important de tenir compte de leurs savoirs, faire un travail sur ce savoir. En posthébergement, mon travail c'est partir de la personne, de son savoir, de son expérience, pour la conforter et la compléter au maximum pour la mener à l'autonomie, pour qu'elle puisse vivre seule. Cela, c'est vraiment quelque chose que j'ai retenu. »

Dans cette même direction, relevons quelques accords entre professionnels : ne pas juger la personne sur son apparence physique ; prendre le temps qu'il faut pour que la parole des personnes soit entendue et comprise, que ce soit en réunion ou en entretien ; et enfin, que cette parole soit prise en compte selon le sens que la personne lui a donné.

Donner les informations pertinentes est nécessaire à la compréhension de la situation, encore faut-il vérifier qu'elles sont effectivement comprises. Un professionnel dans le domaine de l'insertion professionnelle fait part de l'évolution dans ses pratiques en ce sens :

> « Dès que je rencontrais des personnes par la suite, j'essayais la mise en confiance, de leur expliquer plus en détail que j'étais là pour faire le point et pas seulement pour le RMI : dire plus dès le premier entretien et le redire. J'expliquais plus le contrat d'insertion, pourquoi il a été mis en place. J'organise des réunions d'information collectives. J'explique davantage mon action. J'essaye de mieux expliquer pourquoi j'oriente dans telle ou telle direction, avec des mots plus simples. Et il n'est pas rare pour moi, aujourd'hui, de demander aux gens de parler de leurs craintes, par exemple comment ils perçoivent la convocation, pour leur expliquer que davantage qu'un contrôle, l'objectif est de leur permettre de sortir du dispositif, d'avoir une meilleure vie, de mettre différentes étapes en marche, toujours avec l'accord de la personne.
>
> S'il y a des directives, elles ne viennent pas de ma part mais parfois de l'institution. L'essentiel, c'est la relation avec la personne. Bien sûr, je dis qu'on est là pour faire le point. La formation m'a appris comment faire pour mener à mieux l'entretien, pour essayer de travailler ensemble. C'est rare, une formation où on peut travailler comment améliorer... c'est important aussi. Souvent, il faut plusieurs entretiens avant de pouvoir dire ce qu'on veut vraiment. Cela, c'est cette formation qui me l'a appris... À mes collègues, j'ai discuté de la formation, de la vision des travailleurs sociaux... Je les ai mis en garde en parlant du travailleur social derrière son écran. L'image a été véhiculée. »

Une situation nouvelle modifie la relation entre personnes en difficultés et professionnels dans la co-formation. En effet, elles ne sont pas là seulement pour elles-mêmes mais pour le milieu qu'elles représentent. La prise en compte (et en charge) des personnes en difficultés par les institutions sociales est habituellement individuelle et l'affirmation collective suscite une grande méfiance. Une militante nous dit : « On individualise les personnes, on casse le collectif. » Or les personnes en situation de précarité ont besoin du collectif pour faire un groupe de réflexion, élaborer leur apport, soutenir les énergies et les démarches.

Une formatrice qui a participé à la co-formation de l'Office national de l'enfance (ONE) raconte comment le croisement des savoirs a fait évoluer les pratiques de son organisation d'éducation permanente. Par exemple, une association d'aide à l'enfance en milieu ouvert leur avait demandé de lancer une activité avec les adultes dans un quartier : « La première fois, on y va, on informe, on se présente. » Pour cette première rencontre, quatre personnes sont présentes, mais il n'y en a plus qu'une seule la fois suivante. Plutôt que d'en conclure rapidement que les habitants ne sont pas intéressés, le formateur est allé dans la cité, a pris le temps de « causer avec les gens, de participer à une fête et un atelier de fin d'année pour bâtir la confiance. Après cela, les gens ont démarré. » Ils ont alors participé à la formation proposée. Mais dans l'équipe de permanents, dont deux membres ont participé à la co-formation, tous ne partagent pas une même manière de voir les choses. « La participation à la co-formation a créé le débat », en particulier par rapport à cette démarche d'aller vers les personnes plutôt que d'avancer avec ceux qui les rejoignent plus spontanément. Est-elle de leur responsabilité ?

> « On ne s'est pas mis d'accord mais la démarche avec ATD Quart Monde a alimenté une réflexion qu'on a par ailleurs : "Est-ce que nous n'avons pas une limite à reconnaître parce que la participation de certains demande une proximité que nous n'avons pas ? Est-ce à nous de faire ce travail de proximité ? Est-ce que nous avons les capacités de le faire ?" Certains rêvent que oui. D'autres disent : certainement pas ! »

S'identifier à un milieu et affirmer qu'on « veut s'en sortir » suscite néanmoins la perplexité de certains professionnels. Le paradoxe est exprimé par un travailleur social de Belgique : il raconte que dans sa co-formation est intervenu un chauffeur de bus qui disait en permanence qu'il était du « Quart-Monde »... « Je me bats pour que les autres s'en sortent », disait-il. « Mais alors, s'interroge le travailleur social, quand est-ce qu'on s'en sort ? À force de s'identifier on y reste ! » et plus loin il ajoute : « Les militants avaient cet esprit "Je m'identifie à la population." Ils ne disaient pas "Je combats pour que le milieu n'existe plus." Ils disaient "Je suis fier d'être de cette population, je la représente." Mais alors où est la réussite ? »

La question porte plus loin que l'amélioration des relations : « Que veulent les familles, où va la société de demain ? », questionne cet autre travailleur social. Et encore celui-ci : « Je suis en recherche. Au-delà de la question des relations avec les travailleurs sociaux, la question est ce qui se passe dans la société, à l'école, etc. » À quoi répond, comme en écho, cette militante affirmant sous forme de question : « Vit-on dans une société qui aspire à un changement total ? Changement qui veut dire tout repenser pour bâtir de nouvelles politiques à partir de ce que les plus pauvres vivent. »

Plusieurs professionnels ou promoteurs insistent sur la nécessité d'un travail d'équipe à l'intérieur de l'institution, et comprennent mieux l'utilité d'un dialogue de groupe à l'extérieur. On voit que les comportements des professionnels peuvent changer, mais ils restent dépendants de la pratique et de la réglementation des institutions. La question est alors de la diffusion de ces nouvelles pratiques hors du cercle où elles ont été expérimentées. À l'issue de la formation à Chambéry cette question est posée : « Comment intégrer l'idée que les personnes en difficultés peuvent apporter aux professionnels un savoir d'expérience qu'elles seules détiennent ? » La diffusion des leçons de la co-formation concerne donc à la fois les professionnels et leurs institutions.

Les personnes en difficultés apprennent aussi les unes des autres. Car tout comme les professionnels elles peuvent être en désaccord les unes avec les autres, être tentées par la violence et le non-respect du contradicteur. Aussi, à la fin d'une co-formation en Belgique elles éprouvent le besoin de dire ce qu'elles ont appris les unes des autres :

« On a appris qu'on a des vies différentes, alors on ne pense pas pareil pour tout... »

« On peut dire – je – quand on ne fait pas de tort aux autres, pour dire ce qu'on pense personnellement, parce que nous pensons par nous-mêmes... »

« On n'a pas le même vécu, chacun a sa vie, on ne pense pas tous la même chose, on apprend les uns des autres... »

« On se complète, on n'apporte pas chacun les mêmes choses, on s'appuyait sur d'autres exemples... Seul on ne peut pas penser à tout... On se soutient... »

Les suites de la co-formation dans les différentes institutions

Les suites de la co-formation peuvent prendre différentes formes. Si, comme le souhaite un cadre de santé, « l'idée est de dire : ce n'est pas une spécificité à développer dans un service, c'est une culture et une préoccupation qu'on doit avoir de façon transversale », cette culture doit s'incarner dans des initiatives institutionnelles et pas seulement dans des comportements de professionnels. L'accueil des plus pauvres ne doit pas créer de nouvelle discrimination, fût-elle positive, mais la transformation que demande cet accueil fonde une nouvelle approche pour tous. Il ne s'agit pas de créer un accueil spécifique pour les « pauvres », mais d'écouter la parole des plus démunis pour que l'accueil puisse être de même qualité pour tous. C'est pourquoi l'analyse de la pratique peut être menée à partir d'échanges réguliers avec des très pauvres. Les modalités en seront recherchées par chaque institution.

Dans le cadre de l'accès aux soins, à Chambéry, le 27 juin 2006, soit un an après les trois jours de co-formation, les participants se retrouvent pour une quatrième journée pour évaluer les effets de la co-formation au cours de l'année écoulée. Le docteur Bruno de Goër, coordonnateur de la Permanence d'accès aux soins de santé et médecin au centre hospitalier, écrit :

« En 2005, une formation croisée entre personnes ayant l'expérience de la misère et professionnels du champ de la santé a été organisée sur trois journées. 30 personnes en ont bénéficié. L'évaluation de cette expérience a montré une dynamique très positive. Dès l'issue de la troisième journée, des participants ont proposé d'élargir ce travail au cours d'une journée supplémentaire à distance. Un projet de quatrième journée, un an après, avec les mêmes acteurs, a alors été élaboré par le comité d'organisation. L'objectif opérationnel était de mettre en place une journée "bilan et perspectives" avec les acteurs qui se sont formés en 2005. Cette journée a lieu en juin 2006, rassemblant 25 personnes. »

Le support pédagogique est la technique du théâtre-forum. En deux groupes d'acteurs, chacun exprime une situation où il a réussi ou n'a pas réussi à mettre en pratique ce qu'il avait appris pendant la co-formation. À partir des situations exprimées, chaque groupe en choisit une qui pose question, qu'il a particulièrement envie de travailler et donc de mettre en scène pour ensuite, avec l'autre groupe, tenter des pistes de changement. Un groupe met en scène la situation d'une jeune femme alcoolisée et battue, amenée aux urgences de l'hôpital par un travailleur social, et qui finalement téléphone à son compagnon de venir la chercher.

L'autre groupe met en scène un généraliste annonçant à un patient que la lésion qu'il a dans la bouche peut s'aggraver et il lui conseille de voir un spécialiste. Le patient est persuadé qu'il a un cancer. Après la visite chez le spécialiste, une opération devrait être envisagée mais le patient refuse car, dit-il, il ne peut pas faire garder son chien pendant plusieurs jours. Les deux scènes donnent lieu à de nombreux essais d'amélioration, puisant dans les acquis des trois journées précédentes : le temps nécessaire pour bâtir une relation, l'importance de la prévention, les conditions de la liberté, de l'autonomie des personnes, les moyens collectifs à mettre en œuvre pour continuer à se former à la connaissance et à la compréhension réciproque.

À la suite de cette journée, le docteur Bruno de Goër organisera une journée de formation réunissant des diététiciennes et des personnes sans domicile, dans la dynamique du programme national nutrition santé, et une formation réunissant des migrants et des professionnels sur la prévention et la prise en charge du sida et des hépatites, avec l'association Migrations-santé Rhône-Alpes.

Dans le cadre bancaire, un responsable de la Caisse d'Épargne, membre du comité de pilotage, aborde le projet d'une association ayant pour vocation de venir en aide aux personnes en difficultés. Ce sujet provoque la réaction des militants ayant participé à la co-formation qui contestent des dispositifs visant la prise en charge des personnes en leur conférant immanquablement des statuts particuliers de « sous-clients ». Ils savent par expérience que ces dispositifs ont un caractère éducatif très étroit qui se contente de prescrire une série de bonnes conduites : « Vous nous dites comment il faut faire, nous avons plutôt besoin de connaissances et d'informations. L'on nous éduque à toutes les étapes de notre vie, à faire notre budget, à élever nos enfants, etc. Qui plus est, cela ne fonctionne pas. »

Les militants soulignent le risque de créer des circuits parallèles pour les clients qui ne peuvent être accueillis par les agences avec le traitement que réclament la prise en compte de la personne et la considération de tous les aspects propres à sa situation. Le débat très vif illustre au terme de la co-formation la nécessité de confronter les savoirs dès l'élaboration d'un projet. Un souhait est formulé par un responsable :

« Je forme le vœu, que dans le monde de la banque et les autres lieux, nous arrêtions d'esquiver ce type de rencontre dès lors que nous souhaitons nous engager sur des projets. À vouloir penser pour les autres, l'on finit par gâcher du temps et de l'argent... Pour être profitables, nous devons nous efforcer de continuer à travailler ensemble. »

Depuis 2005, l'ENACT d'Angers intègre dans son programme de formation un module de co-formation de quatre jours intitulé : « Co-formation Quart Monde-Partenaire, le croisement des regards entre les professionnels et les personnes en situation de pauvreté ». Le CNFPT de Toulouse programme à son tour un stage du même type en octobre 2007. En juin 2007, des Journées d'études sur la démocratie participative organisées par l'ENACT d'Angers ont lieu, regroupant des cadres territoriaux, des élus, des habitants, avec la participation de la compagnie de théâtre-forum NAJE (Nous n'Abandonnerons Jamais l'Espoir), de Qualification Mutuelle [1], d'universitaires, de consultants, et d'ATD Quart Monde (les Ateliers du Croisement des savoirs et des Pratiques). Les participants à ces journées travaillent six thèmes :

– Démocratie participative et... intérêt général, intérêt commun : Qui définit l'intérêt général et comment ?

– Démocratie participative et... finalité politique : Que met-on en débat ? Pour quels changements ?

– Démocratie participative et... représentativité : Qui sont les absents de la participation ?

– Démocratie participative et... indemnisation : Faut-il payer les habitants pour leur participation ?

– Démocratie participative et... animation : Quelles méthodes choisir ?

– Démocratie participative et... service public et management : Quelles adaptations nécessaires pour le fonctionnement des collectivités ?

Un atelier Quart Monde Partenaire regroupe les cadres territoriaux ayant participé à l'une des deux co-formations réalisées à l'ENACT pour mettre en commun les suites qu'ils ont données, les questions posées, et un autre atelier propose à d'autres participants de découvrir la démarche de croisement des savoirs et des pratiques.

Dans le cadre de l'Office national de l'enfance (ONE), des liens existent entre le Mouvement ATD Quart Monde et l'institution depuis une vingtaine d'années : recherche-action menée ensemble, action de formation à la connaissance et au partenariat avec les familles en situation de pauvreté organisée par le Mouvement et proposée aux personnels de l'ONE (elle est organisée plusieurs années de suite et débouche sur la création d'un outil pédagogique « La valise du formateur »), participation au Conseil d'administration... pour y faire exister les familles les plus pauvres, co-formations.

1. Voir chapitre 3 de cet ouvrage, pp. 85-86.

Dès le lancement des premières co-formations en Belgique, des travailleurs de terrain (travailleurs médico-sociaux) s'y inscrivent avec le soutien de leur institution. Lors de la séance finale de retransmission de la co-formation à La Louvière, la coordinatrice régionale prend la parole au nom de son institution.

Les travailleuses médico-sociales (TMS) qui ont participé à la co-formation veulent en communiquer les points forts à leurs collègues plus solidement que par des contacts informels. Avec leur coordinatrice, elles organisent une demi-journée de formation pour leurs collègues de la région. Au cours de cette après-midi, elles prennent la parole aux côtés de militants Quart Monde, de l'équipe pédagogique et de responsables institutionnels. Dans sa convocation, la coordinatrice précise que ce temps de formation est obligatoire pour toute son équipe pour éviter que seules viennent celles qui étaient spontanément intéressées. Participent également à la séance des coordinatrices d'autres régions ainsi qu'un membre de l'équipe de direction. Les TMS qui ont participé à la co-formation expliquent comment celle-ci a provoqué des prises de conscience et fait évoluer leurs pratiques professionnelles quotidiennes tandis que les militants en situent les enjeux et également ce qu'eux ont appris de la co-formation. Lors du débat qui suit, plusieurs TMS expriment leurs soucis par rapport aux familles très pauvres et exclues qu'elles connaissent, leur volonté de mieux les comprendre et mieux les soutenir.

Par ailleurs, depuis trois ans se préparait un projet-pilote de soutien aux familles avec petits enfants, dans la région de Liège, en partenariat entre ATD Quart Monde et plusieurs institutions locales. L'ONE en est un des principaux partenaires. Dès les premières rencontres de réflexion avec plusieurs secteurs, les coordinatrices présentes, spontanément, ont fait référence à la co-formation à laquelle elles avaient participé : celle-ci avait représenté un temps fort pour elles et elles auraient souhaité que de tels temps de formation, avec des personnes issues du monde de la grande pauvreté, soient organisés plus régulièrement.

Le projet s'est mis en place, depuis un an, à Ougrée (près de Liège). La coordinatrice du secteur est partie prenante. Prenant appui sur ce qu'elle a vécu durant la co-formation, elle affirme avec force que dans le comité de pilotage du projet, il faudrait que des familles participent ; elle rappelle qu'il est important d'évaluer avec les familles. Toutefois, il est difficile, dans un tel comité de pilotage, de mettre en place les conditions nécessaires pour une vraie participation de personnes en situation de pauvreté et d'exclusion sociale : le projet concerne leur propre quartier, les professionnels sont ceux à qui elles ont à faire au quotidien.

Chaque année, l'Institut Cardijn organise des États généraux du travail social qui rassemblent des centaines de participants professionnels et étudiants. En décembre 2002, le thème choisi est *« La parole et la place de l'usager au cœur des pratiques du travail social». Le croisement des pratiques*[2] en est le livre dc référence. Pour préparer la journée, il a été présenté et donné à tous les intervenants, c'était le matériau de base pour tous les ateliers. Cela a donc concerné en particulier tous les professeurs qui se trouvaient dans les groupes préparatoires et tous ceux qui ont préparé la journée. Un des ateliers est centré sur l'expérience vécue de Quart Monde Partenaire, plusieurs volontaires permanents et militants Quart Monde y interviennent en tant que personnes-ressources. En 2003, l'Institut Cardijn organise la première co-formation, animée par Béatrice Derroitte qui a participé à Quart Monde Partenaire et par un membre des ateliers du Croisement des savoirs.

En 2004, lorsque l'ONE confie à Béatrice Derroitte la responsabilité d'organiser la formation systématique de son personnel à la « bientraitance », elle tient à y associer ATD Quart Monde pour la mise sur pied d'un module de co-formation destiné aux coordinatrices. Elle en assume l'animation générale tandis que deux autres formatrices de l'Institut y contribuent en tant que référentes des professionnelles. En 2005, Béatrice Derroitte quitte ses fonctions de formatrice pour prendre la direction de l'Institut. Mais plusieurs années avant cela, elle avait modifié sa manière d'assurer les cours auprès des stagiaires :

« Mes interpellations envers les stagiaires, en supervision, ont changé, elles n'étaient plus les mêmes, mes vigilances n'étaient plus les mêmes, ma position n'était plus la même. Par rapport au pôle de la relation, je n'avais plus les mêmes questions, elles ont mûri... Un peu par la force des choses, j'avais privilégié l'encadrement en stage dans des institutions qui concernent plus étroitement les personnes en situation de pauvreté : maisons d'accueil, maisons de quartier... C'était un choix de ma part d'investir là. Et aussi dans mon cours de méthodologie lui-même... Il y avait une forte prégnance de la démarche expérimentée dans le programme Quart Monde Partenaire[3] par rapport au processus d'intervention sociale. »

En 2006, une des formatrices qui a contribué au projet avec l'ONE, fait appel à ATD Quart Monde pour assurer une journée de co-formation pour un groupe de travailleurs sociaux en région rurale. Ainsi, aujourd'hui relativement nombreux sont les enseignants de l'Institut Cardijn qui ont connaissance de cette approche. Plusieurs ont suggéré à certains de leurs étudiants de travailler ce thème dans leur travail de fin d'études. Ils utilisent le livre en bibliothèque, l'Ecole les envoie à la Maison Quart Monde. Le professeur de sociologie utilise *Le croisement des savoirs*[4], il a modifié son cours en conséquence. Il reprend par exemple le rapport entre famille et temps.

2. *Le croisement des pratiques, op. cit.*

3. *Ibid.*

4. *Le croisement des savoirs, op. cit.*

Des accords de partenariat sont souhaités entre institutions et secteur associatif. Comme en ont témoigné certains promoteurs, les rapports avec les personnes en grande précarité doivent entrer dans les plans d'action des services accueillant des publics. C'est une des composantes de leur mission. Il faut donc inventer des modes de concertation permanents avec les représentants de ces milieux. Comme le proposent plusieurs des partenaires de ces actions, les collaborations ne peuvent concerner des personnes isolées. Des accords devraient être passés avec des associations de solidarité avec les plus pauvres ou des organisations émanant d'eux, en l'occurrence le Mouvement ATD Quart Monde, mais aussi d'autres associations, comme c'était le cas à Lille, à Chambéry, ou à La Louvière. Ces structures serviraient d'intermédiaires entre populations en difficultés et institutions.

Enfin, la recherche de solutions ne peut en rester au niveau de mesures. La préparation des politiques sectorielles doit faire place aux échanges entre tous les acteurs. Le partenariat ne concerne pas seulement un service et une organisation de lutte contre la pauvreté. Les expériences de Chambéry, de l'ENACT d'Angers et d'autres co-formations franco-belges montrent qu'un réseau de professionnels se constitue à l'occasion de ces co-formations.

La co-formation apparaît comme l'amorce d'un dialogue qui devrait prendre un tour permanent et les propositions ne manquent pas. Il appartient à chaque institution de se doter des moyens de ce dialogue. Comment alors relier l'expérience forte des participants avec l'institution dans son ensemble ? Certains attendent plutôt des interventions extérieures ponctuelles comme la co-formation. D'autres souhaiteraient un suivi plus permanent. Une question de fond se pose : l'institution peut-elle changer ses modes d'intervention ? Par exemple peut-elle modifier le cadre et le temps de la rencontre avec les personnes, instaurer des formes durables de participation des usagers ?

L'apport le plus tangible actuellement concerne principalement le comportement des professionnels dans leur propre pratique, mais ceux-ci apparaissent souvent en « tampon » entre les personnes et leur institution au point que la question de la prise de risque se pose pour eux comme pour les personnes. C'est pourquoi, les échanges entre professionnels de différentes institutions sont un apport important de la co-formation. Regrouper les professionnels des secteurs sociaux, mais aussi les responsables de projet ou les fonctionnaires territoriaux avec des personnes très pauvres apportant leurs savoirs est à terme un puissant levier de changement, même si le point de vue des professionnels n'est pas unifié.

En revanche, comme plus d'un le signale, on bute non seulement sur les procédures mais aussi sur la question du temps : plus on recherchera le partenariat et plus les contraintes de temps seront lourdes entre le temps des échanges et les délais de réalisation, sans compter l'exigence de résultats rapides.

Chapitre 3

CROISEMENT DES SAVOIRS ET DES PRATIQUES ET APPROCHES PARTICIPATIVES

Aussi innovantes soient-elles, les expérimentations menées par le Mouvement ATD Quart Monde s'inscrivent dans un contexte plus général de remise en question des modalités d'accueil des personnes en situation de précarité et de concertation avec elles.

La participation devient un maître mot dans les politiques sociales et dans la politique tout court. Ainsi en France, les textes suivants en sont l'illustration :

– loi du 29 juillet 1998 relative à la lutte contre les exclusions,

– loi du 2 janvier 2002 sur les institutions sociales et médico-sociales prolongeant et développant la loi de 1975 sur le même objet,

– loi du 4 mars 2002 relative aux droits des malades et à la qualité du système de santé : elle confère à l'usager non plus un statut de bénéficiaire mais d'acteur dans une perspective de citoyenneté.

Encore faut-il savoir ce que recouvre ce mot de « participation » que l'on dresse comme un « étendard » ou comme une solution à la « fracture sociale » et quelles en sont les applications. Quels sont ses rapports avec le croisement des savoirs tel que l'entend ATD Quart Monde, et l'invocation de croisement des savoirs désigne-t-elle les mêmes démarches ?

Les approches participatives dans les politiques publiques

Avant d'évaluer les démarches participatives, il est utile de connaître l'usage de la notion de participation dans les politiques publiques. Celle-ci doit s'examiner sous un triple registre : celui des documents relatifs aux politiques publiques, celui des collaborations du réseau associatif avec les institutions publiques et celui de l'évaluation des politiques publiques par les associations de solidarité avec les personnes en situation de pauvreté.

Place de la « participation » dans les documents concernant les politiques publiques

En France, le vote de la loi relative à la lutte contre les exclusions en 1998 a permis de faire place aux connaissances dont disposent les personnes vivant ou ayant vécu la pauvreté et l'exclusion pour que s'instaure un partenariat entre les différents acteurs de la société. L'article 151 stipule :

> « Les formations sociales définies par le schéma national susmentionné assurent à la fois une approche globale et transversale et une connaissance concrète des situations d'exclusion et de leurs causes. Elles préparent les travailleurs sociaux à la pratique du partenariat avec les personnes et les familles visées par l'action sociale... »

La loi prévoit donc à l'appui de cet objectif la formation des acteurs, professionnels et bénévoles, à la connaissance des personnes en difficultés :

> « Il apparaît d'abord fondamental que les professionnels en contact avec les personnes en difficultés, aient une meilleure connaissance des situations d'exclusion et de leurs causes afin de mieux réagir devant les personnes concernées, mieux les conseiller, mieux les orienter. »

La loi du 2 janvier 2002 rénovant l'action sociale et médico-sociale a pour finalité de promouvoir l'usager citoyen, sa participation et de créer de nouveaux outils comme les conseils de vie sociale (CVS) dans les centres d'hébergement et de réinsertion sociale (CHRS). En 2003, le rapport du Conseil économique et social intitulé « L'accès de tous aux droits de tous, par la mobilisation de tous » recommande de « développer les actions collectives et la co-formation » par le « croisement des savoirs et des pratiques », reprenant par là même le titre et les préconisations des deux programmes organisés antérieurement par le Mouvement ATD Quart Monde.

En Belgique, le *Rapport général sur la pauvreté* paru en 1994[1] a mobilisé des centaines de personnes à travers tout le pays durant deux années. À la demande du gouvernement, des personnes en situation de pauvreté et d'exclusion, avec d'autres membres des organisations au sein desquelles elles se rassemblaient et bâtissaient leur pensée collective, ont dialogué avec des représentants du secteur social des villes et communes de Belgique ainsi que d'autres professionnels et responsables institutionnels, pour produire un état des lieux de la pauvreté ainsi que des propositions d'action.

En 1998, tous les ministres concernés par la pauvreté et l'exclusion sociale signent un *« Accord de coopération entre l'Etat fédéral, les Communautés et les Régions relatif à la politique en matière de pauvreté. »* Cet Accord, approuvé par tous les parlements du pays, a valeur légale. Le préambule de cet Accord affirme que la précarité, la pauvreté et l'exclusion sociale constituent une atteinte à la dignité et aux droits égaux et inaliénables de tous les êtres humains. L'Accord déclare que la participation de toutes les personnes concernées par les politiques de lutte contre la pauvreté doit être garantie par les autorités. Cet « Accord de coopération » crée le Service de lutte contre la pauvreté, la précarité et l'exclusion sociale chargé d'analyser les informations en matière de précarités d'existence, de formuler des recommandations et des propositions concrètes en vue d'améliorer les politiques, d'émettre des avis d'initiative et de rédiger un rapport tous les deux ans.

Les missions doivent s'exercer en concertation structurelle avec les personnes en situation de pauvreté. Le rapport 2001 consacre un vaste chapitre au dialogue. Les enseignements de « Quart Monde Université » y tiennent une place importante. Le rapport 2003, quant à lui, fait l'état des lieux des concertations qui se sont effectivement mises en place : objets de ces concertations, méthodologies mises en place, résultats obtenus... En 1997, une Conférence interministérielle pour l'intégration sociale adopte une proposition visant à examiner le décret de 1991 relatif à l'aide à la jeunesse. Elle fait suite à la demande des associations. En effet, lorsque celles-ci demandaient que soit mis fin aux placements pour raison de pauvreté, que soient préservés les liens familiaux, il leur était sans cesse répondu que c'étaient là les objectifs de ce décret. Cette affirmation se heurtait à l'expérience quotidienne des familles très pauvres. Il fallait donc étudier et évaluer comment celui-ci était mis en application.

C'est la direction générale de l'aide à la jeunesse qui est chargée d'organiser ces rencontres en bénéficiant du soutien du Service de lutte contre la pauvreté, la précarité et l'exclusion sociale. Le groupe est composé au départ de membres de l'administration de l'aide à la jeunesse et de représentants de deux associations rassemblant des familles très pauvres : ATD Quart Monde et Luttes, Solidarités,

1. Voir le site : www.atd-quartmonde.be/Rapport-General-sur-la-Pauvreté.html (accédé en août 2008).

Travail (LST), puis il s'est ouvert aux représentants de l'administration de l'aide à la jeunesse (parmi eux, une conseillère ayant participé au programme Quart Monde Partenaire), ainsi que du service éducation. Il prend alors le nom d'Agora. L'ouverture du groupe permet la difficile mais nécessaire confrontation entre les pratiques des professionnels de terrain et l'expérience des familles. Ce travail débouche sur la publication d'un texte commun[2] : « Le premier contact entre une famille et un service de l'aide à la jeunesse – État des réflexions de l'Agora. » Au cours d'une journée d'études, organisée le 17 octobre 2005, ce texte est présenté aux professionnels du secteur.

Actuellement, le travail se poursuit, il s'est à présent centré sur la notion de « danger », un concept essentiel sur lequel s'articule l'ensemble des interventions des services de l'aide à la jeunesse, mais mot pour lequel familles et professionnels ont des représentations bien différentes.

Collaboration du réseau associatif avec des institutions publiques

La collaboration du secteur associatif avec les institutions publiques se décline suivant plusieurs modalités.

En France, à l'initiative du Mouvement ATD Quart Monde, en 2006-2007, un groupe de travail est créé dans le cadre du collectif associatif ALERTE coordonné par l'UNIOPSS[3] pour explorer les conditions de la participation des personnes en situation de précarité aux politiques de lutte contre l'exclusion. Cette création s'inscrit dans une double stratégie du collectif ALERTE :

– créer des partenariats entre les associations de lutte contre la pauvreté et les partenaires sociaux,

– associer les personnes en situation de pauvreté à la vie de la société.

Quatre problématiques ont été retenues :

• Quel statut, quelle place, quel rôle donner aux personnes en situation de précarité dans les associations et la société ?

• De quelle participation s'agit-il ? S'associer et participer avec qui, à quoi, pour quel but ?

• Quelles sont les conditions qui permettent la participation des personnes en situation de précarité ?

• Quelles formations développer dans les associations et dans la société civile pour créer les conditions de la participation ?

---

2. Voir le site : http://www.mouvement-lst.org/documents/2005-10-17_agora_contact_famille-saj.pdf (accédé en août 2008).

3. Union nationale interfédérale des œuvres et organismes privés sanitaires et sociaux.

Ces questions ont été étudiées au regard des pratiques de participation associative et ont donné lieu à un document de travail.

En Belgique, la Flandre reconnaît et finance des *« associations où les pauvres prennent la parole »*. Pour prétendre à cette reconnaissance, une association doit répondre à six critères : amener les personnes en situation de pauvreté à se réunir en groupe, leur donner la parole, agir en vue de leur émancipation sociale, agir sur les structures sociales, organiser le dialogue et des activités de formation, être continuellement à la recherche de nouvelles familles ou personnes. Le décret relatif à la politique de lutte contre la pauvreté (21 mars 2003) a inscrit dans un cadre durable cette reconnaissance. Il organise également le financement public du réseau flamand de lutte contre la pauvreté qui a pour tâche de soutenir et de coordonner les activités des associations où les personnes en situation de pauvreté prennent la parole. Ce réseau est l'interlocuteur privilégié des pouvoirs publics pour toutes les questions relatives à la pauvreté. La Flandre a aussi développé depuis plusieurs années la formation et l'insertion « d'experts d'expérience[4] », des personnes ayant vécu la pauvreté et formées pour jouer un rôle de passerelle entre les institutions et des personnes ou familles très pauvres.

Toujours en Belgique mais cette fois en « Communauté française », c'est en tant qu'organisations d'éducation permanente que sont reconnues des associations telles qu'ATD Quart Monde. Le décret de 2003 a profondément réformé la reconnaissance et le financement des organisations d'éducation permanente. Il précise que leur action doit viser notamment le *« public issu de milieux populaires »* ainsi défini : *« Groupe de participants composé de personnes, avec ou sans emploi, qui sont porteuses au maximum d'un diplôme de l'enseignement secondaire ou de personnes en situation de précarité sociale ou de grande pauvreté. »* Au sein du programme que la ville de Charleroi a développé dans le cadre du projet européen de lutte contre la pauvreté *« Pauvreté 3 »*, a été mis en place un *« comité citoyenneté »* qui a rassemblé des personnes issues de la grande pauvreté rencontrées par différentes associations et institutions.

Au niveau européen, le réseau des associations de lutte contre la pauvreté EAPN (European Anti-Poverty Network) s'efforce de promouvoir depuis plusieurs années une stratégie de lutte contre l'exclusion au niveau européen intégrant la participation des personnes en précarité. À la suite de la commande de l'EAPN, l'UNIOPSS, organisme français, publie en mars 2003 un rapport[5] intitulé : *« Guide des outils et méthodes de participation des personnes en difficultés »*. Ce guide recense en Europe la participation et le partenariat des personnes défavorisées avec les institutions et les personnels chargés de leur venir en aide selon le propos exposé dans l'introduction :

4. *Le croisement des savoirs*, *op. cit.*, pp. 363-364.

5. Voir le site : http://www.i.ville.gouv.fr/divbib/doc/guideparticipation.pdf (accédé en août 2008).

« Le présent guide est l'aboutissement d'une étude réalisée, en réponse à un appel à proposition de la Commission européenne, du point de vue associatif, et à partir de trois pays : France, Italie et Royaume-Uni, sur le thème de la participation et du partenariat au service de l'insertion et de la citoyenneté. Ce guide propose à tout acteur et/ou sujet de l'insertion, une rapide présentation des enjeux et des modes de participation des personnes en situation d'exclusion à leur propre insertion, ainsi que des outils pour développer des expériences en ce sens. »

Le texte s'accompagne de nombreux exemples. Il décrit les mesures qui favorisent dans les trois pays l'expression des personnes, la reconnaissance de leur expérience et leur participation dans la recherche des solutions leur permettant une insertion ou une réinsertion.

Évaluation des politiques publiques en France avec la participation des associations de solidarité

Depuis les accords de Lisbonne en 2000, chaque membre de l'Union européenne est tenu d'élaborer un Plan national d'action et d'inclusion (PNAI) d'une durée de deux ans.

La stratégie européenne de lutte contre l'exclusion (politique dite « d'inclusion ») mise en œuvre par la Commission européenne depuis 2000 prévoit un dispositif d'évaluation dans chaque pays sur l'évolution des situations. C'est pourquoi, lors de la présentation du PNAI 2003-2005, la Commission européenne a demandé à la France de s'efforcer de mesurer l'impact des politiques publiques.

L'action sociale

La Direction générale de l'action sociale (DGAS) travaille depuis plusieurs années sur la question de la participation des usagers à l'évaluation des politiques de lutte contre l'exclusion, dans le cadre du PNAI. Elle alimente sa réflexion au moyen d'un groupe de travail *« Lutte contre les exclusions, qualité de l'accueil et participation des personnes en difficultés. »* ATD Quart Monde est auditionné pour présenter les expériences de croisement des savoirs et des pratiques. Cette audition permet de préciser les conditions pour passer de la consultation des personnes en situation de pauvreté et d'exclusion à la co-construction de nouveaux savoirs et de nouvelles pratiques. Dans le cadre de la contribution au Conseil national des politiques de lutte contre la pauvreté et l'exclusion sociale (CNLE) à la préparation du PNAI, l'expérience du croisement des savoirs et des pratiques est présentée en mai 2003. Elle est retenue pour être inscrite comme « bonne pratique » en annexe du PNAI pour la France de 2003-2005.

En juin 2004, la DGAS est rapporteur des conclusions du groupe de travail présidé par ATD Quart Monde, *« Être acteurs ensemble de la lutte contre l'exclusion »*, au sein du CNLE dans le cadre de la Conférence nationale de lutte contre l'exclusion. Ce rapport détermine trois objectifs : reconnaître toute personne comme premier acteur de sa vie, développer une culture de la participation et rendre effectifs les dispositifs existants qui favorisent la participation des plus démunis. Il préconise d'une part de promouvoir la co-formation par le croisement des savoirs entre professionnels et personnes en situation de précarité pour faire cause commune, et d'autre part d'identifier et lever les freins à l'émancipation des personnes, notamment les méfiances des services à leur égard et les obstacles mis à la prise en compte des projets, ainsi que les résistances à leur participation sociale et à l'exercice de leur citoyenneté.

La DGAS élabore cette même année 2004 *« Un projet d'assistance méthodologique pour la mise en place d'un système de mesure de l'impact des dispositifs de lutte contre l'exclusion sur les usagers »*, élaboré par le cabinet IDRH (Institut pour le développement des ressources humaines). Ce cabinet, dans le document élaboré pour la DGAS, énonce parmi les 10 principes clefs : *« Croiser et confronter le vécu et la parole des personnes avec d'autres savoirs professionnels et scientifiques. »* En accord avec ce principe, sont repris dans la démarche des éléments du dispositif du croisement des savoirs expérimenté au sein d'ATD Quart Monde. La confrontation prend la forme de forums locaux dans dix sites, réunissant au total une centaine d'« usagers » et de professionnels. En septembre 2005, un premier rapport fait le bilan de ces forums.

Le Conseil supérieur du travail social (CSTS) crée en 2003-2004 un groupe de travail présidé par Jacques Ladsous, vice-président, « L'usager au centre du travail social. Représentations et participation des usagers ». Des représentants de l'expérimentation du croisement des savoirs et des pratiques sont auditionnés par ce groupe. La présentation des résultats des deux programmes Quart Monde-Université et Quart Monde Partenaire et de leurs applications suscitent des discussions entre organismes représentés sur un certain nombre de thèmes, par exemple : la notion du temps pour se comprendre, s'écouter et reconstruire ses représentations ; le rapport entre assistance et droit des usagers ; l'importance du militantisme qui donne une force pour participer et se battre pour ses droits ; l'importance de l'appartenance à un groupe de référence qui donne une identité positive. Le concept de co-formation, selon un membre de la commission, pourrait « révolutionner la formation », en permettant de co-construire de nouvelles réponses.

À la suite des travaux de ce groupe, un rapport est publié en juillet 2007[6]. Il mentionne que le débat avec des représentants d'ATD Quart Monde ayant vécu l'expérience du croisement des savoirs « a beaucoup éclairé sur la nécessité d'un

6. *L'usager au centre du travail social*, ministère du Travail, des Relations sociales et de la solidarité, Conseil supérieur du travail social, ENSP, juillet 2007.

positionnement plus égalitaire». Des extraits de l'intervention sont repris dans le rapport :

> « Au lieu de tirer de l'expérience de vie des pauvres des savoirs que nous réécrivons à l'usage surtout de ceux qui détiennent le pouvoir, il s'agit de restituer aux personnes les savoirs qu'elles tirent de leur expérience de vie, sans savoir forcément les formuler, pour les aider à poser leurs exigences et le respect de leurs droits, sans avoir besoin d'être quémandeurs, solliciteurs et donc tributaires du pouvoir des autres. (...) Redonner aux pauvres leur histoire pour qu'ils la donnent à la société, disait Joseph Wresinski, fondateur d'ATD Quart Monde....Ce sont eux qui donnent leur histoire et qui par conséquent se posent comme acteurs de cette histoire et de son évolution. Il faut donc confronter l'expérience des personnes, l'action de ceux qui agissent avec elles et la formulation que les universitaires en font pour que ces savoirs ainsi croisés constituent un savoir qui appartienne à tous et dont chacun puisse s'emparer dans la vie quotidienne pour en faire un élément de développement[7]. »

Le rapport promeut le concept d'alliance entre le travailleur social et l'usager :

> « Le soignant, l'éducateur, l'assistant social, l'intervenant ne peuvent conduire celui que la société leur confie pour un temps vers l'exercice de la citoyenneté qu'en faisant alliance avec lui, croisant leurs savoirs avec le sien, échangeant les souhaits réciproques, sans supprimer les statuts dans une reconnaissance mutuelle. Ce n'est plus la personne qui doit s'adapter à l'institution, c'est l'institution qui recherche les adaptations permettant à tout un chacun d'exister au milieu des autres[8]. »

La santé

De son côté la Direction générale de la santé (DGS) met en place les Programmes régionaux d'accès à la prévention et aux soins (PRAPS). Le PRAPS est un outil structurant qui favorise et dynamise la concertation entre les différents acteurs professionnels de la santé et du social et les autres services de l'État concernés. En septembre 2002, au cours d'une réunion des coordinateurs PRAPS en vue de tirer les leçons des PRAPS 1re génération, cinq groupes de travail sont créés par la DGS pour préparer les PRAPS 2e génération (2003-2006). ATD Quart Monde est sollicité pour coanimer le groupe de travail *« Participation des usagers »*. Le but affiché du groupe de travail est de « mutualiser les forces institutionnelles et associatives dans les régions pour mieux répondre aux demandes de santé des publics défavorisés et de proposer des outils et des repères pour la participation des usagers ». Il s'agit de favoriser une meilleure implication des personnes en situation d'exclusion dans la construction et le suivi des actions santé et de soutenir

7. *Ibid.*, pp. 35-36.
8. Extrait de la synthèse du rapport du groupe de travail, écrit par Jacques Ladsous.

la réflexion et l'engagement des professionnels de ce secteur, de contribuer à améliorer leur formation à la connaissance de la grande pauvreté et à la pratique du partenariat. L'exemple des co-formations, réalisées entre des professionnels médico-sociaux et des personnes en situation de pauvreté en Normandie et dans le bassin Chambérien, sert de repère.

Les droits de l'Homme

La Commission nationale consultative des droits de l'Homme (CNCDH) après plusieurs avis et rapports sur le thème *« Grande pauvreté et droits de l'homme »* se pose les questions suivantes : comment les plus pauvres peuvent-ils participer à la démocratie et comment veiller à ce que la démocratie ne se désintéresse pas d'eux ? Les plus pauvres sont-ils représentés, où, par qui ? Qu'en est-il aujourd'hui de cette représentation dans les pratiques, les savoirs, les politiques ?

En 2004, la CNCDH lance un nouveau groupe de travail *« Indivisibilité des droits telle que révélée par la pauvreté »*. Le Mouvement ATD Quart Monde est auditionné à propos de la recherche-action-formation sur le croisement des savoirs et des pratiques. Quatre personnes (un volontaire, une militante, un universitaire, une professionnelle de la culture) ayant participé aux programmes Quart Monde-Université et Quart Monde Partenaire présentent les enjeux et les conditions du croisement des savoirs comme un chemin de démocratie où chacun peut être acteur et contributeur de l'indivisibilité des droits fondamentaux.

Dans son avis[9], la CNCDH parle du développement des concepts innovants :

« Les expériences de croisement des savoirs, relatées lors des auditions, ont fait clairement apparaître la productivité de telles démarches. Ce croisement des savoirs entre les plus défavorisés, des universitaires, des intervenants sociaux, des professionnels de la justice, de la police, de l'Éducation nationale, de la santé sur une période de 2 ans a permis une meilleure compréhension entre les partenaires, crée de nouveaux savoirs, de nouvelles pratiques utiles pour avancer vers l'effectivité des droits... Pour représenter les pauvres, il faut les connaître. Ce n'est pas une représentation spécifique. C'est l'intérêt commun de tous les citoyens, la société toute entière est impliquée. Tolérer, admettre la pauvreté c'est la ruine de la société, disait René Rémond[10]. »

9. « Indivisibilité des droits face aux situations de précarisation et d'exclusion », CNCDH, 25 juin 2006.

10. René Rémond, membre du Conseil scientifique du programme Quart Monde-Université, avis sur le mémoire « Citoyenneté », *Le croisement des savoirs*, *op. cit.*, p. 514.

Des démarches participatives

Comment mettre en œuvre les orientations précédentes ? À côté du croisement des savoirs existent différentes initiatives qui s'inspirent des mêmes principes, certaines comme les démarches de la Mission régionale d'information sur l'exclusion en relation directe, d'autres nées sans lien avec le Mouvement ATD Quart Monde.

Le *« Connaître avec... »* de la Mission régionale d'information sur l'exclusion (MRIE) en Rhône-Alpes

La MRIE a expérimenté la démarche de *« connaître avec »* en 2001, à l'exemple de celle du croisement des savoirs d'ATD Quart Monde, lors de la recherche participative *« Accès aux droits et vie quotidienne »* associant institutions et groupes d'usagers. Cette recherche revêt deux caractéristiques :

– L'ancrage dans la parole et le vécu des personnes afin que les problèmes observés partent vraiment de leur vie quotidienne et non de questionnements « descendants ».

– Le croisement de l'analyse des réalités vécues avec les responsables institutionnels et associatifs. L'analyse est structurée avec l'appui de chercheurs. L'aboutissement est la construction conjointe de propositions afin d'apporter de meilleures garanties de réussite dans leur mise en œuvre.

La MRIE fait le constat que les mécanismes de l'exclusion provoquent la société à reconstruire autrement les échanges entre ses membres et à repenser le sens de notre "vivre ensemble". En 2004, la MRIE avec des groupes mobilisant des personnes confrontées à la précarité ainsi que des militants associatifs engagés à leurs côtés et des professionnels réalise une recherche-action intitulé « Connaître avec pour agir ensemble[11] ». Cinq pistes sont retenues pour amplifier et pérenniser les dynamiques d'action citoyenne dans la région Rhône-Alpes. Une des pistes travaillée en atelier est celle du croisement des savoirs et des pratiques : « Se former ensemble. »

La MRIE nomme la démarche utilisée la méthode *Sherpa*. Celle-ci est constituée par des allers-retours entre les groupes d'acteurs. On distingue donc d'abord des groupes d'acteurs et non plus des professionnels et des usagers à titre individuel. Chaque groupe d'acteurs élabore sa propre réflexion à partir des questions posées et cette réflexion est transmise aux autres groupes. La progression de la réflexion s'appuie sur des *passeurs*. Les travaux sont ensuite transmis à un groupe

---

11. Les résultats de cette recherche sont publiés dans un dossier ressource de la MRIE, « Connaître avec pour agir ensemble », 2005.

de responsables institutionnels, dont les propositions sont en retour communiquées aux groupes d'acteurs pour amélioration, au travers d'une élaboration des expériences par des intervenants. Un travail de réflexion méthodologique fait suite à la mise en œuvre de la démarche portant notamment sur « les conditions de croisement des savoirs dans une perspective de reconnaissance des personnes[12]. »

La démarche de « qualification mutuelle » de Suzanne Rosenberg

Le terme de *qualification* est défini par Suzanne Rosenberg[13] comme *donner des qualités*. On se donne mutuellement des qualités, on se donne de la valeur dans une reconnaissance réciproque :

> « Des usagers considérés sans compétences professionnelles vont développer les compétences sociales des agents de base et permettre aux services publics d'adapter leurs prestations. Les agents considérés comme ayant de faibles compétences sociales vont développer chez les usagers la compréhension du fonctionnement technique et économique d'un service public. »

Cette démarche est mise en œuvre sur des territoires pour lesquels se pose un problème de relations entre professionnels et habitants. Par exemple, une desserte d'autobus dans un quartier difficile ; une pétition au sous-préfet sur un conflit entre service postal et certains habitants à propos d'une accusation de racisme ; l'ouverture d'une maison des citoyens. À chaque fois, il faut arriver à une décision consensuelle et à des rapports apaisés. Pour l'initiatrice de ces démarches « les conflits sont porteurs de germes de transformations à repérer, à cultiver, à reproduire, à généraliser. » En se confrontant on peut bâtir une compréhension commune des situations. De cette nouvelle compréhension naît un déplacement des positions.

La qualification mutuelle est aussi une formation. Les groupes sont du reste dits groupes de formation-action. Le postulat qui détermine la nature de la formation c'est que « tout le monde sait quelque chose, tout le monde a quelque chose à faire passer. » L'auteure de cette démarche présuppose en effet

> « que trois séries d'acteurs ont des compétences complémentaires, qui, si elles étaient mutualisées, permettraient des transformations dont tous pourraient profiter : les décideurs et élus ont des compétences politiques, les professionnels des compétences techniques et les habitants des compétences sociales... La qualification mutuelle peut être vue comme le processus par lequel, les connaissances sociales

12. Cf. *Rapport final de la MRIE*, mai 2005.

13. Suzanne Rosenberg, Marion Carrel, *Face à l'insécurité sociale, désamorcer les conflits entre usagers et agents des services publics*, Paris, La Découverte, 2002.

des habitants étant reconnues, elles deviennent des compétences et peuvent alors se mutualiser avec les compétences des autres acteurs, leur conférant ensemble le droit de décider de la vie de la cité [14]. »

Ces extraits du livre de Suzanne Rosenberg montrent la proximité de cette démarche avec les co-formations du Mouvement ATD Quart Monde.

Autre démarche, participative, celle des « pédagogies émancipatrices » du brésilien Paulo Freire

Deux séminaires organisés à l'occasion du dixième anniversaire de la mort de Paulo Freire ont permis de rapprocher des initiatives dont le trait commun pourrait être la réciprocité des savoirs. Le premier se tint à Recife au Brésil en mai 2002, le second à Paris à l'Unesco en novembre 2003. Dans l'héritage du défenseur des pédagogies émancipatrices, une question était posée à plusieurs organisations réunies sur l'axe thématique des « savoirs libérateurs » :

« Comment identifier et faire circuler les savoirs nécessaires à tous pour que chacun puisse véritablement participer aux débats et aux activités démocratiques de notre époque (débats ayant une dimension politique, écologique, biologique, éthique) ?... Comment faire pour que les savoirs relient au lieu d'exclure, valorisent au lieu d'humilier, rendent créatifs et curieux plutôt que passifs et dogmatiques et pour qu'ils deviennent source de coopération et de reconnaissance plutôt qu'objet de compétition ou d'exclusion [15] ? »

À Paris, l'atelier « Apprendre ensemble pour habiter ensemble » réunissait cinq expériences : outre le croisement des savoirs et des pratiques du Mouvement ATD Quart Monde : le « Réseau d'échange réciproque de savoirs (RERS) », « Advocacy France », autour de la santé mentale, « Favela tem memoria », action pour la récupération de la mémoire sociale des favelas au Brésil, la « Maison pour un développement solidaire (MDS) » à Paris 11e arrondissement. Toutes ces expériences s'appuient sur une démarche de recherche-action-formation comme moteur de transformations sociopolitiques. On peut reconnaître en chacune l'affirmation de l'autonomie et de la réciprocité des savoirs de chaque être humain fût-ce le plus pauvre, le plus faible et le moins instruit, affirmation que proclamait il y a vingt-sept ans Joseph Wresinski* dans cette même enceinte de l'Unesco.

Le croisement des savoirs rejoint la pédagogie émancipatrice de Paulo Freire. Paul Taylor, l'un des organisateurs de ces rencontres ayant participé en tant

14. *Ibid.*, pp. 137-138.

15. Texte de présentation de l'axe thématique auquel les représentants d'ATD Quart Monde étaient invités à prendre part.

qu'universitaire au programme Quart Monde-Université, rappelle l'importance de cette pédagogie dans les transformations sociales et donc politiques :

« Peut-être la transformation sociale commence-t-elle par cette transformation pédagogique visant la reconnaissance des savoirs alternatifs... Cela se concrétise dans un système éducatif qui refuse la simple transmission de savoirs mais privilégie la construction de savoirs par les acteurs directement concernés... »

Des « savoirs alternatifs » non seulement issus de l'expérience de chacun en dehors des savoirs acquis à l'école et/ou à l'université, mais aussi du dialogue des porteurs de savoirs instruits avec ceux que l'école de la vie a formés en dehors de tout parcours académique. Cela suppose de fonder le partenariat sur des formes d'organisation collective du croisement des savoirs dont l'école pourrait devenir le creuset.

Participation et/ou croisement des savoirs ?

Le foisonnement de ces déclarations et des pratiques en cours nous interroge sur le contenu réel de la participation, les moyens mis en œuvre et la spécificité du croisement des savoirs. Comment définir la participation ?

Au ministère de l'Emploi, de la Cohésion sociale et du Logement, le 18 septembre 2006, une journée d'étude est co-organisée par la Direction générale de l'action sociale (DGAS) et l'École nationale de la santé publique sur « La participation des personnes et la lutte contre l'exclusion. » Cette journée est un temps d'informations, d'échanges, de présentation d'expériences. En ouvrant la journée, Michel Legros [16] souligne que lorsqu'on est acteur sur le terrain, la participation ne va pas de soi : « La définition même de participation n'est pas stabilisée. On se situe sur une échelle assez grande. » Selon lui, on peut entendre la participation à plusieurs niveaux, par ordre croissant de participation : donner de l'information aux personnes concernées ; demander aux personnes de donner leur avis ; créer un dialogue engagé ; instaurer des procédures d'intégration de propositions des personnes dans les décisions ; co-construire ensemble.

La nature de la participation dépendra également de l'organisme qui l'initie. Du côté des associations sont présentées au cours de cette journée des expériences de participation, parmi lesquelles le croisement des savoirs et des pratiques et les co-formations du Mouvement ATD Quart Monde, une expérience de participation

16. Michel Legros est sociologue, responsable du département des politiques et institutions sanitaires et sociales de l'École nationale de santé publique, membre de l'Observatoire national de la pauvreté et de l'exclusion sociale.

dans un processus de recherche-action collective avec des personnes en situation de pauvreté initiée par le Secours catholique, et la méthode de qualification mutuelle par Suzanne Rosenberg. Du côté des institutions une enquête réalisée par la FNARS en 2004 sur la mise en œuvre des Conseils de Vie Sociale au sein des Centres d'hébergement et de réinsertion sociale, outils ouverts par la loi de 2002[17].

Autre essai de définition, l'étude commandée par la DGAS distingue quatre modalités de la contribution des usagers :

– l'enquête qualitative ou quantitative

– la consultation

– la concertation qui implique une prise en compte des avis donnés

– la participation dont la DGAS dit « qu'elle suppose que les usagers soient traités au même titre que les autres intervenants, participent pleinement à l'évaluation, au besoin à l'aide d'une formation qui les aide aux moments les plus délicats (compréhension des textes de la législation etc.) ».

Cette modalité est actuellement en expérimentation dans *L'évaluation participative* au sein de forums organisés en France. Ceux-ci ont pour objectif de parvenir à un *diagnostic partagé*.

Quant au *« Guide des outils et méthodes de participation des personnes en difficultés »* déjà cité et élaboré par l'UNIOPSS, il affirme que : « La participation permet de rééquilibrer la relation qui se trouve alors fondée sur les capacités, les besoins et les souhaits de la personne quant à sa propre insertion. Celle-ci devient sujet et acteur de sa propre vie tout en bénéficiant d'un accompagnement. »

Compte tenu de ces approches de la participation, il nous semble utile d'expliciter les spécificités de la démarche du croisement des savoirs. Nous regroupons nos remarques sous trois intitulés : la population, la co-formation, le partenariat entre les représentants des milieux de la grande pauvreté et les institutions.

La population

Dans les expériences précédentes on a parlé d'« usagers » sans spécifier de quels usagers il s'agit et quelles sont les relations qu'ils entretiennent avec les services selon la nature de leurs difficultés. Autrement dit, il faut interroger les « interactions inégalitaires » entre les professionnels et les personnes en situation de pauvreté. Ce rééquilibrage ne peut être opéré par la seule vertu du désir de faire participer si les conditions n'en sont pas réunies. Et comment le seraient-elles si nous n'avons pas identifié de façon précise les difficultés, elles-mêmes liées aux publics ? Ne suppose-t-on pas ici le problème résolu ? Le pourquoi de la participa-

17. Cf. annexe 2, p. 200.

tion est de mieux en mieux reconnu. Le « comment » est souvent peu abordé. Or les relations sont d'autant plus inégalitaires entre les usagers et les professionnels que les usagers sont en situation de pauvreté ou grande pauvreté. Les pouvoirs et les savoirs sont inégalement partagés. Les professionnels sont d'emblée en *position haute*, de l'autre côté, les personnes en situation de précarité sont *en position basse* car elles ne possèdent pas les savoirs de leurs interlocuteurs.

Comme le reconnaît le Guide de l'UNIOPSS :

« Mérite d'être souligné le risque que la participation ne concerne jamais les plus exclus. En effet, les inhibitions et attitudes de repli sont d'autant plus fortes que la désocialisation et l'exclusion sont elles-mêmes profondes. La participation est, par contrecoup, plus difficile pour ces personnes, et peut les oublier au profit de ceux qui possèdent une certaine aisance, une certaine capacité d'expression [18]. »

Les conditions pour instaurer une véritable interaction supposent de fixer des règles, des cadres et une méthode de travail, du moins quand on prend en compte les plus défavorisés.

La co-formation par le croisement des savoirs

Quand on envisage la co-formation par le croisement des savoirs une question se pose : de quels savoirs s'agit-il ?

L'idée de *démocratie participative*, terme souvent opposé à *démocratie représentative*, doit répondre à quatre questions (au moins !) : quel crédit reconnaît-on à la pensée des plus faibles ? Quels moyens leur donne-t-on pour exprimer leur pensée ? Quelle place fait-on à leur réflexion dans les institutions, les projets, l'Université, la recherche, etc. ? Enfin, quelles compétences sont nécessaires à tous pour construire des compétences collectives auxquelles tous peuvent avoir part ?

La première question renvoie aux représentations que nous avons souvent des personnes les plus pauvres, comme *des personnes incapables d'une pensée audible et partageable*. Au contraire, comme l'affirme le guide de l'UNIOPSS :

« Les expériences de participation montrent que les personnes dites en situation d'exclusion, possèdent des potentialités, des ressources, des qualités et des savoirs, que le travail social permet rarement de révéler, renvoyant davantage aux manques et défaillances des personnes. » Or, « Les professionnels de l'insertion doivent reconnaître cette richesse, donner aux personnes qu'ils accompagnent les moyens de l'exprimer afin d'appuyer leur intervention sur celle-ci [19]... »

---

18. In *Guide des outils et méthodes de participation des personnes en difficultés*, p. 13, consultable sur le site : http://i.ville.gouv.fr/divbib/doc/guideparticipation.pdf (accédé en août 2008).

19. *Idem*, p. 4.

Si l'on est cohérent avec le constat précédent, et comme le remarque la MRIE, « une démarche participative ne se limite pas au recueil et à l'expression d'une expérience vécue, celle-ci ne se transforme que si elle est réfléchie. » Ce n'est pas le cas la plupart du temps dans la prise de parole qui soi-disant « libère » ou dans le témoignage qui fige les auditeurs dans une écoute « compatissante. » L'expérience, pour faire bouger tant celui qui l'exprime que celui qui l'entend, doit être réfléchie, non pas réfléchie par d'autres que ceux qui l'ont vécue, non pas seulement réfléchie par eux seuls mais co-réfléchies par les interlocuteurs en présence.

Le Mouvement ATD Quart Monde n'incite pas seulement à favoriser la « prise de parole » des personnes, mais insiste sur « l'engagement à bâtir avec elles une réflexion commune ». « Implication » est le terme qu'emploie le Rapport du Conseil supérieur du travail social. L'implication est à entendre comme une attitude volontariste : « Aucune action sociale n'est possible sans une rencontre réelle des professionnels avec les usagers concernés[20] ». Le rapport prône une « alliance » et « L'alliance suppose donc un croisement des savoirs et des pratiques, qui, sans supprimer les statuts, permette à chacun une reconnaissance[21]. » Il s'agit de coopérer à l'élaboration du sens : « L'action publique n'est plus un « construit » qui vient rencontrer ses bénéficiaires et ayants droit. Le Bien ne préexiste pas, il n'est pas produit mais à construire. » Accueil, coopération, écoute, échanges sont les mots clefs de ce texte. La négociation en sera le moyen au sein d'un *espace de débats*. Même définition dans le document de la MRIE qui souligne que « dans un contexte où un sentiment d'impuissance à agir contre les exclusions se fait sentir, les démarches participatives cherchent à promouvoir une connaissance construite en association avec les usagers pour sortir de certaines impasses[22]. »

Un accord semble ainsi se faire jour sur la nécessité de construire avec les usagers un dialogue coopératif. Les conditions de ce dialogue et les processus à mettre en œuvre sont en revanche beaucoup moins consensuels. La méthode *sherpa* proposée par la MRIE prône une « connaissance qui se construit par des allers-retours entre les groupes d'acteurs[23] ». Les rapports entre les groupes ont lieu par l'intermédiaire de personnes ressources, nommées passeurs, qui font le lien entre les réflexions des deux parties. L'élaboration des pistes de travail à partir des expériences énoncées est confiée à une sociologue. Ce n'est que dans une phase ultérieure que le « côte à côte » laisse place au face à face.

Dans l'évaluation confiée par la DGAS au cabinet IDRH, il s'agit de mettre en œuvre un *diagnostic partagé*. L'usager est consulté, comme le précise le rapport conclusif des forums organisés : « Nous ne sommes pas dans un schéma partici-

20. Cf. *Rapport du Conseil supérieur du travail social*, p. 23.

21. *Idem*, p. 24.

22. *Rapport de la MRIE*, *op. cit.*, p. 7.

23. *Idem*, p. 13.

patif, mais consultatif approfondi[24]. » Par ailleurs la représentation d'un groupe par un individu est clairement refusée. Chacun parle pour lui-même. Ce qui est recherché c'est la *spontanéité* des propos pour garantir leur *fraîcheur*. On est encore loin d'une pensée qui s'élabore ensemble.

La place de la formation dans ces échanges est également envisagée de façons différentes selon les institutions. La DGAS ne fait pas reposer son dispositif de consultation sur la formation, mais sur les dynamiques d'une animation adaptée aux objectifs. Pour le Conseil supérieur du travail social au contraire, la formation des professionnels en amont apparaît nécessaire pour « conduire à cette compréhension réciproque[25] ». Cette mission appartient aux « structures apprenantes ».

Le *« Guide des outils de la participation »* préconise également aux intervenants sociaux de se former. Ainsi il est recommandé « que les professionnels en contact avec les personnes en difficultés, aient une meilleure connaissance des situations d'exclusion et de leurs causes afin de mieux réagir devant les personnes concernées, mieux les conseiller, mieux les orienter[26] ». Il est aussi proposé aux travailleurs sociaux d'« aller à la rencontre des plus démunis » car cette démarche « permet de recueillir une expression relativement libre de ceux-ci. Selon cette méthode qui consiste à attendre d'un rapprochement géographique, un rapprochement relationnel, les travailleurs sociaux et acteurs de l'insertion peuvent se rendre sur les lieux de vie des personnes concernées et entrer en contact avec elles, ou encore rester dans une posture d'observation. "Aller à la rencontre" peut aussi désigner une position d'écoute vis-à-vis d'une parole qui peut se livrer de manière aléatoire, au hasard d'une circonstance ou de l'engagement d'une discussion[27]. »

La formation des personnes en grande précarité est également souhaitée et mise en pratique dans les associations de solidarité ou, comme le préconise la MRIE dans son « dossier ressources » (2005), dans des lieux de débats publics, des espaces d'évaluation partagée ou des collectifs. Pour ATD Quart Monde, depuis plus de trente ans, les Universités populaires Quart Monde* sont le lieu de la formation des « militants » de la lutte contre la pauvreté. Mais dans la co-formation il s'agit d'autre chose : on se forme ensemble, représentants des milieux pauvres et professionnels. Plutôt que d'une formation, il s'agit d'une recherche-action-formation, c'est-à-dire d'une recherche transformative qui réalise en même temps qu'elle découvre les conditions d'une vraie rencontre.

La question est de savoir de quelle nature est le dialogue et à quelles finalités il est ordonné ? Reprenant les catégories d'analyse de la communication chez le philosophe allemand Jürgen Habermas, on peut en distinguer trois :

---

24. *Rapport du Conseil supérieur du travailleur social*, *op. cit.*, p. 9.

25. *Ibid.*, p. 143.

26. In *Guide des outils et méthodes de participation des personnes en difficultés*, p. 11, consultable sur le site : http://i.ville.gouv.fr/divbib/doc/guideparticipation.pdf (accédé en août 2008).

27. *Ibid.*, p. 15.

– Résoudre un conflit entre usagers et professionnels ou améliorer leur relation pour une plus grande efficacité. Il s'agit là d'une conception instrumentale de la participation où l'on s'efforcera de trouver un mode de résolution des conflits ou de recherche d'un accord sur les solutions techniques à promouvoir dans l'intérêt si possible des deux parties, mais souvent avec l'arrière-pensée de faire adhérer l'autre à la solution préconisée. La solution importe ici plus que le processus qui y conduit.

– Instaurer un processus d'apaisement des tensions sociales par l'instauration d'un dialogue libérateur de la parole de ceux qui se sentent exclus ou marginalisés. L'intérêt est ici « communicatif ». Dans ce cas, le processus l'emporte sur le résultat, même si l'on rend publiques les propositions qui sont faites.

– Un troisième cas de figure considère que le croisement des savoirs est un processus de « transformations mutuelles » qui rend possible un partenariat à dimension collective. Ceci ne s'oppose pas aux deux premiers objectifs, mais dans l'esprit de ses promoteurs, ce processus les rend possibles durablement et surtout, il reconfigure les relations sociales. Le croisement des savoirs construit le partenariat.

Le croisement des savoirs comme voie du partenariat

Le croisement des savoirs invoqué de plus en plus par les promoteurs de la participation n'est pas en effet d'abord un outil pédagogique pour renouveler la panoplie des formations, moins encore une recette pour une participation réussie mais l'instauration d'un partenariat et la formation à sa mise en œuvre.

Le *Guide* de l'UNIOPSS marque bien la différence entre participation et partenariat. Aussi, après les développements précédents lirons-nous autrement la citation suivante du *Guide* :

> « Si la participation concerne une relation de personne à personne, le partenariat qualifie une relation entre acteurs sinon institutionnels, du moins organisés. Ainsi, peuvent être considérées comme partenaires d'un projet, les personnes en situation de précarité ou d'exclusion organisées en acteur collectif associé à l'élaboration et à la mise en œuvre de ce projet[28]. »

Le croisement des savoirs, tel que l'a conçu ATD Quart Monde, est la construction d'une démarche de partenariat entre les institutions et les associations ou collectifs de lutte contre la misère pour la promotion des droits et de la dignité des personnes. Cette dimension collective implique donc non seulement une transformation des relations de personne à personne, mais une coopération de ces collectifs avec les institutions pour la réforme ou la création de nouveaux dispositifs, et leur

28. *Ibid.*, p. 8.

contribution active à la préparation des décisions touchant les droits des personnes et des groupes. C'est pourquoi il ne s'agit pas non plus de multiplier des consultations ponctuelles et soi-disant « spontanées » mais d'instaurer des coopérations fondées sur des co-formations dont le ressort est le « croisement » des savoirs d'expérience, des savoirs d'action et des savoirs professionnels. Ce processus ne peut se faire que dans la durée et il est soumis à certaines conditions que la charte du croisement des savoirs et des pratiques identifie[29]. C'est en effet dans la durée que se bâtissent des compétences collectives.

Le CSTS rappelle que c'est le sens de l'alliance préconisée par ATD Quart Monde : « Croiser les regards, croiser les savoirs, prendre le temps de s'expliquer, tout cela permet l'émergence de la compétence collective institutionnelle où chacun trouve sa place[30]. » Il énumère les différents aspects de la compétence en se référant à Guy Le Boterf[31] :

– *Savoir élaborer des représentations partagées*
– *Savoir communiquer*
– *Savoir coopérer*
– *Distinguer co-activité/collaboration/coopération*
– *Apprendre à désapprendre pour coopérer*
– *Savoir apprendre collectivement de l'expérience, etc.*

Dans les co-formations ces compétences collectives se construisent par l'intégration des savoirs de l'autre à ses propres savoirs sans les aliéner mais en les passant au crible et en les enrichissant des savoirs de l'autre.

29. Cf. la charte en annexe 1, p. 193.

30. Rapport du CSTS, p. 143.

31. Guy Le Boterf, *Construire les compétences individuelles et collectives : la compétence n'est plus ce qu'elle était*, Paris, Éditions d'Organisation, 2004, p. 100.

Conclusion

Qui ne voit que nous touchons là aux fondements d'un nouveau pacte social : un partenariat fondé sur une nouvelle conception des savoirs : des savoirs partagés qui créent un partage des pouvoirs. Pour Jean-Joseph Régent, président du Conseil de développement de la communauté urbaine de Nantes et porte-parole de la Coordination nationale des Conseils de développement, s'exprimant dans une tribune libre, « la démocratie participative constitue un espace de production de plus-values collectives ». Pour Paul Bouchet, Conseiller d'État honoraire, préfaçant la traduction anglaise du livre *Le croisement des savoirs*[1] : *« En associant savoirs scientifiques, savoirs vécus et savoirs de l'action, le croisement des savoirs permet de les relier aux pouvoirs et aux vouloirs pour assurer une démocratie vivante. Le respect de l'égale dignité de tous les citoyens exige que soit prise en compte l'expérience de ceux d'entre eux qui ont trop longtemps été considérés comme des "sans voix". Tel doit être la première condition d'une démocratie participative. »*

Le croisement des savoirs à travers les co-formations met à l'épreuve de tels propos. Quand les politiques se soumettront-ils à l'épreuve du croisement de leurs savoirs, de leurs pratiques et donc de leurs pouvoirs dans la rencontre avec les représentants des milieux défavorisés ? S'il en était ainsi et que cette expérience ne restait pas une action isolée, la démocratie participative aurait trouvé son sens, et la citoyenneté serait en marche vers sa pleine réalisation.

1. *The Merging of Knowledge – People in poverty and academics thinking together*, Éditions UPA, 2007.

Deuxième partie

LE CROISEMENT DES SAVOIRS ET LES PRATIQUES DE RECHERCHE ET D'ENSEIGNEMENT UNIVERSITAIRE

Introduction

Il avait été noté lors du programme Quart Monde-Université[1] que le terme « université » était associé étymologiquement à « universalité ».

L'université est le lieu de constitution et de mémoire de l'universalité de savoirs. Les savoirs de la pauvreté ne sont présents habituellement à l'Université que par les travaux des membres reconnus de ce cénacle. La voix des exclus n'y parvient que passée par le filtre déformant du cercle des savoirs reconnus et légitimés.

Rendre présents les savoirs des exclus n'est possible que dans une alliance avec ces mêmes savoirs instruits, alliance qui ne laisse indemnes ni les uns ni les autres. L'expérience du croisement des savoirs avec les universitaires dans le programme Quart Monde-Université et dans les actions de recherche que nous allons présenter dans les pages qui suivent constitue une triple épreuve : épreuve de la rencontre entre des personnes appartenant à des milieux et des univers mentaux à l'opposé de l'échiquier social ; épreuve de la rencontre des savoirs issus de l'expérience pour les uns et de la science pour les autres ; épreuve enfin des savoirs collectifs, où se côtoient parfois de façon conflictuelle des « cultures savantes » et des « cultures de la lutte contre la misère ». Il y a là le ferment d'une véritable révolution non violente culturelle et sociopolitique.

Nous procéderons en trois chapitres :

– Le premier décrit une recherche-action-formation menée en Belgique sur les indicateurs de pauvreté.

– Le second soumet le croisement des savoirs à l'examen critique d'universitaires et chercheurs.

– Le troisième s'interroge sur la place que le croisement des savoirs pourrait tenir dans la recherche et l'enseignement universitaires.

---

1. *Le croisement des savoirs*, *op. cit.*, p. 321.

Chapitre 1

LE CROISEMENT DES SAVOIRS ET LES INDICATEURS DE PAUVRETÉ EN BELGIQUE : UNE ÉTUDE DE CAS

Entre interventions sociales et recherche universitaire, il nous paraît utile de présenter à titre d'illustration tant du dispositif institutionnel que de ses résultats, le projet de recherche-action-formation relatif aux indicateurs de pauvreté qui s'est déroulé en Belgique entre juillet 2002 et décembre 2003 [1].

Dans l'objectif de développer une autre approche des indicateurs de pauvreté, durant dix-huit mois, des personnes issues du monde de la pauvreté ont confronté la pensée et les réalités des très pauvres avec les perceptions, les conceptions et les techniques de scientifiques et de représentants d'administrations et d'institutions.

Ce projet « Indicateurs » est intéressant pour l'étude qui est la nôtre à plusieurs titres. D'une part, le dispositif s'inscrit dans la continuité d'une politique officielle inaugurée par le Rapport général sur la pauvreté (RGP) dans les années 1990 : associer des personnes issues des milieux les plus pauvres à la réalisation d'un état des lieux et à l'élaboration de mesures politiques pour lutter contre la pauvreté.

D'autre part, l'élaboration de statistiques représente habituellement une matière technique qui concerne un corps de spécialistes et des démarches scientifiques. Quelle part peuvent avoir, dans l'établissement d'indicateurs et de leur

1. *« Une autre approche des indicateurs de pauvreté »*, Service de lutte contre la pauvreté, mars 2004. Voir le site : www.luttepauvrete.be/publicationsserviceindicateurs.htm (accédé en août 2008).

mesure, des représentants des milieux les plus pauvres eux-mêmes dépourvus des pré-requis pour en comprendre la constitution et le maniement ? Si le défi de leur participation peut être relevé en ce domaine, il pourra l'être à plus forte raison sur des sujets plus accessibles au grand public.

Enfin l'expérience des plus pauvres est peu prise en compte dans l'établissement et dans la mise en œuvre des enquêtes qui les concernent. La fracture sociale commence par une fracture de la connaissance. Les démarches qui visent à restaurer la personne la plus pauvre comme actrice de sa vie ne doivent-elles pas reconnaître la capacité des plus pauvres à partager avec des « experts » leurs savoirs de la misère et de la lutte pour s'en libérer quelles que soient les difficultés de leur expression, et ce, non seulement comme témoignage de vie, mais comme pensée susceptible d'être croisée avec d'autres apports de connaissance ?

La recherche sur les indicateurs de pauvreté peut-elle montrer la spécificité de l'apport des très pauvres dans les démarches de connaissance que la société met en œuvre sur leurs conditions d'existence ? C'est ce que ce chapitre essaiera de traiter.

Historique de la participation des représentants des milieux défavorisés au débat public

Du *Rapport général sur la pauvreté* au projet relatif aux Indicateurs de pauvreté

En 1992, le gouvernement belge décide de conclure un « nouveau contrat avec le citoyen » de nature à renforcer la cohésion sociale et la solidarité. C'est dans ce cadre qu'il commande un *Rapport général sur la pauvreté* (RGP) publié en 1994[2].

La démarche du rapport est doublement innovante[3]. D'un côté, le rapport initie un nouveau partenariat entre des associations engagées dans la lutte contre la misère rassemblant des personnes vivant la pauvreté et la section Centre public d'aide sociale de l'Union des villes et communes de Belgique. D'un autre côté, le rapport fonde ses analyses sur une conception plus engagée de la pauvreté comme « violation des droits de l'homme ». La conception classique de la pauvreté, faible niveau de revenus et de consommation, ne suffit pas. Depuis le rapport Wresinski

2. *Rapport général sur la pauvreté*, voir le site : www.mouvement-lst.org/documents/1995_rapport_general_pauvrete.pdf (accédé en août 2008).

3. Olivier Hermesse, « De la pauvreté vers les plus pauvres. L'approche en termes d'indicateurs et le croisement des savoirs », mémoire présenté pour la licence en économie, Université catholique de Louvain, Session 2003-2004, pp. 101 et sv.

présenté et adapté en 1987 devant le Conseil économique et social français, la réflexion est portée sur tous les obstacles qui empêchent une partie de la population d'exercer ses droits.

Selon le RGP, les divers champs de la vie des personnes (santé, éducation, emploi, logement, revenus, culture...) doivent être examinés sous l'éclairage du respect et de la violation des droits de l'homme ainsi que des conditions de lutte contre la misère. La famille est un des piliers. C'est pourquoi l'apport des personnes très pauvres devient indispensable aux côtés de celui des autres contributeurs à la connaissance de la pauvreté.

La nécessité de cette expertise est fondée sur plusieurs arguments, à caractère éthique et démocratique notamment :

– « Premièrement, il semble de plus en plus évident qu'une mesure mise en place sans avoir consulté les personnes concernées a toutes les chances de ne pas atteindre ses objectifs.

– Deuxièmement, permettre aux personnes les plus précarisées d'être entendues, n'est-ce pas une des premières conditions qui leur permettent de sortir de leur situation de pauvreté [4] ? »

N'est ou ne devient « sujet » que celui qui a le pouvoir de réfléchir sur sa situation, de participer au débat public et de contribuer ainsi au changement de sa situation.

En 1999, dans le prolongement du RGP est créé le Service de lutte contre la pauvreté, la précarité et l'exclusion sociale (SLP). Ce Service est un *outil politique structurel* qui a pour but de relier tous les niveaux de compétence en vue d'assurer la continuité de la politique de lutte contre la pauvreté. Il est précisé dans l'article 5, alinéa 2, de l'accord de coopération qui l'institue que le Service doit associer à ses travaux « de manière continue et structurelle les organisations dans lesquelles les personnes les plus démunies s'expriment en faisant usage de la méthodologie basée sur le dialogue, telle qu'elle a été développée lors de l'élaboration du Rapport général sur la pauvreté » afin de garantir « que la politique menée soit ancrée dans les stratégies de révolte contre la pauvreté des plus démunis » (exposé des motifs de l'accord de coopération).

La mission du SLP est notamment de « répertorier, systématiser et analyser les informations en matière de précarité d'existence, de pauvreté, d'exclusion sociale et d'accès aux droits sur la base d'indicateurs définis au préalable » (article 5). C'est dans ce cadre et par rapport à cette mission que le collectif des associations se mobilise pour que les démarches de connaissance ne restent pas l'apanage des experts scientifiques et que les personnes concernées et ceux qui luttent avec elles

4. Ces deux citations sont extraites du premier Rapport bisannuel sur l'application du *Rapport Général sur la pauvreté* : « En dialogue six ans après le Rapport général sur la pauvreté », juin 2001, p. 27.

contre la grande pauvreté soient très directement associés aux travaux comme ils l'avaient été pour l'élaboration du Rapport général sur la pauvreté.

Le projet indicateurs de pauvreté et le croisement des savoirs

Ici, à la différence des deux expérimentations sur le croisement des savoirs qui ont servi de matrices pour les actions ultérieures, il y a quatre groupes de participants, représentant les deux communautés principales du pays (langues francophone et néerlandophone): personnes en situation de pauvreté, chercheurs, administratifs, partenaires sociaux. Le travail va durer seize mois de septembre 2002 à décembre 2003.

Le Centre pour l'égalité des chances et la lutte contre le racisme, dont fait partie le SLP, passe des conventions avec les associations. Ce sont les associations qui proposent à certains de leurs militants de participer au projet. En termes de mandats, les personnes sont donc envoyées par leur association et représentent leur milieu. Douze personnes vivant dans la pauvreté proviennent des associations suivantes: Luttes Solidarités Travail; ATD Quart Monde; la Trame; Kauwenberg; Wotepa et Recht-op.

De même, le Centre pour l'égalité signe une convention avec deux organismes scientifiques, l'Observatoire social européen et l'université d'Anvers, aux termes de laquelle il est prévu que deux chercheurs seront disponibles pour le projet à raison d'un tiers-temps.

Les administrations conviennent qu'elles délégueront une personne pour les besoins du projet dans le cadre de ses prestations de service. Les participants sont finalement au nombre de vingt-trois, représentant le ministère de la Communauté flamande, l'Union des villes et des communes de la région wallonne, section Centre Public d'Action Sociale (CPAS), le ministère fédéral des Affaires sociales (un francophone, un néerlandophone), l'Observatoire de la santé et du social de la région Bruxelles-Capitale, le Service des études et de la statistique de la région wallonne, l'Observatoire de l'enfance, de la jeunesse et de l'aide à la jeunesse.

Les partenaires sociaux étaient invités, mais seule la Fédération des Mutualités socialistes a délégué un travailleur social.

Une équipe pédagogique est chargée par le SLP de mettre en œuvre la méthode basée sur le croisement des savoirs et de réguler les relations entre les membres du projet. Elle est mise en place en avril 2002. Elle comprend un coordonnateur, un évaluateur et deux accompagnateurs mis à disposition par les associations partenaires de la recherche chargés d'accompagner les personnes représentant les milieux défavorisés. Enfin, un comité de pilotage est nommé.

La mise en œuvre du croisement des savoirs [5]

Introduire des représentants extérieurs au monde universitaire et scientifique dans une recherche pose de nombreux problèmes, surtout lorsqu'il s'agit de personnes détenant un bagage scolaire faible. Les associer à une étude aussi technique sur les indicateurs pertinents accroissait le fossé entre eux-mêmes et les chercheurs rompus à cette discipline. Les difficultés concernent les attentes, la préparation des représentants des associations, le déroulement des échanges.

En ce qui concerne *les attentes*, l'accord sur l'objet et la méthode comporte un certain renoncement aux anticipations des uns et des autres. Les chercheurs des universités et les administrations font part d'une certaine frustration. Ils souhaitaient partir des indicateurs existants et intégrer ce qui leur paraîtrait intéressant dans les contributions des autres acteurs. Au départ, les universitaires ne concevaient pas que d'autres personnes non scientifiques élaborent des indicateurs. Ils n'étaient pas prêts en outre, d'après certains témoignages, à se remettre en question et précisent que les responsables politiques attendaient du projet une légitimation des indicateurs utilisés. Quant aux représentants des milieux défavorisés, ils se préoccupaient de l'application des mesures qu'ils allaient préconiser.

Tous seront pour une part déçus. Les chercheurs devront renoncer à travailler directement sur les indicateurs déjà existants et seront appelés à se soumettre tant au choix des thèmes décidés par le groupe qu'aux rythmes des échanges. Les représentants des associations devront accepter que la mise en œuvre de leurs demandes ne fasse pas directement l'objet du projet.

Les difficultés quant à *l'objet même du projet* portent aussi sur les démarches des uns et des autres. Les chercheurs partent des indicateurs eux-mêmes, et cherchent à expliquer comment les rendre opérationnels. Les personnes issues de la pauvreté abordent les questions à partir de leur vécu et des idées qu'elles tirent de leur expérience de la pauvreté. Elles voudraient aussi que l'on ne s'en tienne pas seulement au diagnostic, mais qu'on envisage les mesures pour faire changer les situations.

Les conceptions des uns et des autres sur l'issue du travail sont différentes et parfois opposées. L'apport des représentants des associations est principalement qualitatif, comment l'articuler avec le quantitatif? Comment passer des témoignages à des indicateurs mesurables? Comment tenir compte des sentiments? «On ne pleure pas dans les statistiques» a-t-il été dit! En fait *l'initiative et la conduite du processus* échappent à la maîtrise des chercheurs et des représentants des administrations. On part du vécu et de la parole des personnes et le rythme comme le processus sont déterminés en fonction d'eux. La difficulté pour les cher-

5. Les interviews de trois personnes issues du monde la pauvreté, de deux scientifiques et de quatre administratifs sont à la base de l'écriture de ce point et du suivant.

cheurs est alors de modifier les indicateurs ou d'en créer de nouveaux qui cadrent avec ce que les personnes expriment.

La préparation et la conduite des relations exigent aussi des *conditions* nouvelles. La première étape pour pouvoir dialoguer est d'établir entre les participants une relation fondée sur le respect et l'écoute. Il faut du temps pour passer de la suspicion à l'écoute de l'autre. Il en faut aussi pour entrer dans la compréhension réciproque de ce que les uns et les autres expriment. Car les avis divergent sur une même question et parfois même à l'intérieur des groupes d'acteurs. C'est pourquoi les échanges sont encadrés par un dispositif d'animation. Un militant associatif définit ainsi le rôle de l'animateur :

« Pour les francophones, c'était une chance d'avoir Régis (membre ATD Quart Monde de l'équipe pédagogique) pour freiner les gens, parce qu'on avait besoin de temps. Parfois il nous arrêtait dans nos élans, quand on n'allait pas bien... il nous a aidés à poser nos questions. »

Une autre condition dans la préparation des séances est l'instauration d'espaces et de temps intermédiaires : préparation préalable au démarrage au sein des associations sur les pré-requis de la compréhension des sujets en débat (statistiques, méthodes d'enquête...) ; réunions de préparation des rencontres entre les regroupements ; au sein des sessions de travail, temps de réunion spécifiques des groupes d'acteurs.

En revanche, certains chercheurs se plaignent d'avoir été laissés sans accompagnement équivalent. Et ce d'autant plus qu'ils ont pu parfois se sentir agressés par les militants. L'un d'eux témoigne de son mal-être : « Il n'y avait personne pour nous les scientifiques, alors qu'on vivait des moments très très durs. »

Les résultats du croisement

Il s'agissait officiellement d'une recherche-action-formation. En fait, selon l'avis des participants, le fruit principal en a été une formation.

Les militants soulignent quelques acquis du projet : la connaissance d'autres participants qui vivent « les mêmes problèmes » et une meilleure perception des administrations ; le « déblocage » de leur propre expression : « Avant je me taisais, aujourd'hui on doit me dire d'arrêter, j'explose dans mes mots ! » ; l'aptitude à argumenter ; la connaissance des droits et la manière de les acquérir ou de les faire respecter. Plus profondément, l'impact est de nature identitaire : la contribution des personnes en situation de pauvreté leur confère à la fois le sentiment d'être utiles, leur capacité à aider les autres et le sentiment d'une responsabilité :

« Avec tout ça, j'ai surtout appris de moi-même : je ne savais pas que je pouvais donner des conseils, je ne savais pas que je pouvais aider des personnes qui ont les mêmes problèmes, le même vécu que moi... Ce que j'ai découvert m'a fait avancer vers les gens... »

Du côté des chercheurs, les personnes interviewées notent un apport de connaissance sur les milieux pauvres. Mais au-delà de cette remarque générale, les chercheurs sont interpellés par des dimensions de la connaissance auxquelles ils n'étaient pas sensibles auparavant. L'un des chercheurs confie « être sorti avec plus encore de questions : comment mesurer ? » et avoir pris conscience qu'« approcher des gens pour parler de choses difficiles demande énormément de conditions favorables pour arriver à des chiffres fiables, représentatifs. » C'est pourquoi l'apport des personnes pauvres est considéré comme complémentaire d'une approche quantitative, objectiviste :

« Il y a donc des domaines où on a besoin d'approches complémentaires à la fois scientifiques, quantitatives, même si on ne traduit pas toutes les réalités, même si ce sont des approximations... Et c'est important d'aller voir dessous, une analyse qualitative, des récits de vie qui mettent davantage le vécu en évidence. »

L'apport du projet c'est aussi, selon certains, d'avoir pu croiser les savoirs des chercheurs avec ceux des représentants de l'administration. Ils voient dans cette rencontre l'occasion d'une confrontation entre la production de statistiques et leur utilisation, dénonçant notamment l'exploitation des données « à des fins qui ne sont pas celles prévues au départ ».

Une question posée aux chercheurs porte sur les suites de ce projet relatif aux indicateurs. Deux types d'effets à long terme sont évoqués. Le premier concerne les retombées sur la méthodologie de la recherche. L'un des chercheurs dit qu'il ne pose plus le même type de questions. Lui et son équipe du Service études et documentation de l'Union des villes et communes de Belgique vont rencontrer les gens et leur demandent leurs suggestions, leur façon de les voir. Ils sollicitent leur aide. Le deuxième type de retombées est institutionnel. Il se pose en termes de question ouverte : comment associer des personnes très pauvres aux institutions qui mènent des enquêtes à l'Aide à la jeunesse par exemple ou aux services d'enquête de l'Union des villes et communes ? Il est question aussi d'un comité de vigilance auprès de cette même Union auquel participeraient des représentants des milieux de pauvreté.

La difficulté soulevée par un chercheur demeure cependant celle de la participation individuelle ou collective des personnes issues de la pauvreté : quelle est la représentativité des milieux les plus pauvres lorsque les personnes appartiennent à des organisations et sont mandatées par elles, voire qu'elles sont devenues « militantes [6] » ?

---

6. Cette question a été traitée dans le chapitre 4 de l'ouvrage *Le croisement des savoirs*, *op. cit.*, pp. 467 et sv.

L'apport spécifique du croisement des savoirs dans la recherche sur les indicateurs de pauvreté

La participation de représentants associatifs du monde de la pauvreté à ce type de travail doit montrer sa fécondité. Y a-t-il un apport spécifique dû à leur présence susceptible d'enrichir ou de modifier le résultat obtenu par les scientifiques ? De quelle nature est cet apport ? Et les démarches sont-elles de nature à favoriser le croisement des savoirs ?

L'évolution des conceptions dans l'établissement des indicateurs

À partir des critiques faites à l'établissement des indicateurs, notamment dans le domaine de la pauvreté[7], on retiendra les signes du passage à une autre conception sans entrer dans un débat technique.

Dans l'établissement d'indicateurs unifiés par l'Union européenne, on remarquera deux types de progrès. On passe d'une conception trop étroite de la pauvreté en termes monétaires au cumul des risques et à la multidimensionnalité des facteurs de pauvreté intégrant notamment la notion d'exclusion sociale. Identifier un indicateur synthétique susceptible de rassembler les différents facteurs d'exclusion paraît difficile. D'autant que la logique des cloisonnements verticaux entre les services individualise les politiques sectorielles et contredit une approche globale. On ne peut ainsi faire droit à une approche globale du phénomène de pauvreté, approche qui répond à l'expérience des personnes vivant une situation de grande précarité sociale. On retrouve du reste, au niveau des évaluations de la précarité, la tendance objectiviste qui privilégie le quantitatif par rapport au qualitatif et minimise la place des facteurs qualitatifs. L'approche qualitative, par ailleurs, telle qu'elle est menée, s'appuyant sur des enquêtes, est sujette à caution. Certaines études signalent que les réponses de personnes démunies peuvent être faussées par leur crainte de contrôle et leur non-maîtrise de l'utilisation qui sera faite de leurs réponses.

D'autre part, l'urgence de préparer des politiques de lutte contre l'exclusion amène à prendre en compte l'issue pratique des études. Le déplacement s'opère d'une connaissance plus théorique, moins contextualisée, à une connaissance pour l'action.

---

7. Critiques dont on trouvera les éléments dans le mémoire d'Olivier Hermesse sur lequel s'appuie le développement qui suit, *op. cit.*

Dans les travaux universitaires, la connaissance n'est pas souvent reliée à l'action. Le groupe des universitaires belges réunis au sein du Groupe interuniversitaire Recherche et Pauvreté (GIREP) énonce sa position : « Connaître, c'est en première analyse se donner une représentation de la réalité sur laquelle on veut agir. Cette représentation, ce modèle rendent possible d'imaginer et de mettre en œuvre des actions[8]. » Si nous voulons établir des indicateurs pour l'action, il nous faut réintégrer le champ de l'action dans la connaissance et donc appeler les acteurs à participer à la recherche en reconnaissant la place de la subjectivité et des appréciations qualitatives dans l'établissement de la connaissance.

Le *Rapport général sur la pauvreté* affirmait que : « Partir des pauvres et de la dynamique de lutte contre la pauvreté, c'est utiliser la pauvreté comme catalyseur de nos sociétés, comme un moyen de penser leur évolution, de vérifier les programmes, projets et propositions[9]. »

C'est en partant de cette analyse que la démarche du croisement des savoirs s'efforce de décloisonner la connaissance en faisant place aux savoirs du vécu aux côtés des autres savoirs.

Les apports de contenu

Selon la démarche déjà pratiquée dans le programme Quart Monde-Université, un certain nombre de thèmes ont été identifiés : aspects financiers, emploi et travail, mise en œuvre des droits, sentiments humains. En consultant le compte rendu des apports du groupe sur ces différents thèmes, on relève la contribution spécifique des représentants des milieux pauvres à l'amélioration des indicateurs.

On aurait pu s'attendre à ce que les participants se concentrent sur la discussion technique du contenu des indicateurs, quitte à en introduire de nouveaux. En fait, une partie des échanges visait à se connaître et à faire connaître les conditions de vie des plus pauvres. Comme en témoigne un participant scientifique : « J'ai compris que les indicateurs ne servaient pas seulement à compter – dire combien il y a de pauvres – mais surtout à dire quelque chose de sensé sur la pauvreté[10] » car, comme le dit un autre militant, « derrière les chiffres il faut qu'on voie qu'il y a des vies derrière ».

On peut être surpris au premier abord de trouver un chapitre sur les *sentiments*, car parler des sentiments n'est-ce pas sortir de l'explication de nature scientifique ?

---

8. Cf. Pierre Fontaine (sous la dir.), *La connaissance des pauvres*, Louvain-la-Neuve, Éditions Travailler le Social, 1996, p. 210.

9. *Rapport général sur la pauvreté*, *op. cit.*, p. 395.

10. *Une autre approche des indicateurs de pauvreté*, p. 135. Voir le site : www.luttepauvrete.be/publicationsserviceindicateurs.htm (accédé en août 2008).

C'est une question transversale. Les sentiments sont des révélateurs des situations d'oppression des familles. Les sentiments sont des signaux qui incitent à construire des indicateurs autour de questions comme les temps de réaction des services sociaux ou l'inadaptation des personnels d'accueil aux relations avec les familles. Un coefficient de fragilité des personnes et de leur capacité de résilience permettrait d'identifier les facteurs aggravant de la pauvreté. Les débats laissent apparaître notamment « certaines circonstances, comme le contexte, l'accumulation et l'intensité[11] ». On attribue facilement certaines pathologies aux personnes en difficulté lorsqu'elles n'ont pas un comportement conforme aux attentes des services sans mettre suffisamment en cause le fonctionnement de ces services. De tels facteurs devraient faire l'objet d'études conjointes avec les populations concernées.

La discussion de chacun des thèmes ne remet pas en cause l'existence des indicateurs mais les confronte à la réalité vécue par les personnes. Ils se trouvent ainsi complétés, enrichis, la pertinence de leur emploi est soumise aux récits des personnes. On donnera, en exemple, *l'estimation des besoins* par les scientifiques et celle qui est faite par les représentants des personnes en difficulté. La composition du budget n'est pas nécessairement la même selon qu'on s'adresse à une famille de la classe moyenne qui peut disposer de loisirs ou à des personnes démunies qui n'ont pour toutes distractions que la télévision et la vidéo.

Un certain nombre de situations demeurent invisibles dans les statistiques. Ainsi les efforts que font les très pauvres pour subvenir à leurs besoins et qu'ignorent les services de l'emploi. Face aux difficultés cumulées les familles adoptent des stratégies. Par exemple, les ressources ne suffisant pas pour faire face aux besoins, car une fois payées les dépenses en début de mois il ne reste souvent plus rien, la famille doit faire des choix. Ces choix concernent souvent le lieu où la famille laissera une dette. Ces choix de survie n'apparaîtront pas facilement dans les enquêtes habituelles, les personnes n'ayant pas intérêt à les exprimer. La démarche du croisement des savoirs crée le cadre où certaines réalités peuvent être exposées en raison des liens qui se créent et de la durée de la relation avec les chercheurs. De la discussion sur cette question, on en conclut qu'il faudrait connaître, outre la part du revenu consacré au logement, la part du budget affecté au remboursement des dettes et les liens entre les dettes et les droits tels que la santé ou l'éducation.

Les indicateurs décrivent la situation des personnes par rapport aux différents droits : logement, instruction, emploi, santé par exemple. Mais ils ne s'intéressent pas aux *difficultés d'accès aux droits*, ni au cumul des difficultés c'est-à-dire à la transversalité des droits. Il faut donc inventer de nouveaux indicateurs transversaux qui qualifient ces difficultés et les effets résultant de la non-disposition d'un ou de plusieurs droits. C'est ainsi qu'en partant des situations, le groupe a pu identifier cinq étapes dans le parcours d'obtention des droits :

---

11. *Ibid.*, p. 143.

– L'information relative aux mécanismes prévus par la société pour obtenir l'accès effectif aux droits.

– La mise en route de la démarche : différents obstacles (expériences antérieures, méfiance...) peuvent amener la personne pauvre à renoncer à commencer une démarche.

– La réalisation de la démarche avec ses différents aspects tels que l'accueil, la formulation et l'enregistrement de la demande, le coût et le temps exigés.

– Le résultat de la démarche : le droit est-il obtenu ? Dans quel délai ? La réponse apportée est-elle adéquate ? Quelles sont les conséquences de la réponse proposée (dans certains cas [12], la réponse apportée peut avoir des conséquences négatives sur la vie de la personne pauvre ou celle de sa famille) ?

– Le recours éventuel face à une décision prise.

Les problèmes d'information, les obstacles liés aux démarches et les résultats de celles-ci ainsi que les questions de recours devraient produire un faisceau d'indicateurs. Leurs résultats cumulés permettraient de diagnostiquer l'état d'accessibilité réelle d'un droit acquis en théorie.

La question des droits touche aussi les discriminations subies par les personnes. Distinguer le sentiment de discrimination des faits l'attestant demanderait de mettre en œuvre des moyens d'investigation : on pourrait rapprocher l'exclusion bancaire ou le blocage d'un compte de la situation sociale de la personne en évaluant les raisons pour lesquelles le compte a été interdit.

Une réflexion importante a été menée sur les facteurs de sortie de la pauvreté, ou au moins qui constituent un rempart contre l'extrême pauvreté. L'intérim, notamment, permet de faire face aux besoins immédiats mais non de faire un projet pour l'avenir. Il y a des emplois qui sont une référence pour les employeurs et d'autres qu'on ne mentionne pas parce qu'ils sont des « petits boulots ». La reconnaissance de la personne comme travailleur est liée à la nature des travaux qu'on lui propose.

Apports méthodologiques

Tout au long de leurs travaux, les participants ont formulé des propositions concrètes pour que les réalités de la vie des personnes en situation de pauvreté soient davantage prises en compte dans l'élaboration des indicateurs de pauvreté.

12. Cf. Les exemples cités concernant le droit au logement et le droit aux allocations de chômage, in *Une autre approche des indicateurs de pauvreté*, *op. cit.*, pp. 110, 111, 121.

L'introduction de nouveaux critères

« On ne pleure pas dans les statistiques », a-t-on déjà dit. Les sentiments n'y ont habituellement aucune place, tout au plus leur reconnaît-on un effet déformant et cherche-t-on à en limiter les effets ou à les identifier.

Les participants ont voulu, à la surprise des scientifiques, introduire le thème des sentiments humains. Ils ont formulé un certain nombre de recommandations pour le déroulement des enquêtes. Certaines pourraient s'appliquer à toute enquête. Mais trois d'entre elles concernent l'interprétation. La compréhension empathique ne suffit pas, encore faut-il connaître ce que les phénoménologues appellent le « monde vécu » de la misère. La question de la participation des représentants de ce milieu à l'interprétation est ici posée.

De nouveaux modes de recueil des données

Une nouvelle approche est ici introduite par les participants que l'on nomme analyse de situations. Non que les chercheurs n'y recourent pas. Mais ils le font en l'absence des populations concernées. Il ne s'agit pas du reste d'une analyse seulement externe, comme dans la méthode des cas, car les situations évoquées déclenchent chez les personnes participantes un certain nombre d'échos qui entrent dans l'interprétation des données.

Dans la préparation des enquêtes, le recueil de documents est considéré comme indispensable. Mais parmi les sources documentaires devraient figurer les documents verbaux (décryptage des entretiens ou des échanges collectifs) ou écrits constitués par l'apport de connaissance et d'expérience des personnes concernées. Ces documents ne peuvent résulter que d'un croisement des savoirs intégré dans toute enquête. Les participants à la recherche souhaitent que des groupes de référence véritablement représentatifs soient associés en amont comme aux différentes étapes du processus.

Le renforcement des dispositions éthiques

Enfin l'utilisation des enquêtes et des indicateurs dans le débat public devrait être soumise à des dispositions éthiques dont on peut trouver l'inspiration dans les principes qui président au croisement des savoirs : règles de respect des personnes et des positions de chacun sans amalgame ; de confidentialité ; non-appropriation personnelle des résultats : la recherche est la propriété collective de ceux qui l'ont menée[13]. Le chercheur ou l'organisme de recherche qui en rend compte dans ses travaux en serait l'usufruitier, en référence aux représentants des groupes qui ont aidé à construire la recherche. Les usages qui en sont faits pourraient faire l'objet de consultations avec les personnes qui ont participé à la recherche sous des modalités à définir. À cet égard ne peut-on envisager que dans les comités scientifiques concernés par ces recherches prennent place des représentants des associations de solidarité avec les milieux défavorisés et comprenant en leur sein des membres de ces milieux à des positions de responsabilité ?

Le suivi des évolutions

Les indicateurs donnent une image d'une situation à un moment T, ce sont des « clichés instantanés ». Mais comment évoluent ces indicateurs, que se passe t-il entre deux campagnes d'enquête ? Les conclusions du travail sur l'emploi suggèrent de rendre compte des parcours professionnels et de l'impact des mesures sur ces parcours. Ainsi le changement ponctuel dans la situation des personnes ne suffit pas à caractériser une véritable évolution. Par exemple, il est proposé que soit introduit un taux d'emploi stable.

Les indicateurs d'impact

Il est souhaité que les mesures prises pour combattre la pauvreté fassent, elles aussi, l'objet d'indicateurs d'impact, notamment dans le domaine de l'emploi ou de l'obtention d'un droit. La réduction de la pauvreté passe par l'effectivité des droits. Or on constate que dans l'application de mesures destinées à la réaliser on aggrave souvent la situation des personnes. La mise en œuvre d'indicateurs de résultats devrait donc être accompagnée par des enquêtes qualitatives sur le devenir des personnes répondant notamment aux deux questions : Les mesures contribuent-elles à l'obtention du ou des droits ? Contribuent-elles à donner plus d'autonomie aux personnes ?

Les représentants des milieux concernés devraient être associés à l'évaluation des impacts, tant dans l'identification des indicateurs que dans l'interprétation des données recueillies.

13. *Une autre approche des indicateurs de pauvreté, op. cit.*, pp. 42-43.

Conclusion : Représentations individuelles et représentation collective [1]

Comment former des représentants des milieux de grande pauvreté à la représentation dans les commissions techniques chargées notamment ici de l'élaboration et du suivi des indicateurs sans pour autant les couper de leur milieu ? Être représentant à égalité avec les administrations représente une promotion qui peut être vécue comme individuelle et conduire à former une élite peu à peu absorbée dans la sphère des agents publics.

Le rôle des associations est ici essentiel. On ne peut être représentant que par un mandat précaire et confié par un collectif dont les racines permanentes ancrent les personnes dans le milieu qu'elles représentent. Si le rôle joué permet une promotion professionnelle, c'est une bonne chose, mais alors la personne cesse d'être représentante de son milieu.

Cette condition est souvent mal comprise des administrations qui soupçonnent les personnes d'être porteuses d'une idéologie et non de la « vérité » des faits exposés. Le débat serait alors de savoir à quelle vérité ils se réfèrent car la « manipulation » d'une personne isolée dans une réunion technique qui n'a pas acquis la compétence des langages et des contenus est probable, cette observation ne signifie pas qu'il y ait une volonté de nuire, la « manipulation » s'opère souvent à l'insu même de ses acteurs. Qui ne voit du reste que ces orientations ne bénéficient pas seulement aux plus pauvres mais à tous les utilisateurs des services publics dans les différents domaines de la vie quotidienne.

1. Cette question a fait l'objet du chapitre 4 de la cinquième partie du livre *Le croisement des savoirs*, *op. cit.*, p. 467 et sv.

La participation des milieux défavorisés ne sera réelle cependant qu'à certaines conditions. La préparation de la représentation au sein des associations, ainsi que les temps de retrait du groupe permettant la mise à distance et la « digestion » de ce qui a été dit en réunion, sont nécessaires pour maintenir l'autonomie de pensée du vécu et des mots pour l'exprimer. La différenciation des temps et des espaces de rencontre au sein des croisements de savoirs demande que les personnes puissent s'adosser, non seulement à une organisation insérée dans leur milieu, mais à un savoir collectif construit à partir de l'expérience de vie et de lutte de plusieurs générations de gens vivant en situation de pauvreté.

Cette affirmation interroge, comme nous allons le voir dans le prochain chapitre, la constitution des savoirs scientifiques dans les domaines qui nous occupent.

Chapitre 2

DES UNIVERSITAIRES ÉVALUENT LE CROISEMENT DES SAVOIRS DU POINT DE VUE DE LA RECHERCHE

Afin de promouvoir la démarche de croisement des savoirs dans le monde universitaire, un groupe d'universitaires, acteurs du programme Quart Monde-Université, s'est constitué dès 2000, puis il s'est élargi aux autres acteurs de ce programme ainsi qu'à ceux de Quart Monde Partenaire.

Une dizaine de chercheurs en sciences humaines ont été auditionnés par ce groupe en raison de leurs travaux [1] et/ou de leur proximité avec l'un des universitaires du groupe de travail. Il leur était demandé de faire une analyse critique des livres *Le croisement des savoirs* et *Le croisement des pratiques* [2]. Ont ainsi été auditionnés : Alain Touraine, sociologue, directeur d'études à l'École des hautes études en sciences sociales (EHESS) à Paris ; Olivier Favreau professeur à l'université de Nanterre, économiste représentant l'École de l'économie des conventions ; Pierre Lascoumes, juriste et directeur de recherche au CNRS, et Michel Callon, professeur à l'École des Mines et chercheur au Centre de sociologie de l'innovation ; Georges Thill, coordinateur de Prélude (Programme de recherche et de liaison universitaires pour le développement à Namur), réseau international de chercheurs volontaires soutenus par leur institution et œuvrant à des pratiques de co-dévelop-

1. Les ouvrages de référence de ces chercheurs sont notés dans la bibliographie de ce livre.
2. *Le croisement des pratiques*, *op. cit.*

pement durable ; Jean-Louis Le Moigne, co-fondateur du Groupe de recherche sur l'adaptation, la systémique et la complexité économique (GRASCE) ; Patrick Champagne, sociologue, centre de sociologie européenne de l'École des hautes études en sciences sociales ; Lucienne Strivay, anthropologue à l'Université de Liège ; Miguel Benasayag, philosophe, psychanalyste et formateur en travail social ; Luc Boltanski, docteur en sociologie, directeur d'études à l'École des hautes études en sciences sociales (EHESS).

Les auditions ont été enregistrées, le groupe de travail en a repris les retranscriptions et tenté de mettre en évidence les apports de celles-ci à différents niveaux. À travers les aspects positifs qui ont été relevés et les critiques qui n'ont pas manqué également, nous[3] avons tenté de dégager les thèmes principaux qui avaient frappé nos interlocuteurs. Nous avons également réfléchi à la manière dont nous recevions les remarques émises et en quoi elles pouvaient faire avancer la démarche de croisement des savoirs et des pratiques.

Le but de ce travail était de repérer ce qui, dans ces auditions, avait questionné, enrichi, modifié ou contredit notre démarche de croisement des savoirs. Un premier travail a abouti à distinguer cinq thèmes qui seront repris successivement :

– Sens et finalités du croisement des savoirs et des pratiques.
– Légitimité des participants aux programmes.
– Validité de la démarche.
– Pertinence des méthodes de travail.
– Production de nouveaux savoirs.

Sens et finalités du croisement des savoirs et des pratiques

Les interventions des chercheurs ont d'abord porté sur le sens et la finalité de la démarche de croisement des savoirs et des pratiques. Pour la majorité de ces spécialistes en sciences sociales, le sens de cette recherche comporte une triple originalité, du fait de sa démarche même, par la reconnaissance des compétences de chacun et les remises en question qu'elle engendre.

3. « Nous » : Patricia Chvedco, Denys Cordonnier, Marc Couillard, Monique Couillard, Bruno de Goër, Béatrice Derroitte, Françoise Digneffe, Claude Ferrand, Françoise Ferrand,. Pierre Fontaine, Xavier Godinot, Hector Guichart, Marie Jahrling, Martine Le Corre, Luigi Mosca, Cécile Reinhardt, Elisabeth Toulet, Jean-Maurice Verdier, sont les auteurs de ce chapitre.

Le sens

Entrer dans une démarche

Le croisement des savoirs et des pratiques c'est une manière de se mettre en mouvement, de se mettre dans une démarche de recherche, plutôt que de croiser des savoirs tout faits selon M. Callon. Il consiste à se mettre ensemble pour chercher des solutions à des problèmes que chaque groupe pose à sa manière, à partir de l'intelligence et des compétences qui sont les siennes.

C'est une sorte d'aventure dont le sens est, en se comprenant mieux, de mieux comprendre le monde dans lequel nous vivons, et en particulier le monde des personnes en situation de pauvreté. Ce qui importe le plus c'est de *chercher* ou de *penser* ensemble, en confrontant les points de vue de chacun.

Le sens de cette démarche a été reconnu et appuyé par à peu près toutes les personnes auditionnées. Certains l'ont trouvée plus productive ou adéquate que d'autres. P. Lascoumes et M. Callon ont insisté sur le fait que, plutôt que de parler de croisement de savoirs ou de pratiques, il faudrait parler de « démarche de croisement de recherches ». On ne croise pas des savoirs, on se met à travailler ensemble, à réfléchir sur un problème ou une question. À ce moment-là, il n'y a pas des personnes plus compétentes que d'autres au départ, mais des personnes qui ont, du problème, des expériences différentes. Personne ne sait comment lutter véritablement contre la pauvreté, mais chacun a des choses à en dire, en fonction de la place qu'il occupe.

Pour Olivier Favreau, cette démarche implique plus que de l'interaction. Elle implique une véritable réciprocité des points de vue. Elle prône une reconnaissance mutuelle entre « classes aisées et classes pauvres, parce que chacun a un apport original et nécessaire ».

Pourtant, certains ont émis des doutes sur sa nature. Cette démarche ne produirait pas de nouveaux savoirs (P. Champagne, L. Boltanski) mais serait surtout une démarche « sympathique », d'empathie du « vibrer avec, découvrir des témoignages bouleversants... » (P. Champagne). Alors que, pour ce dernier, comprendre l'autre, « c'est comprendre un autre support de propriétés sociales... le percevoir comme un support biologique à des conditionnements sociaux. »

La reconnaissance des compétences de chacun

Cette reconnaissance exige de ne plus croire que les uns (les intellectuels) peuvent poser des questions complexes tandis que les « profanes » ne posent que des questions simples (P. Lascoumes). Ce que le croisement des savoirs met en évidence (comme d'autres expériences vécues par M. Callon et P. Lascoumes), c'est que les problèmes auxquels on a affaire sont très compliqués et que les personnes les plus concernées disposent d'un point de vue indispensable et original par rapport à celui des « experts ». Dans les recherches menées par M. Callon et P. Lascoumes, on constate que les personnes qui vivent les problèmes (de nucléaire, de sida, etc.) mettent en évidence des aspects complètement ignorés par lesdits « spécialistes » de ces questions. Le croisement des savoirs et des pratiques montre la même chose.

Chez O. Favreau, on retrouve la même démarche. Pour lui, ce que les gens pensent de ce qu'ils font, de ce qui leur arrive, doit jouer un rôle dans la théorie. « La façon dont les gens comprennent, perçoivent, analysent le monde dans lequel ils sont, est très importante pour comprendre leur comportement. » Pour O. Favreau, la reconnaissance des compétences passe d'abord par « la reconnaissance des ressemblances », avant la reconnaissance des différences. L'identité de chacun, dit-il, est construite sur ses appartenances, appartenance au groupe, au collectif (famille, quartier, réseau, métier, groupe de chercheurs, etc.) ; ensuite, elle est construite sur l'appartenance à l'humain. Il a sans doute fallu que chacun des groupes thématiques qui a travaillé pour le croisement des savoirs et le croisement des pratiques se donne une sorte d'identité telle que chaque personne avait le sentiment d'appartenir au groupe. O. Favreau pose le diagnostic que dans la grande pauvreté certains sont comme des « blessés du lien social », les liens avec le groupe ont été détruits. Pour lui, la lutte contre l'exclusion commence par la nécessité de redonner une « fierté ».

Les remises en question

Le sens de la démarche, pour M. Benasayag, c'est de se demander sans cesse :

> « Qu'est ce qui nous réunit ? Le fondamental, ce qui nous réunit, c'est le commun qui nous permet de produire du commun... Il ne faut pas jouer à être communs les uns les autres dans une identité. Le commun est ce qui est au-dessous des différences, et les différences, il faut les utiliser. »

Dans la discussion, on relève qu'il est important de tenir compte des « inégalités » de départ, sur le plan de la parole, de l'expression de la pensée. Le croisement des savoirs et des pratiques, pour être effectif, doit tenir compte de ces inégalités et mettre en place des méthodes pour les dépasser. Si, comme le dit M. Benasayag, « il s'agit d'accoucher ensemble d'expériences qui nous modifient tous », il faut relever continuellement un défi qui est celui de l'inégalité des pouvoirs, des savoirs et du langage.

Le croisement des savoirs, en même temps qu'il permet aux uns, « les profanes », d'exprimer leur pensée, montre aux universitaires que leurs théories sont fragiles. Pour G. Thill, « le croisement des points de vue permet à des scientifiques qui ont une image de leur profession de s'apercevoir qu'après tout ce n'est pas si juste ni effectif que ça, ces discours qu'on tient sur la rationalité. » C'est cela le « retournement » pour les universitaires : s'apercevoir que la réalité est différente de l'image qu'ils en avaient.

Les finalités

La démarche du croisement des savoirs a été d'essayer de réaliser, sur un plan expérimental, un « croisement » entre un savoir « d'expérience » détenu par des personnes vivant ou ayant vécu dans des conditions de grande pauvreté, savoir jusque-là essentiellement non reconnu par les instances universitaires ni par la société dans laquelle nous vivons, et un savoir de type « universitaire », par définition, au moins en général, reconnu par ces mêmes instances et par notre société.

Faire reconnaître le savoir des plus pauvres et le croisement des savoirs et des pratiques par l'université

Selon Carl Havelange, l'un des universitaires ayant participé au programme Quart Monde-Université, la stratégie que nous avons adoptée pour rédiger le livre est la suivante : « Faire reconnaître par l'université un savoir non reconnu que l'on construisait nous-mêmes. Parmi les enjeux qui nous ont fait écrire, nous réunir pendant deux ans, il y a celui de la reconnaissance par l'université. » Or, on devrait réfléchir sur les ambiguïtés de la reconnaissance universitaire aujourd'hui :

> « C'est très ambigu la manière dont les universitaires reçoivent ce travail, avec beaucoup de chaleur, d'enthousiasme, et parfois je trouve avec un peu de condescendance... En fait, le processus de validation universitaire n'est pas effectif. On devait s'y attendre dès le départ. »

Ne manifestant sûrement pas de condescendance, L. Boltanski exprime son malaise devant notre demande de critique du livre : « C'est très difficile de juger une expérience à partir de l'écrit. Une expérience, il faut la juger en la vivant. »

Pourquoi cette difficulté de compréhension ou de communication sur le projet ? Pour G. Thill, c'est notamment parce que la démarche et son contenu vont à contre-courant du fonctionnement du « savoir établi ». Celui-ci se construit entre chercheurs qui possèdent le même langage, la même expérience et les mêmes désirs de reconnaissance. Comme ce sont eux qui dans les universités décident de ce qui pourra entrer dans leur « monde », il faudra passer beaucoup d'obstacles avant de parvenir à y entrer. Et ce, d'autant plus que, dit G. Till, nous, parties prenantes du croisement des savoirs et des pratiques, sommes « indisciplinés » au sens où nous n'entrons pas dans une discipline et où nous ne respectons pas les règles établies :

« L'histoire du partenariat bien sûr ce n'est pas entre disciplines. Le partenariat c'est bien sûr avec les autres acteurs sociaux. Le partenaire qui me paraît intéressant c'est celui qui n'est pas scientifique. Pour qu'il y ait croisement, il faut que l'on puisse se rencontrer quelque part. Ce quelque part c'est quel carrefour ? Il faut faire reconnaître le lieu de carrefour. Si j'ai comme partenaires uniquement des universitaires ou des professionnels, ce n'est pas la même chose que d'avoir des gens à qui on ne reconnaît même pas la capacité de pouvoir énoncer correctement leur expérience. C'est intéressant d'expliciter votre lieu de croisement. Dialoguer c'est facile, on peut dialoguer avec tout le monde. Croisement c'est plus radical. Le dialogue doit conduire au croisement. »

C'est ce qui fait l'intérêt de la démarche mais en même temps son caractère inacceptable, non pour tous les universitaires, mais pour l'institution universitaire ou académique et pour ceux qui ont le pouvoir dans l'institution.

Produire des connaissances nouvelles

Le croisement des savoirs et des pratiques dépasse la nécessaire confrontation des points de vue, il fait émerger des dimensions nouvelles qui « remettent en question le savoir dominant, ses structures et ses catégories » (L. Strivay). Il s'agit de « proposer une autre manière de voir, de construire, de penser le monde » (J.-L. Le Moigne) de « permettre aux citoyens de se mettre en situation de pouvoir coproduire les connaissances avec lesquelles ils agissent dans la cité de demain » (J.-L. Le Moigne). Nous verrons ultérieurement comment les personnes auditionnées ont évalué cette production.

Faire reconnaître les exigences méthodologiques du croisement des savoirs

D'après les discussions qui ont suivi les auditions, il nous semble qu'un des objectifs important du croisement des savoirs et des pratiques a rarement été abordé. Il s'agit de la volonté de mettre en évidence tout le travail nécessaire pour que puissent s'exprimer et se communiquer les savoirs d'expériences, pour faire émerger ce que savent ceux qui vivent des difficultés au quotidien, ce qu'ils savent par leur combat quotidien. Quelles sont les étapes nécessaires à ce processus de construction du croisement des savoirs ? Ce n'est pas seulement une question de méthode mais cela nécessite des transformations importantes.

G. Thill pense qu'il faut travailler sur les « marges ». C'est très loin du centre que les choses bougent. Les changements se font à la marge par des gens qui ont une implantation suffisamment forte dans l'institution du savoir pour qu'ils puissent faire en sorte que cela change. Ainsi, certains étudiants ont été amenés à se demander en quoi consistait le savoir dans ce que le programme « Croisement des savoirs » apportait ou dans ce que disaient les résultats de la psychologie expérimentale à propos des familles vivant dans la pauvreté. De tels questionnements provoquent des remises en questions et constituent peut-être un levier contribuant à faire changer l'institution en tant que telle.

Il y a comme un paradoxe dans le projet de croisement des savoirs et des pratiques : il vise à bousculer les savoirs établis et, en même temps, à faire reconnaître le savoir des plus pauvres par les détenteurs des savoirs établis... L. Strivay trouve d'ailleurs que notre livre n'est pas assez « subversif », « Ce qui est formulé est une revendication légitime envers un savoir dominant, auquel on finit quand même par adhérer. »

Produire des connaissances pour l'action

Pour L. Boltanski, le travail auquel devraient aboutir les efforts entrepris serait à même de permettre la construction d'une identité. Faisant référence à l'histoire du monde ouvrier au XIXe siècle, il montre comment les ouvriers qui étaient le groupe le plus exclu au siècle dernier se sont construit une identité. Pour lui, on ne peut se construire une identité seulement sur la pauvreté. Mais, pour les participants au croisement des savoirs et des pratiques, le savoir identitaire va bien au-delà de l'identité du groupe des plus pauvres ou des militants, il concerne l'identité de tous ceux qui luttent contre la misère et qui prennent le nom de « peuple du Quart Monde ». On ne se trouve pas dans la même situation que celle des ouvriers qui se sont formés en « classe ouvrière » contre la « classe bourgeoise ». Mais peut-être d'une « minorité » qui tente de faire bouger la vision de ceux qui possèdent les richesses et les savoirs pour construire un monde plus humain. Une minorité qui estime que, pour faire changer les choses, il est indispensable de prendre en compte l'expérience et le savoir des plus pauvres. Ce projet rejoint, en le dépassant selon O. Favreau, les économistes qui se qualifient eux-mêmes d'« hétérodoxes », à l'origine d'une forme d'économie qu'ils appellent l'« économie des conventions ».

Dans l'économie des conventions, on estime qu'il faut que le travail intellectuel soit suivi d'une restitution, d'une confrontation avec les gens à qui ce travail s'applique. Le croisement des savoirs amène O. Favreau à une interrogation plus fondamentale. Car, dit-il, si l'on est d'accord que « l'objectif ne peut être autre que l'élimination de la pauvreté, qu'est-ce qui reste d'intéressant du savoir théorique des pauvres sur la pauvreté, y compris dans une société où il n'y aurait plus de pauvreté ?» Selon lui, il reste un certain nombre de valeurs sur ce que devrait être une société... Il en vient alors à poser cette question ambitieuse : « Comment utiliser ce savoir-là, pas uniquement pour réintégrer des gens de façon beaucoup plus efficace avec ce que ça peut supposer de manipulation, mais effectivement pour que la société fonctionne mieux ? »

Légitimité des participants aux programmes

Au-delà de la réaction majoritairement positive, voire consensuelle, de l'ensemble des universitaires auditionnés, les critiques exprimées par certains d'entre eux ont eu en particulier comme cible les critères de choix et le rôle des personnes (acteurs-auteurs) participant au programme du croisement des savoirs et notamment les militants Quart Monde.

Les critères de choix des participants

Les critiques à ce sujet peuvent se résumer ainsi : les militants qui ont participé au programme du croisement des savoirs ne peuvent pas être représentatifs « des pauvres » dans leur ensemble parce qu'ils ont eu un parcours quelque part « exceptionnel » du fait même de leur appartenance au Mouvement ATD Quart Monde. Ce type de critique est plutôt venu de la part d'autres universitaires avec lesquels certains d'entre nous ont eu des échanges plus informels.

Notre réponse est que nous n'avons jamais eu la prétention de former un échantillon représentatif du monde de la pauvreté, ni d'ailleurs de l'Université. La question pertinente n'est pas celle de la représentativité statistique des militants, mais celle de leur ancrage dans le monde de la pauvreté et donc de leur authenticité. À ce propos, A. Touraine vient d'ailleurs nous conforter lorsqu'il dit : « Tous les gens ici sont authentiques et non représentatifs. »

Par ailleurs, il est important de souligner non seulement l'authenticité des personnes, mais aussi leur histoire liée à celle du Mouvement ATD Quart Monde et à leur participation aux Universités populaires* qui leur ont permis de s'exprimer et de pouvoir ainsi prendre de la distance vis-à-vis de leur situation personnelle ou familiale, tout en renforçant leur solidarité avec leur milieu.

Le rôle des participants

Pour ce qui concerne le rôle des participants, les critiques peuvent se résumer de la manière suivante : les personnes les plus pauvres ne peuvent pas avoir une connaissance « objective » de la grande pauvreté puisque, se trouvant « dedans », elles n'ont pas le recul nécessaire à cette « objectivité » ; en outre elles ne possèdent pas en général les « méthodes d'analyse » appropriées. En tout cas, elles n'ont pas l'exclusivité du « droit de parole » sur le sujet de la grande pauvreté.

La question du caractère objectif de cette connaissance et de la méthode d'analyse utilisée implique une discussion dans un cadre plus vaste, abordée plus loin à propos de la validité de la démarche.

Au sujet de la prétendue « exclusivité du droit de parole » des plus pauvres, il est important de clarifier un malentendu apparu à plusieurs reprises. Certains universitaires ont cru comprendre que la démarche du croisement des savoirs impliquait que *seulement* les personnes les plus pauvres avaient le droit de parler de la grande pauvreté : or ceci n'est manifestement pas le cas puisque les universitaires et les volontaires ATD Quart Monde ont pleinement participé à une recherche sur les thématiques centrées sur la réalité de la grande pauvreté et que, inversement, les militants Quart Monde ont pleinement participé au travail de recherche sur des thématiques qui débordaient largement le domaine de la grande pauvreté (ex : citoyenneté, représentativité, etc.). En d'autres termes : tout le monde a eu le droit de parler de tout, mais chacun depuis sa place, et sans se substituer aux autres.

Validité de la démarche

À propos du cœur même de la démarche adoptée, c'est-à-dire le croisement de savoirs, les auditions ont mis en évidence et exprimé différentes positions de chercheurs, diverses conceptions de la science et des méthodes. Certains convergent avec notre manière de procéder, d'autres s'opposent plus ou moins nettement sur certains points. Notre projet d'« expérimenter quelque chose de nouveau » est accepté et reconnu par les chercheurs qui sont eux-mêmes dans l'expérimentation ou dans la réflexion quant à la définition de ce qu'est une science ou une production de savoir. En revanche, notre démarche provoque plus de scepticisme chez ceux qui soutiennent une conception plus « classique » de la science.

La science et la recherche : une production de savoirs et/ou une démarche de recherche de solution à des problèmes

Pour M. Callon et P. Lascoumes, nous vivons dans un monde d'incertitudes et les productions de savoir ne font qu'ouvrir des nouveaux domaines à explorer. Ce qui est intéressant dans la science, plutôt que ses résultats, ce sont les démarches de recherche et les définitions de problèmes à résoudre. Pour eux, dans le monde d'aujourd'hui, les utilisateurs, ou comme ils les appellent, les « profanes » sont aussi capables que les « experts » (et peut-être même plus qu'eux) de définir les problèmes à résoudre, par exemple, dans les domaines de la santé, de l'environnement, etc. En ce qui concerne les questions liées à la pauvreté, il leur paraît donc tout à fait pertinent de les étudier de manière collective, entre ceux qui la vivent, ceux qui sont aux côtés des plus pauvres et ceux qui disposent d'un savoir universitaire.

Pour O. Favreau, c'est plutôt la démarche de « compréhension, de recherche de sens » qui fait de lui ce qu'il appelle un « économiste hétérodoxe » et qui rejoint notre manière de réfléchir. L. Strivay plaide pour des démarches innovantes, contre un savoir dominant, « objectif ». Elle nous reprocherait plutôt de ne pas être assez rebelles vis-à-vis de ce savoir. Pour J.-L. Le Moigne, les scientifiques doivent réfléchir de manière critique sur les savoirs qu'ils produisent, rejeter une « épistémologie positiviste » qui domine les sciences depuis cent ans, c'est-à-dire l'idée qu'il existerait une possibilité de connaissance objective, totalement indépendante du sujet (chercheur) alors que, ce qui le frappe, « c'est l'extrême faiblesse des connaissances que nous enseignons... Pensez à l'affaire des OGM ou du traitement des déchets radioactifs. On agit en sachant qu'on ne sait pas bien. » Le changement de regard introduit par le croisement des savoirs rejoint un autre travail paru sous le titre *Infirmières, le savoir de la nuit*[4] où une infirmière de nuit explique comment « elle transforme son expérience en science avec conscience ». Pour J.-L. Le Moigne, seul peut produire la connaissance celui qui fait. Il propose d'appeler le croisement de savoirs une « co-élaboration cognitive » qui invente quelque chose de neuf. Pour M. Benasayag, il s'agit également d'élaborer des savoirs « ensemble », professeurs d'université, artistes, paysans illettrés, tous résistant à la dictature ou aux pouvoirs en place. Il s'agit aussi de partir de la connaissance pratique, du concret et du vécu. « Tout savoir qui n'est pas mis à l'épreuve est un savoir amputé. »

La démarche est un processus toujours en mouvement, avec des moments où on insiste sur les ressemblances entre tous ceux qui travaillent à un même projet, et

4. Anne Perraut Soliveres, *Infirmières, le savoir de la nuit*, Paris, Le Monde/PUF, 2001.

d'autres où on insiste sur les différences liées aux positions et aux expériences propres. M. Callon pense que cette démarche permet d'éviter le « communautarisme » dans lequel les identités sont figées, et chacun se replie sur ses différences. Dans le croisement des savoirs et des pratiques, les identités se transforment parce que chaque « événement nouveau apporte une nouvelle perspective et invite à modifier en permanence la conscience de soi. »

M. Benasayag dit peut-être un peu la même chose en parlant du croisement des savoirs comme d'un échange où il ne s'agit pas de donner des informations à quelqu'un mais de « construire un certain savoir commun sur le monde dans lequel on vit », de sorte que des dimensions nouvelles vont émerger comme quelque chose de tout à fait nouveau « que je ne possédais pas avant ». Il fait une différence entre une démarche qui vise la connaissance au sens d'accumuler des informations et une connaissance qui accroît la compréhension au sens de « produire les savoirs ensemble, produire les savoirs d'émancipation ensemble ». La démarche de connaissance qui est simplement informative, produit plutôt de la souffrance, car elle ne conduit pas à l'action. « On comprend tout, on est très informé et on souffre énormément ». Tandis que la démarche qui est du côté de la compréhension, dans le sens de « produire des savoirs mis à l'épreuve de l'expérience, produit de la joie ». C'est une connaissance qui génère aussi de la reconnaissance.

M. Benasayag parle aussi d'une démarche de « résistance ». Il parle de son expérience de construction de savoir commun en prison en Argentine, où ce qui faisait le lien commun entre les artistes, les intellectuels, les ouvriers et les Indiens analphabètes était la résistance à la dictature. Les différences de mode de vie et de quantité de savoirs étaient très grandes, « mais le lien était tellement fort qu'on a pu construire des savoirs communs. »

Ces différentes personnes soutiennent l'idée que les savoirs s'élaborent dans des modes de collaboration ou de coopération qui peuvent prendre différentes formes. Aucun ne va cependant aussi loin que le croisement de savoirs dans la définition de la corecherche.

D'autres personnes auditionnées adoptent d'emblée une position différente, de distance entre la réalité vécue et les savoirs scientifiques. C'est notamment la position de L. Boltanski pour qui la science « traduit » dans un langage « objectif », avec des instruments spécifiques, la manière dont les hommes et les femmes agissent, disent et pensent en société. Il appelle ce travail l'élaboration d'une « grammaire » qui permet de prendre connaissance des logiques d'action dont les gens eux-mêmes n'auraient pas conscience. « Chacun des deux pense... mais nos instruments de mesure sont différents... Chacun a son autonomie », « Si vous traitez dans les sciences sociales un savoir pratique, vous ne pouvez pas faire autrement que lui donner une forme théorique. Si vous voulez le traiter sous une forme pratique, il faut faire du théâtre. Vos savoirs construits ensemble ce ne sont pas des savoirs, ce sont des volontés. »

La position de P. Champagne est encore plus nette sur la différence entre le vécu et les savoirs, et sur la méfiance à avoir vis-à-vis de la subjectivité. Le chercheur ne peut pas se laisser influencer par son vécu individuel et la démarche de recherche consiste à s'en distancer le plus possible :

« Quelqu'un qui a été recalé au concours de l'École normale supérieure, il vaut mieux par la suite qu'il n'ait pas comme objet de recherche l'École normale supérieure, parce que ce sera pour lui plutôt l'occasion de régler ses comptes plutôt que de faire une analyse objective sur le fonctionnement social de cet univers. »

Il ne faut se laisser influencer ni par ses sympathies, ni par l'utilité, ni par le résultat attendu.

M. Callon résume d'une certaine manière ces positions :

« Ou bien on considère la science comme des savoirs clos, certifiés, assurés, robustes, ou bien on la considère comme quelque chose de flou, en mouvement, et ce qui compte c'est la recherche elle-même. Il y a des problèmes qu'on se pose et auxquels on essaie d'apporter des solutions. »

M. Benasayag dit un peu la même chose à sa manière :

« Soit nous sommes dans les savoirs universitaires, les savoirs qui tournent un peu en rond, qui sont bien construits mais ne répondent pas à un appel... soit on est vraiment en train de risquer parce qu'on fait vraiment de la recherche. »

Prise de distance et réflexivité comme conditions de légitimité de la démarche ?

Un sociologue comme P. Champagne, qui a assez longuement parlé de sa propre démarche, s'est déclaré par ailleurs très intéressé, voire « passionné », par la démarche du croisement des savoirs, et considère notre démarche comme légitime et valable, mais différente et complémentaire de la sienne : plus « empathique » et militante et moins scientifique (et donc moins « objective ») que la sienne, basée notamment sur ce qu'il appelle la « réflexivité ».

L. Boltanski va plus loin encore dans la critique. Il insiste sur la notion de distance (« laisse l'amour en dehors »), d'autonomie et aussi de « réflexivité » de la part du chercheur qui, par ailleurs, a le droit de :

« parler de n'importe quel sujet, à condition de s'y engager et de le faire bien. Mais un monde dans lequel les gens qui viennent de la grande pauvreté parleraient de la grande pauvreté, les prolétaires parleraient des prolétaires, les femmes parleraient des femmes, les noirs parleraient des noirs, c'est la fin des sciences sociales ! Cela aboutirait à une humanité profondément morcelée. Je suis contre. »

Il se montre par ailleurs très frustré du peu d'impact que la sociologie (y compris « sa » sociologie) a sur l'évolution de la société, et il perçoit davantage l'intérêt du croisement des pratiques que celui du croisement des savoirs, « Pourquoi faites-vous ces échanges de savoirs avec des sociologues ? Pourquoi pas plutôt avec des flics, des juges, mais aussi avec des anthropologues ? »

Mais il y a également des sociologues, et non des moindres, beaucoup plus positifs sur la valeur et même sur le caractère innovant de la démarche du croisement des savoirs. Parmi eux, A. Touraine, qui souligne « l'importance de la démarche du croisement des savoirs » en rappelant que, dans le cours de l'histoire, même dans les périodes « révolutionnaires », il y a rarement eu un contact véritable entre intellectuels et catégories de personnes défavorisées. A. Touraine va jusqu'à affirmer, sur la base également de sa propre expérience, que

> « Oui, il y a bien une capacité de distance, d'expression chez les pauvres » et aussi : « Moins quelqu'un possède quelque chose et plus il peut s'en tirer en étant quelque chose. C'est dans ce type de perspective qu'une rencontre d'intellectuels avec des personnes très pauvres pour travailler (rechercher) ensemble prend tout son sens. »

C'est là-dessus d'ailleurs qu'il construit successivement sa « sociologie de l'action », sa « sociologie de l'acteur et des mouvements sociaux » et puis encore une « sociologie du sujet ». A. Touraine, bien que très convaincu de la validité de sa propre démarche, donne donc une appréciation très positive de la démarche du croisement des savoirs, avec laquelle il se trouve très « en phase » à bien des égards.

P. Lascoumes et M. Callon ont particulièrement souligné la « rigueur de la démarche » dans le croisement des savoirs :

> « Ce qui m'a frappé c'est la rigueur de la démarche et les principes (méthodes) dont vous vous êtes dotés et que vous avez respectés... la dynamique de "la tortue[5]" où il y a à la fois des croisements par type d'acteurs et par type de thème et où personne ne risquait d'être soit relégué dans un coin, soit de s'enkyster sur une question. » (P. Lascoumes).

Ils voient une affinité entre leur démarche et la nôtre, notamment au sujet de la question : « Quelles sont les paroles légitimes ? » à laquelle P. Lascoumes répond « L'unité qui rassemble spécialistes et non-spécialistes, c'est le fait d'être des personnes concernées. Elles le sont à des titres différents, mais elles le sont toutes... », « L'objectif c'est que les enjeux de chacun puissent être portés par tous ». De ce fait, leur démarche rejoint à certains égards la nôtre, au point même qu'ils la considèrent comme un « modèle », « Pour moi, c'est une sorte de modèle, ça prouve bien que c'est possible » (P. Lascoumes). Et, M. Callon d'ajouter :

> « La dissymétrie entre ceux qui savent et ceux qui ne savent pas disparaît à partir du moment où l'on se pose la question de l'identification du problème, et de la recherche

5. « Tortue », démarche pédagogique, *Le croisement des savoirs*, *op. cit.*, p. 23.

de solution à ce problème. Là l'égalité réapparaît. L'on peut même dire que parfois lorsque les problèmes sont émergents, lorsqu'ils ne sont pas perçus par les spécialistes, ce sont les groupes concernés qui disposent des meilleures ressources. »

Enfin plusieurs autres universitaires ont souligné l'importance, dans une démarche de connaissance, de partir des situations vécues. Par exemple, M. Benasayag dit : « Il faut toujours savoir depuis quelle pratique on parle plutôt que depuis quel diplôme on parle ». Et, en se référant au philosophe Nietzsche, il dit : « Penser, c'est penser ce qui se donne à penser... dans la situation. » J.-L. Le Moigne dit son enthousiasme pour le croisement des savoirs et encourage notre démarche d'un savoir lié à l'expérimenté : « Seul peut produire la connaissance celui qui fait, qui expérimente (exemple de l'infirmière de nuit) » Et aussi :

« Alors, qu'est-ce que cette rigueur scientifique magique ? (...) La rigueur qui m'a plu c'est la vôtre (...) de continuer à vous retrouver, à fouiller ensemble, à vous critiquer. » O. Favreau souligne que « la grande pauvreté engendre forcément un esprit de résistance et une grande créativité. »

Légitimité, nécessité, validité de la démarche du croisement des savoirs

Dans la mesure où la démarche du croisement des savoirs et des pratiques est nécessaire en vue de la lutte pour détruire la misère dans le monde, alors cette notion de « légitimité » est très largement et *a fortiori* démontrée, puisque la notion de « nécessité » est définitivement plus radicale, et donc plus forte, que celle d'une simple « légitimité ».

On peut rappeler à ce sujet la remarque d'O. Favreau, pour qui cette démarche implique une véritable réciprocité des points de vue. Elle prône une reconnaissance mutuelle entre « classes aisées et classes pauvres, parce que chacun a un apport original et nécessaire. »

La question de la « validité » apparaît plus complexe, et essentiellement deux universitaires (P. Champagne et L. Boltanski) ont soulevé des objections à ce sujet. Il nous semble que leur position peut se résumer ainsi : La démarche du croisement des savoirs est très intéressante et même « valable », dans le sens étymologique – « elle a de la valeur » – mais cette validité est de l'ordre de la « volonté », du « militantisme », et elle n'est donc pas « scientifique ». Or c'est là où le débat devient à la fois complexe et intéressant.

On pourrait dire ceci. Il s'agit tout d'abord d'avoir conscience du fait que, lorsque l'objet d'une recherche concerne la personne humaine, une objectivité absolue, quoi que l'on fasse, n'est jamais possible. À partir de là, la démarche du croisement des savoirs représente un progrès relatif mais certain, par rapport à une démarche plus classique, dans la connaissance de la réalité de la grande pauvreté et de ses liens avec les autres réalités humaines (individuelles et sociales), ceci du fait que la pensée des plus pauvres, et non seulement leur vécu, est également prise en compte ici (ce qui n'est généralement pas le cas dans une démarche classique).

Pertinence des méthodes de travail

Les méthodes utilisées dans *Le croisement des savoirs* et *Le croisement des pratiques* visaient à faire émerger les savoirs des plus pauvres et à les croiser avec d'autres. Certains intervenants ont été sensibles à divers aspects des méthodes utilisées, même si on peut regretter que peu d'entre eux aient véritablement examiné le sens et la valeur des différents outils mobilisés par l'équipe pédagogique.

À propos du travail en groupe mixte (militants, universitaires, volontaires), M. Callon considère que nous sommes

« dans un mouvement dont on retrouve les traces dans d'autres domaines, qui est celui de l'invention des expérimentations de nouvelles procédures et de nouveaux dispositifs qui permettent cette coopération, ces échanges entre des spécialistes et des profanes. »

Une telle démarche lui paraît adéquate pour produire des savoirs et surtout pour chercher ensemble des solutions à de nombreux problèmes qui se posent dans nos sociétés.

Dans la démarche suivie, une part importante a été donnée à l'analyse des décryptages, c'est-à-dire à une réflexion et une confrontation à partir des paroles exactes de chacun. Cette réflexivité est comprise et évaluée différemment selon les intervenants. Certains y voient une condition nécessaire pour progresser dans la production de savoirs, d'autres au contraire comme un risque de subjectivisme.

Penser ensemble

Une critique provenant essentiellement de L. Boltanski est adressée aux acteurs du croisement des savoirs. Il y voit le risque de fusion qu'il oppose à l'autonomie du chercheur. Il voit aussi une différence concernant les instruments de pensée :

« Tout ce que j'ai à dire va porter sur le problème de « ensemble ». « Ensemble » par rapport aux sciences sociales, par rapport à la sociologie. Alors « ensemble » oui, chacun des deux pense, les gens avec qui je fais un travail pensent, s'ils ne pensaient pas, ils n'auraient rien à dire sur eux, moi je pense, mais nos instruments ne sont pas les mêmes. Si je ne faisais que mettre sur le papier tel quel, tout cru, ce qu'ils pensent, je ne vois pas pourquoi on me paierait. (...) Il faut admettre que je peux utiliser des méthodes, je peux chercher à les expliquer, à expliquer ce que je fais à ceux dont je modélise la compétence, mais chacun a son autonomie et c'est parce que chacun a son autonomie que nous pouvons être utiles les uns aux autres.

Il y a une objection d'un universitaire[6], je suis en désaccord avec ce qu'il dit. Il confond le bonheur d'être avec d'autres et le travail. On est beaucoup plus heureux dans la fusion, dans le moment fusionnel. Mais il faut le garder pour la soirée danse à la fin du stage. Pas pour l'élaboration du travail. »

Par contre, J.-L. Le Moigne trouvera très intéressante cette co-élaboration de savoirs que nous appelons croisement de savoirs :

« J'ai retenu un mot[7]. Ce que j'ai le plus aimé, c'est cette co-élaboration cognitive que d'autres appellent croisement des savoirs. » Ce ne sont pas des savoirs qui sont là que l'on croise, ce n'est pas seulement l'existence de quelque chose qui est là, qui est certain d'être là, qui est acquis, qui est donné par les dieux, donné par l'histoire. »

La confrontation des points de vue

Pour ceux qui soutiennent la démarche de croisement de savoirs ou de points de vue, les critiques portent sur ce qui leur apparaît comme des recherches de consensus qui masquent les éventuels conflits ou différences. Pour P. Lascoumes :

« Vous avez été tellement respectueux des trois points de vue en présence, volontaires, militants, universitaires, que pour moi ces groupes deviennent complètement artificiels. C'est-à-dire, [quand on lit *Le croisement des savoirs*], on a l'impression que chacun de ces groupes était parfaitement homogène. Comme s'il y avait un point de vue totalement unanime : le point de vue des volontaires, le point de vue unanime des militants, le point de vue unanime des universitaires. Je pense que c'est aussi un effet d'écriture. Mais je pense que pour vous, en terme de piste d'approfondissement, comme la démarche est très riche, vous pouvez aller jusqu'à mettre en évidence le fait que ces groupes eux-mêmes étaient porteurs de différences internes et voir comment on construit les positions communes. Mais vous pourriez bien montrer que la position commune est le résultat de toute une série d'ajustements plutôt que quelque chose de naturel. »

6. *Le croisement des savoirs*, *op. cit.*, p. 253.
7. *Le croisement des pratiques*, *op. cit.*, p. 196.

L'écriture commune

L'écriture commune est valorisée et mise en débat. Se pose le problème d'écrire ensemble sans évacuer les dimensions de conflit et discussions qui se sont déroulées à travers les différents moments. Pour M. Callon se pose la question de restituer la manière dont se construit un accord :

> « Comment discuter des positions, des projets, des propositions ? Je pense que le dispositif que vous avez mis en place, qui est un dispositif très matériel (les blasons, la tortue[8]...), c'est un dispositif conçu pour construire de la convergence. Ce qui serait très intéressant à approfondir comme question pour l'avenir, c'est comment est-on amené, grâce à ce dispositif, à changer d'opinion ? »

Lors de l'audition de L. Strivay, un dialogue exprime les enjeux de l'écriture commune. La volonté d'aboutir à une co-écriture était présente dès le début du programme Quart Monde Université. Est-ce que cette visée ne gomme pas les aspérités que seuls des individus peuvent exprimer avec force? Pour L. Strivay, « l'écriture commune peut réduire l'aspérité que chacun représente, quitte à faire plus kaléidoscope, quelque chose de moins soudé ». Une des militantes ayant participé à ce programme fait alors remarquer que parmi les militants, certains savaient bien utiliser la parole tandis que d'autres avaient des difficultés : « Si l'écriture avait été individualisée, on aurait mis en évidence quelques militants et ce n'est pas cela que l'on voulait faire. » L. Strivay prolonge sa remarque : « Dans le long terme, le travail continu des mêmes personnes ensemble autorisera peut-être à ce que chacun arrive petit à petit à maîtriser mieux sa parole, à s'imposer davantage et les autres prendront le temps de mieux les écouter ». Qu'en sera-t-il alors des personnes qui ne savent ni lire ni écrire ? « On ne pourra plus les faire participer à un tel projet, pourtant il faut que ce qu'ils ont à dire, ce soit eux qui le disent », souligne un militant. « Vous avez raison, souligne L. Strivay, mais en même temps il faut garder pour l'extérieur, au moins en partie, la capacité de bouleversement que représente cette parole avant d'être collectivisée. »

Dans le livre *Le croisement des savoirs*, certains passages laissent apparaître les moments de débat et laissent place aussi à des textes écrits individuellement.

Pour conclure positivement sur la question de la méthode, une phrase de J.-L. Le Moigne témoigne de ce qui pourrait être sa fécondité, mais qui est loin de faire consensus parmi les chercheurs que nous avons rencontrés :

> « Ce qui me frappe c'est que rarement les entrelacs du faire et du comprendre, du faire pour comprendre, et du comprendre pour faire m'ont paru aussi civilisateurs, moteurs de notre culture sans que nul ne puisse séparer la culture savante de la culture humaine, ni ne puisse prédire ce que sera demain. Le fruit de cette connais-

8. Références pédagogiques, *Le croisement des savoirs*, *op. cit.*, pp. 21-24.

sance coproduite en réciprocité ne peut-elle l'emporter sur la connaissance mimétique transmise par les savants aux autres ? »

Production de nouveaux savoirs

Les universitaires auditionnés ont très peu commenté le contenu des cinq mémoires du livre *Le croisement des savoirs*. Dans l'ensemble le contenu du livre n'est guère analysé par eux. Apparemment, certains ont seulement parcouru *Le croisement des savoirs* et encore moins *Le croisement des pratiques*, ce qui est particulièrement gênant pour cette partie de l'évaluation qui considère le contenu. Plusieurs auditionnés semblent gênés par le fait qu'ils soient en terrain inconnu ou mal connu, sauf O. Favreau qui y voit largement une confirmation de ses orientations.

Il semble quand même que pour la plupart d'entre eux il y ait eu production d'un savoir à l'exception notable de L. Boltanski qui n'y voit pas de nouveau savoir, les échanges ayant été insuffisants.

M. Callon, quant à lui, préfère parler de « croisement des recherches plutôt que des savoirs, tout groupe, même sans savoir, étant capable d'interrogation ». Cette dernière réflexion nous pousse à insister sur la distinction entre savoir et instruction : toute personne, tout groupe a un savoir, même s'il n'est pas élaboré. Probablement M. Callon n'entendait-il pas nier l'existence d'un savoir dans tout groupe, même s'il n'est pas élaboré, mais se situait dans une perspective d'échange dynamique ; or la recherche est dans le mouvement, plus que le savoir tant que celui-ci n'est pas élaboré.

Toutefois, on peut s'en tenir à l'interrogation de départ d'A. Touraine et considérer que le croisement des savoirs produit un nouveau savoir s'il permet de comprendre des choses nouvelles (qu'on ne comprenait pas sans lui). Un nouveau savoir consiste également dans la construction de nouveaux outils pour d'autres pratiques professionnelles :

> « En quoi la rencontre de ces deux ensembles de connaissances, l'une provenant plus de l'expérience, l'autre produite par l'interprétation, nous permet de comprendre des choses que nous ne comprenons pas sans cela ? Quel est le type de problème que cette démarche de croisement des savoirs nous permet de résoudre ? Autrement dit, il ne s'agit pas que je sois content d'avoir connu des gens pauvres, ni que le Monsieur Pauvre soit content de s'être exprimé. La question est : quel est le type d'hypothèses auxquelles ce croisement permet d'apporter une réponse ou en tout cas de penser que cela peut apporter une réponse ? »

Par exemple, O. Favreau a découvert un certain nombre de réalités qu'il ignorait, qu'il énumère et commente, et a aussi vu confirmées certaines de ses orientations ou préoccupations :

« La priorité des priorités, c'est éviter la répétition des situations d'échec et partir de l'évidence douloureuse pour nous que le milieu scolaire est immédiatement perçu comme quelque chose qui les a rejetés. Ça a été la première étape d'une trajectoire d'exclusion. Donc, dès qu'on va parler de formation, on va éveiller un souvenir douloureux pour eux et au fond aussi douloureux pour moi.

Dans la méthode de formation quelque chose revient très souvent, c'est l'idée qu'il faut se donner du temps. Ce n'est pas une recommandation purement formelle, le temps est un ingrédient.

La misère oblige à la créativité. Le langage qui affleure de temps en temps à la surface quand on décrit l'expérience de ces gens, c'est le langage de la résistance. Et la résistance pour un Français, ça veut dire quelque chose. On a affaire à des gens qui, jour après jour, heure après heure (et bien sûr parfois on craque et parfois visiblement on est détruit), doivent résister. Et la résistance demande bien sûr plus de créativité que le conformisme ou la gestion d'une situation bien établie.

Comment valoriser les expériences acquises pour les faire rentrer dans la dynamique de la formation ? J'ai remarqué des choses très intéressantes sur les savoir-faire, qui ont l'air d'être des savoir-faire manuels et qui, vous le montrez très bien, sont en fait très souvent des savoir-faire relationnels.

Il faut qu'il y ait ce souci de construire une commune dignité ou de restaurer la dignité des gens qu'on a en face de soi.

"Agir pour les pauvres, ça doit nécessairement passer par agir avec les pauvres." Ce qu'il y a de plus que dans la rhétorique habituelle des pédagogues, c'est que la réciprocité n'est pas considérée comme quelque chose de simplement mieux ou qui rend la formation plus efficace ou qui passe mieux ou qui va plus vite. Là, c'est ça ou rien.

Il y a des choses très intéressantes sur le milieu, les médiateurs, le rôle de personnes issues de ce milieu pour faciliter la formation ou pour faciliter l'intervention d'un certain nombre d'institutions. »

Les avis des chercheurs diffèrent sur la production de nouveaux savoirs, oscillant entre une réponse très nettement négative et des affirmations explicitement ou implicitement positives.

Pour L. Boltanski les échanges ont été insuffisants et ce sont plus des volontés que des savoirs qui ont été échangés ; on a compris ce que l'on voulait comprendre ensemble mais on ne voit pas les effets du croisement des savoirs.

Dans ce que nous en avons perçu, ces doutes de L. Boltanski n'émanent pas d'une analyse du contenu des mémoires, mais d'un *a priori* négatif d'ordre méthodologique portant sur notre parti pris : vouloir marier les savoirs des uns et des autres dans une écriture commune pour parvenir à un savoir qui serait « différent » du seul fait qu'il aurait été mixé, nourri des apports, complémentaires et reconnus comme tels, des uns et des autres.

Nous ne croyons pas que L. Boltanski méconnaisse la qualité du travail fourni. Mais il affirme que ce croisement est insuffisant pour établir ou fonder un nouveau savoir théorique (ce qu'il a cru comprendre à travers l'ambition de notre entreprise). Il semble très attaché à l'autonomie des savoirs (théorique et pratique) et pour lui la vocation de « ceux qui détiennent l'expérience et le savoir pratique » n'est pas de chercher à théoriser ou à s'immiscer dans le langage universitaire mais de manifester leur identité propre et leur volonté de changement pour avoir prise sur le devenir de nos sociétés, ce qui n'exclut pas que des universitaires puissent étayer leurs efforts à partir de leurs propres problématiques.

Ce qu'il n'a pas pu percevoir, c'est si certains de ceux qui ont participé à cette expérience du croisement des savoirs ont par la suite, à cause de cela, changé leur propre pratique sociale et obtenu des changements dans la société.

> « Or, nous dit-il, ce n'est pas parce qu'on dit les choses que ça va les changer. Je pense que le fait de dire permet de relier. C'est raconter des choses en donnant des liens pour les mettre ensemble. Écrire est-ce déjà agir ? On peut dire que ça fait quelque chose mais c'est extrêmement lent. »

À l'inverse de Luc Bolstanski, parmi les chercheurs auditionnés, certains revendiquent *a priori* la validité de l'apport de connaissances découlant du croisement des savoirs. Le vrai savoir étant un savoir construit sur l'expérience (J-L. Le Moigne), celui produit par le croisement des savoirs l'est assurément avec les savoirs des très pauvres, et même l'expérience des universitaires : leur savoir n'est en effet pas purement théorique, il a aussi sa source dans l'expérience de chacun d'entre eux.

Et le savoir académique des universitaires ? Pour nous, pour que le croisement des savoirs puisse se réaliser, il est important que personne ne nie son propre savoir, sinon il ne l'apporte pas, il le garde pour lui. Si les universitaires sont évidemment porteurs d'un certain savoir d'expérience, comme tout être humain, il est essentiel qu'ils apportent leur savoir académique.

Pour d'autres, l'existence de nouveaux savoirs découlant de leur croisement est un constat. Pour L. Strivay, il y a bien production d'un nouveau savoir, parce que mieux informé, mais il n'en est pas pour autant complet, étant ciblé et ayant un champ limité.

Pour A. Touraine les très pauvres, les victimes, passives, ont montré qu'elles pouvaient être actives, grâce à leur capacité de prise de distance et d'analyse par rapport à leur propre situation et grâce aussi à leur capacité d'expression, au moins quand les moyens de celle-ci leur sont fournis. Il estime que les « profanes » ont aussi une capacité de formuler des savoirs de manière abstraite, donc de partager un véritable savoir.

Pour nous, il est important de rappeler que les victimes de la grande pauvreté sont toujours actives : elles résistent et se battent au quotidien, même quand l'extérieur ne le remarque pas et les imagine « passives ».

M. Benasayag parle de l'émergence de connaissances nouvelles, que l'on ne soupçonnait pas avant et qui deviennent des savoirs communs. Ces connaissances nouvelles apparaissent quand on peut se défaire des « savoirs aliénés », c'est-à-dire, selon lui, des savoirs que l'on n'a pas construits par l'expérience mais qui vous ont été mis dans la tête. « Les savoirs d'émancipation commencent quand on désapprend des choses, des trucs qu'on nous a collés dans la tête. » Ceci vaut pour les plus pauvres, mais aussi pour les intellectuels.

G. Thill insiste sur l'intérêt de ces connaissances nouvelles, en relation avec ce qu'il appelle la « fragilité ». Pour lui, il s'agit de connaissances qui résultent de recherches « sur les limites », qui bouleversent les savoirs établis, mais ne sont pas reconnus par les tenants de ces savoirs établis.

On pourrait trouver chez d'autres auditionnés des exemples de réalités découvertes par eux dans le livre. Pour rappel, citons les exemples que donnait O. Favreau sur le plan de la formation. Jean-Maurice Verdier, universitaire ayant participé au mémoire « Talents cachés[9] », fait remarquer des apports nettement dus à la présence et à la rédaction des militants et du volontaire, par exemple l'analyse de l'évolution du métier de médiateurs du livre (métier initié avec des jeunes en grandes difficultés qui n'a assez vite été pratiqué que par des jeunes ayant un minimum de diplômes mais n'ayant pas l'expérience de la grande pauvreté).

Un bémol est apporté par M. Callon : il ne faut pas faire plus confiance au savoir revendiqué par les très pauvres à partir de leur expérience qu'à un universitaire à partir de la sienne.

Certains posent la question de l'extrapolation (tirer des conclusions générales de situations ou de données particulières) et de la généralisation à partir des situations des très pauvres participant au croisement des savoirs alors que les situations des très pauvres en général sont diverses. Ils n'ont pas perçu que c'est pour cette raison que les militants du programme s'appuyaient sur l'Université Populaire Quart Monde*, sur des interviews... Ainsi, le savoir d'expérience apporté dans le programme était plus large que l'expérience des participants.

Plusieurs auditionnés ont souligné le risque d'une dissolution des savoirs dans un consensus plus ou moins conscient. L. Strivay pose la question : il y a peut-être intégration, malgré un nouveau savoir, à la culture dominante, certes enrichie. Si c'était vrai, même en partie, ce serait un défaut grave, mais cela reste un problème dans la mesure où il y a un risque, d'autant plus qu'il peut y avoir domination ou consensus inconscient. Mais en fait, cette question pose celle de la culture des pauvres : y a-t-il culture particulière ? Si oui, quelle est-elle et qu'est-ce que cela signifie ?

A. Touraine parle d'un consensus plus ou moins conscient (dès le départ ? comme résultat ?) qui laminerait les différences et permettrait un savoir plus apparent que réel. Dans le même ordre d'idées, P. Lascoumes et M. Callon ont souligné

9. In *Le croisement des savoirs*, *op. cit.*, pp. 339-423.

l'importance de la transparence des procédures de sorte qu'on puisse saisir la manière dont se font les changements d'opinion permettant les accords réalisés.

Différents auditionnés regrettent que le croisement des savoirs n'ait pas été assez loin pour aboutir à un savoir complet. Ils pensent que le savoir sur des thèmes donnés (par exemple l'imaginaire, l'affectif...) est incomplet. Bien entendu, l'ambition du croisement des savoirs était d'apporter de nouveaux éléments de savoir, une nouvelle vision sur quelques thèmes importants. Nous n'avons jamais voulu « tout dire sur tout »: qui pourrait prétendre apporter un savoir complet? Cette question montre aussi que les auditionnés n'ont pas forcément perçu l'importance que les priorités, les problématiques à travailler soient élaborées avec les personnes vivant la pauvreté et ne partent pas exclusivement des soucis des chercheurs.

Plusieurs auditionnés estiment que nous aurions tout intérêt à associer au travail de croisement des savoirs des ethnologues et des anthropologues. Ceci aurait sans doute le mérite de nous faire profiter de leurs techniques d'approche de milieux différents et divers.

Quant au caractère scientifique ou pas de ce progrès dans la connaissance, cela peut seulement être établi par une commission de scientifiques reconnus grâce à leur valeur, par leurs pairs et extérieurs au programme de recherche. Cela a été fait dans le cas du croisement des savoirs à travers le travail du Comité scientifique d'accompagnement de la recherche.

Conclusions et perspectives

Dans notre point de départ, il y avait le constat de l'existence d'une complémentarité entre deux types de savoirs :

– d'une part un savoir d'expérience (savoir non reconnu), qui constitue la pensée et le « jardin secret » des personnes parmi les plus pauvres, qui en sont donc les seules détentrices, savoir qui nécessite cependant un travail d'élaboration et de structuration pour devenir communicable et pouvoir ainsi être compris par le reste de la société,

– et d'autre part un savoir d'école, universitaire (savoir reconnu), plus théorique et général sur le plan de la connaissance et plus structuré sur le plan de la méthodologie, mais ignorant du vécu et donc de la réalité profonde et souvent cachée de la grande pauvreté.

C'est justement à partir de ce constat que la démarche du croisement des savoirs a pu se construire et fonder le principe de sa légitimité (sa nécessité) et de sa validité, qui sont donc basées sur la reconnaissance réciproque du fait que chacun de ces savoirs a besoin de l'autre pour se compléter et aboutir ainsi à une nouvelle forme de connaissance, engendrée par la dynamique de leur interaction. Cette forme de connaissance nous paraît d'autre part originale dans le sens qu'elle ne pourrait pas, nous semble-t-il, être atteinte autrement. Or, il nous semble d'abord que l'originalité de notre démarche et son caractère innovant ont été largement reconnus par la majorité des universitaires rencontrés et que personne n'a trouvé cette démarche sans intérêt.

Sur la légitimité (ou nécessité), il nous semble également qu'il n'y a pas eu de réserves significatives et que la plus grande partie des universitaires a même salué et souligné la pertinence et la validité de la démarche dans le sens qu'elle répond, d'une manière forte et radicale, à une exigence profonde et, jusque-là, largement insatisfaite.

Même si le contenu des deux livres a été peu analysé par les universitaires auditionnés, et que certains ont contesté l'obtention de nouveaux savoirs, d'autres ont eu le sentiment, voire la conviction d'un apport, d'une avancée tout à fait significative (en particulier A. Touraine et O. Favreau).

Les acteurs-auteurs de ces programmes n'ont évidemment pas de représentativité statistique des milieux auxquels ils appartiennent, par contre ils revendiquent l'authenticité de leur appartenance à ces mêmes milieux.

Ils n'ont par ailleurs aucune prétention d'avoir traité d'une manière exhaustive un quelconque sujet du programme. Cependant ils ont eu l'ambition et ils ont la fierté d'avoir ouvert une voie jusque-là inexplorée, mais profondément souhaitée et clairement indiquée par le fondateur du Mouvement ATD Quart Monde.

Reste à déterminer si ce nouveau savoir permet de changer notre rapport au monde, donc d'agir et pas seulement d'informer. Il y aura donc grand intérêt à relier et articuler les évaluations des retombées actuelles du croisement des savoirs et celles du croisement des pratiques, ces deux évaluations devraient s'éclairer l'une l'autre.

Chapitre 3

QUELLE PLACE LE CROISEMENT DES SAVOIRS PEUT-IL OCCUPER À L'UNIVERSITÉ ?

Quel peut être l'impact de travaux comme ceux qu'a inaugurés Quart Monde Université sur l'Université elle-même? La présence d'universitaires de plusieurs disciplines dans le programme expérimental permettait d'espérer que l'ambition de rendre présents les savoirs des très pauvres à l'Université deviendrait possible. Mais est-ce à dire que ces savoirs en sont exclus comme si les sciences humaines en avaient écarté l'opportunité ou la possibilité ? Ou plutôt que d'autres modalités de constitution des savoirs sont possibles et souhaitables et que l'expérience des milieux défavorisés en est un terrain d'application.

Plusieurs questions habitent notre ambition. Quels types de savoirs trouvent place dans l'Université? Celle-ci est-elle un monde clos où seuls sont admis les savoirs légitimés par le collège des chercheurs et enseignants formés et reconnus par la seule institution? Ou bien l'Université a-t-elle vocation à constituer un milieu où se rencontrent toutes les composantes de la société non pas seulement pour s'y laisser enseigner mais pour contribuer ensemble à l'élaboration des savoirs? Quelle répartition du travail doit alors régler les rapports entre une élite apte et légitimée à construire et décider des savoirs à enseigner et tous ceux qui apportent leur expérience comme matériaux bruts sans être invités à participer à leur élaboration, autrement que comme témoins interrogés? N'y a-t-il pas déjà du reste une première élaboration de savoirs tirés de l'expérience? Comment créer alors la communication sur ces savoirs entre les acteurs de la vie quotidienne et les professionnels des savoirs ? En poursuivant dans ce sens, est-il possible d'aller au-delà de la juxtaposition des savoirs et de susciter leur « fécondation » mutuelle [1] dans l'échange des connaissances ?

Au fondement de cette coréflexion n'y t-il pas une responsabilité sociale du chercheur et de l'enseignant vis-à-vis des savoirs qu'ils produisent et diffusent ? Les progrès de la science et l'accélération du rythme de leur application à la vie quotidienne accroissent l'urgence de la réflexion éthique, en décalage avec les questions posées par ces avancées : « Science sans conscience... » Quel rôle doit être alors reconnu aux simples citoyens dans les usages qui sont faits de la science ? Et les plus fragiles d'entre nous ne sont-ils pas les plus aptes par leur fragilité même à contribuer à l'évaluation des usages sociaux des savoirs ?

Le programme Quart Monde-Université apporte des éléments de réponse à ces questions à travers notamment les témoignages des universitaires dans les suites du programme et dans les applications qui en ont été données et à la lumière aussi d'apports théoriques sur les fondements de la recherche dans l'expérience quotidienne. Néanmoins, un certain nombre d'obstacles et d'objections rendent difficile l'extension de telles pratiques de co-recherche et nous incitent en forme de défi à chercher comment mettre en œuvre les conditions de tels programmes.

Pratiques de croisement des savoirs à l'Université

Un type de pratique développée à l'Université c'est la formation-recherche. À la différence de l'acquisition de savoirs « tout faits » présentés par le maître, la formation-recherche responsabilise l'étudiant dans la constitution de ses apprentissages tant méthodologiques que de contenu en les accrochant au développement d'une recherche personnelle. Sa pratique sociale peut ainsi devenir l'objet même de sa recherche. Auquel cas il est appelé à théoriser son expérience.

La formation-recherche peut être menée à plusieurs. C'est l'expérience qu'un professeur de l'Université Paris VIII, René Barbier, a conduite à la suite des rapports qu'il avait noués avec Quart Monde-Université. Dans le cadre d'une unité de valeur de licence, il a proposé à ses étudiants une formation-recherche expérientielle et existentielle, en l'occurrence de travailler sur les chapitres du livre publié par Quart Monde-Université. Les étudiants sont divisés en groupes et chaque

1. Ou « fertilisation croisée des savoirs... » selon le titre du chapitre de Pascal Galvani in *Transdisciplinarité et formation*, Paris, L'Harmattan, 2005, pp. 31-46.

groupe se voit chargé d'un chapitre du livre. Chacun lit le chapitre et s'interroge sur les relations entre son contenu, la manière dont il a été élaboré, et sa propre analyse. Puis les membres du groupe échangent leurs réflexions en mettant en commun les échos suscités en eux par ce chapitre. Ces échos sont pour certains liés à leur propre expérience de vie pauvre. Le livre sert donc ici de médiation entre l'expérience collective du groupe de croisement des savoirs, l'expérience individuelle des participants et l'apport de connaissance, à la fois méthodologique et de contenu.

Dans un deuxième temps des membres du programme Quart Monde – Université sont intervenus pour un échange avec les étudiants.

Pour R. Barbier, le livre *Le croisement des savoirs* est un modèle de recherche-action ou plus précisément ici de recherche-action-formation. Dans l'introduction de son livre : *La Recherche Action*, René Barbier cite la définition que les chercheurs se sont donnée :

> « Il s'agit de recherches dans lesquelles il y a une action délibérée de transformation de la réalité ; recherches ayant un double objectif : transformer la réalité et produire des connaissances concernant ces transformations [2]. »

Dans les deux programmes Quart Monde-Université et Quart Monde Partenaire ces deux éléments sont effectivement présents. Néanmoins cette définition ne suffit pas à caractériser ces deux programmes. La composante personnelle est forte : les participants parlent de leurs expériences personnelles tout autant que communautaires. La transformation est une formation réciproque. Non seulement chacun apprend quelque chose de l'autre, mais il est aussi affecté par l'autre tant intellectuellement qu'humainement. Ce sont les transformations personnelles induites par les interactions qui sont le ressort des changements dans les pratiques.

C'est la raison pour laquelle R. Barbier fait entrer notre action dans ce qu'il nomme une recherche-action existentielle et dont il définit l'objet comme « un changement de l'attitude du sujet (individu ou groupe) en rapport à la réalité qui s'impose en dernier instance (principe de réalité) [3] ». Il reconnaît que ce mode de recherche soulève de fortes objections quant à sa scientificité (au regard des critères traditionnels de la majorité des chercheurs) dans la mesure où l'Université a quelques difficultés à tolérer « l'implication » reconnue cependant par beaucoup d'auteurs actuels comme inhérente à la recherche [4]. Et R. Barbier de conclure : « la RAE (recherche-action existentielle), comme la médecine relève de l'art tout autant, si ce n'est plus, que de la science [5] ». Elle renverse en effet l'ordre de constitution habituelle des

2. René Barbier, *La Recherche Action*, Paris, Économica, 1996, p. 7.

3. *Ibid.*, p. 49.

4. Cf. notamment un ouvrage récent de Max Pagès, *L'implication dans les sciences humaines*, Paris, L'Harmattan, 2006.

5. *Ibid.*, p. 46.

savoirs. Au lieu de partir d'un champ de connaissances appuyé sur un patrimoine d'œuvres écrites, on part de ce que vivent les gens et de ce qu'ils en disent pour travailler avec eux sur leurs productions et les croiser avec d'autres types de savoirs. La démarche de recherche est d'autant plus utile qu'il s'agit de milieux qui ont peu de moyens pour se faire entendre ou lire, et que les recherches concernent de près leur vie quotidienne. Son utilisation la situe entre intervention sociale et recherche. De ce fait, elle est considérée comme science « impure ». Il n'en reste pas moins qu'elle inspire de nombreux travaux en sciences humaines.

D'autres enseignants universitaires ont également introduit sous des formes diverses la participation de personnes pauvres à l'université (Louvain-la-Neuve, Faculté Notre-Dame-de-la-Paix à Namur). Cependant la création d'unités d'enseignement, voire de cursus permanents se heurte à des obstacles institutionnels et méthodologiques que nous évoquerons plus loin. L'intérêt du croisement des savoirs ne concerne pas seulement les sciences de l'éducation. Les universitaires qui avaient participé au programme ont témoigné de son apport dans leurs différentes disciplines.

En Belgique plusieurs témoignages soulignent les évolutions dans la pratique des enseignants chercheurs. Le professeur P. Fontaine, professeur émérite de psychologie et président du Groupe International de Recherche sur l'Enseignement de la Physique, fondé en 1999, mentionne cinq types d'apports de Quart Monde-Université :

– un apport personnel ;

– la mise en question de ses instruments de connaissance, « du moins l'emploi que j'en faisais[6] » ;

– la modification de ses représentations quant à certains contenus de ses recherches, notamment la question du temps dans les conceptions des personnes ayant vécu la pauvreté ;

– la faisabilité de la corecherche avec des personnes issues de milieux très pauvres et sa fiabilité au regard des critères de scientificité ;

– enfin, la confirmation ou, au contraire, l'infirmation des résultats de ses propres recherches antérieures.

Un certain nombre de ses travaux et communications postérieurs au programme Quart Monde-Université ont été fortement influencés par les résultats de la recherche-action-formation.

Une enseignante belge criminologue, Françoise Digneffe, atteste des changements que le programme a inspiré tant dans son travail d'enseignante que de chercheuse : « À la suite de Quart Monde-Université, ma pratique enseignante a évolué ; j'ai intégré *Le croisement des savoirs*, mon cours sur les populations marginalisées s'est en partie reconstruit autour du croisement des savoirs. » Elle se dit

6. Pierre Fontaine, réponse à un questionnaire sur les apports de Quart Monde-Université (non publié).

aussi attentive à ce que « les gens qui viennent parler à mes étudiants fonctionnent plus ou moins dans le même esprit », par exemple un économiste qui propose une critique des définitions classiques de la pauvreté et qui intègre les définitions venues du Mouvement ATD Quart Monde.

F. Digneffe intervient aussi en Afrique, à présent au Congo après avoir été au Rwanda. Elle témoigne : « Je me suis vite rendu compte que ce que j'avais vécu dans le croisement des savoirs m'était directement utile pour la rencontre de personnes éloignées de moi sur tous les plans. J'y pense tout le temps. Par exemple, quand je rencontre des professionnels du Congo qui travaillent avec des détenus, des enfants des rues... je pense tout le temps à la manière de travailler qu'on avait dans le programme. »

Le croisement des savoirs a renforcé en elle une conviction : « Que les gens en situation de pauvreté, marginalisés, ont des choses à nous apprendre à partir de la place qu'ils occupent » ; il lui a apporté une aptitude renouvelée à l'écoute, non seulement « de ce que les gens ont à dire » mais aussi « du type de questions que l'on peut poser ».

Les témoignages viennent aussi des économistes et des juristes. Une tournée de conférences en France qui s'est déroulée dans plusieurs universités, Paris-Nanterre, Aix, Marseille, Toulouse, Clermont-Ferrand, Saint-Etienne, Nantes, Bordeaux, a montré l'écho que rencontrait le livre *Le croisement des savoirs* et le programme dont il est le fruit chez les spécialistes du droit[7] et de l'économie.

Pour J. M. Verdier[8], l'initiateur de cette tournée, l'apport du croisement des savoirs à l'Université se traduit principalement sous deux formes :

– d'une part l'intervention de participants des programmes sur le croisement des savoirs dans des cours magistraux ou des programmes universitaires ;

– l'introduction dans la méthodologie de recherche ou de formation des textes publiés à l'issue de Quart Monde-Université et de Quart Monde Partenaire, ainsi que la méthodologie des récits d'expérience fondés sur des situations concrètes.

C'est ce dernier apport qui a jusqu'ici prévalu dans le séminaire de 3e cycle, organisé par le Professeur Verdier, à l'Université de Nanterre en 2005 et 2006 sur le thème « Droit du travail, instrument d'insertion ». Trois préoccupations l'animent dans son domaine :

– introduire dans le laboratoire qu'il a créé le thème de recherche suivant : « Pauvreté, exclusion et droits fondamentaux » ;

– à partir de ce thème « Essayer de poser les bases d'une problématique juridique à partir de ceux qui n'ont pas accès aux droits ou ne peuvent les exercer » ;

7. Cf. Mireille Delmas-Marty, *La refondation des pouvoirs*, Paris, Le Seuil, 2007, p. 198-199. Voir aussi Nicolas Bernard, « La temporalité des pauvres », in *L'accélération du temps juridique* (sous la dir. de P. Gérard, F. Ost), Bruxelles, Publications des Facultés Saint-Louis, 2000, p. 859-869.

8. Universitaire, professeur de droit, participant du programme Quart Monde-Université.

– faire connaître et approfondir la démarche du croisement des savoirs dans la recherche (c'est du reste l'intention qui a présidé à l'audition d'universitaires dont on a pu lire le compte rendu dans le chapitre précédent).

L'inspiration du croisement des savoirs ne peut se limiter à une discipline singulière. Elle rejoint ce que G. Pineau nomme « l'émergence d'un paradigme transdisciplinaire[9] ». Selon lui « le programme Quart Monde-Université l'a incarné socialement ». G. Pineau est donc redevable au programme d'avoir contribué à plusieurs de ses travaux ultérieurs. À la différence de la codisciplinarité qui évoque « une co-construction de sens entre différentes disciplines sur un même objet d'études », la « recherche transdisciplinaire socio-interactive associe des représentants de disciplines scientifiques mais aussi des acteurs sociaux... » On peut parler aussi d'une « transdisciplinarité socio-réflexive ».

Peu d'universités sont cependant aujourd'hui prêtes à ouvrir un champ transdisciplinaire en leur sein alors qu'elles se prêtent déjà avec réticence à l'inter et à la co-disciplinarité ! Des matières nouvelles et urgentes comme l'écologie pourraient néanmoins favoriser cette démarche et partant le croisement des savoirs. Les études sur les questions de pauvreté se prêteraient à la transdisciplinarité. La connaissance des plus pauvres deviendrait un moteur de nouvelles méthodes.

Les ancrages théoriques du croisement des savoirs dans la recherche universitaire

Nombre d'universitaires ayant participé au croisement des savoirs, lu le livre ou pris part à l'une des conférences données dans une université se sont sentis interpellés, peut-être même troublés par cette expérience qui bouleverse les pratiques habituelles de la recherche. Pourtant l'approche du croisement des savoirs n'est pas sans rapport avec plusieurs courants reconnus aujourd'hui comme légitimes par l'Université, notamment en sociologie, comme les approches constructivistes et interactionnistes.

Dans les années 1920, l'approche qualitative en sociologie est illustrée par *l'École de Chicago*. L'un des aspects du travail de ses chercheurs c'est d'essayer de comprendre de l'intérieur ce que vivent les gens. Il s'agit du reste dans la plupart des cas de milieux défavorisés desquels les chercheurs se font proches au point de vivre parfois auprès d'eux. Il s'agit, comme l'écrit A. Coulon de *« décrire les mondes*

9. On se reportera à l'ouvrage coordonné par Patrick Paul et Gaston Pineau : *Transdisciplinarité et formation*, Paris, L'Harmattan, 2005, notamment le premier chapitre « Recherches transdisciplinaires et Université » de G. Pineau et le deuxième chapitre sur le programme Quart Monde-Université écrit par Pascal Galvani, ancien membre de l'équipe pédagogique de cette action.

particuliers des individus dont on veut comprendre et analyser les pratiques sociales[10] ». C'est ce qu'on a appelé « l'interactionnisme sociologique » : *« l'interactionnisme symbolique soutient que la conception que les acteurs se font du monde social constitue, en dernière analyse, l'objet essentiel de la recherche sociologique*[11] *»*. Il ne s'agit pas cependant pour la plupart des chercheurs de considérer le sujet comme un cochercheur.

Un pas de plus est fait avec l'approche « ethno-méthodologique ». Les chercheurs se réclamant de ce courant sont critiques vis-à-vis de la description scientifique, car ils estiment que l'on ignore généralement l'expérience concrète de l'acteur et le sens vécu qu'il donne à son action. Les modalités habituelles de l'enquête par questionnaires ou interviews éloignent le chercheur du *« monde vécu »* de l'acteur. Or celui-ci n'est pas un *« idiot culturel » : « Le réel est déjà décrit par les gens. Le langage ordinaire dit la réalité sociale, la décrit et la constitue en même temps*[12]. *»* Nous sommes tous des chercheurs. C'est donc dans l'échange que le chercheur universitaire pourra mettre à jour la connaissance de l'acteur social. Cet échange construit une relation où chacun réfléchit à la fois sur lui-même et sur la parole qu'il reçoit de son interlocuteur. La personne qui raconte son récit est en même temps celle qui l'analyse, *« celui qui nous montre comment il analyse sa vie quotidienne afin de lui donner sens et afin de pouvoir prendre des décisions, en fonction du contexte, en fonction de sa définition de la situation*[13] *»*.

Un certain nombre de chercheurs ont basé leurs travaux sur cette conception de l'acteur social. L'autre, aussi démuni soit-il, est reconnu capable d'analyser sa propre situation et cette capacité d'analyse le conduit à prendre des décisions, arrêter des stratégies pour gérer au mieux sa vie quotidienne. Mais il peine à rendre compte de ses « ethno-méthodes » c'est-à-dire de ses raisonnements pratiques. En écho, le projet du Mouvement ATD Quart Monde est, comme l'écrit B. Tardieu, volontaire-permanent de ce Mouvement : « de faire émerger la pensée, les aspirations, les stratégies que développent les plus pauvres comme source d'une nouvelle connaissance et d'un nouveau projet de civilisation...[14] »

Dans sa thèse, un universitaire analyse ce qu'il nomme « la raison expérientielle ». Chacun de nous vit, sent et agit sans pour autant réfléchir en temps réel sur chacun de ses actes, cependant raisonnables. Dans le vécu immédiat, mon comportement est animé par la « raison sensible[15] » : même si j'agis sous le coup

---

10. Alain Coulon, *L'École de Chicago*, Paris, PUF, coll. Que sais-je ?, 1992, p. 89.

11. *Ibid.*, p. 11.

12. Alain Coulon, *L'ethno-méthodologie*, Paris, PUF, coll. Que sais-je ?, 1987, p. 4.

13. *Ibid.*, p. 90.

14. Bruno Tardieu, « La médiation sociale : invention tâtonnante de possibles » in *Intelligence de la complexité*, Colloque de Cerisy, Paris, Éditions de l'Aube, 2004.

15. Joël Denoyel, *Le biais du gars, la métis des grecs et la raison expérientielle, contribution à l'étude de la culture artisane et de l'étude de l'éc(h)oformation*, Lyon, Septentrion, 2000, pp. 103 et sv.

d'une émotion, mon comportement n'est pas purement instinctif, il est inspiré par une certaine logique de pensée, logique qui se manifeste à mon insu, sans que j'en aie conscience. Quand on m'interroge, « qu'est-ce qui s'est passé ? », je prends distance d'avec ce vécu et je m'exprime par un récit : je prends conscience alors de mon comportement et, en creusant quelque peu, des logiques d'action que j'ai mises en œuvre. C'est ce que nous faisons dans la démarche du croisement des savoirs. Ce passage du vécu à la réflexion, notre chercheur le décrit comme le passage de la *« raison sensible »* (immergée dans l'action) à la *« raison expérientielle »*. Celle-ci sous-tend la réflexion sur nos vécus sensibles ou nos démarches d'action. Puis, en reliant le fruit de mes réflexions à d'autres porteurs d'expérience, en comparant nos expériences, en les éclairant avec l'apport des sciences, nous commençons à généraliser, à conceptualiser, à formaliser. Ce nouveau passage à la conceptualisation met en jeu la *« raison formelle »*.

Le chemin ainsi parcouru au cours de ces trois étapes constitue pour chacun de nous une démarche de recherche. Cette démarche, pour aboutir à la production d'une recherche, peut et doit être construite à l'aide d'outils, de méthodes, d'apports de savoirs constitués et reconnus par l'Université. D'où la nécessité du « croisement des savoirs ».

Une telle présentation fait droit à l'aspiration de chacun à devenir chercheur de sa propre vie, comme l'exprimait J. Wresinski dans une communication adressée le 3 décembre 1980 au Comité permanent de recherche sur la pauvreté et l'exclusion sociale à l'Unesco, exposé dont nous citerons deux passages :

> « Le problème fondamental est que l'homme d'action, pour avoir une contribution valable à offrir à la recherche universitaire, doit être considéré d'abord, non pas comme un simple informateur mais comme un penseur ayant, avant tout, à mener jusqu'au bout sa propre recherche de connaissance, pour les buts qu'il s'est donnés lui-même[16]. »
>
> « Ceux qui pensent que les hommes totalement paupérisés sont apathiques et que, par conséquent, ils ne réfléchissent pas, ignorent l'effort désespéré de réflexion et d'explication de cet homme qui ne cesse de se demander : Mais qui suis-je donc ?... Et qui au prix d'un effort de pensée douloureux, ne cesse de resurgir d'en dessous de ces fausses accusations qui sont autant de fausses identités qu'on lui donne en se répétant : "Non je ne suis pas un chien, je ne suis pas l'imbécile qu'on a fait de moi, je sais des choses, moi aussi, des choses qu'eux ne comprendront jamais." » Et J. Wresinski commente : « Sa connaissance comprend un savoir du monde qui l'entoure, le savoir d'un monde dont, seul, il connaît les comportements envers des pauvres comme lui[17]. »

Cette recherche n'est pas seulement une voie de promotion personnelle pour celui qui la mène mais une participation à la constitution des savoirs de l'humanité

16. Joseph Wresinski, *Refuser la misère, une pensée politique née de l'action*, Paris, Le Cerf/Éditions Quart Monde, 2007, p. 57.

17. *Ibid.*, pp. 58-59.

pour peu que l'on poursuive le chemin qui va de la « raison sensible » à la « raison expérientielle » et de celui-ci à la « raison formelle ».

Dans le croisement des savoirs il nous semble que le croisement est constitué par le chemin inverse que font les acteurs de la lutte contre la misère et les universitaires : les premiers passent de l'expression de la « raison sensible » à la construction de la « raison expérientielle » et de celle-ci à la « raison formelle » (ou formalisée grâce au croisement des savoirs) tandis que les universitaires sont appelés à déconstruire les formalisations instituées pour comprendre la raison expérientielle, voire pressentir la somme des expériences sensibles qu'elle traduit. Ce faisant ils peuvent s'ouvrir à leur propre raison expérientielle et actualiser les racines sensibles de leur parcours intellectuel, comme plusieurs en témoignent dont G. Pineau quand il nous confie comment la relation avec les très pauvres au sein de Quart Monde-Université a fait remonter ses expériences de « galère » : « La nécessité éthique et méthodologique d'identifier mes expériences de lutte contre la grande pauvreté m'a permis d'éviter l'oubli ou le refoulement d'expériences. »

Cette activité réflexive réciproque que met en œuvre le croisement des savoirs trouve également un éclairage théorique dans *« L'agir communicationnel »* de Jürgen Habermas, le philosophe de Francfort, notamment quand il émet l'avis que le processus de compréhension réalisé par le chercheur en sciences sociales ne diffère pas fondamentalement « de la façon dont opèrent les profanes dans leur pratique communicationnelle de tous les jours » ajoutant que cette vue des choses questionne le *« postulat de la neutralité axiologique »* tel que l'entend la sociologie habituellement [18].

Communiquer avec l'Université, est-ce possible ?

Il n'y a pas de pensée sans communication et pas de communication sans dialogue. Or, si nous pouvons reconnaître théoriquement la pensée des plus pauvres et sa fécondation possible avec le savoir universitaire, qu'en est-il des voies de la communication et quels en sont les obstacles tant du côté des universitaires que des représentants des milieux défavorisés ? Une recherche menée sur le logement en Belgique pendant les programmes Quart Monde-Université et Quart Monde Partenaire illustrera notre développement [19].

---

18. Cf. Jürgen Habermas, *Théorie de l'agir communicationnel*, Paris, Fayard, t. 1, 1987, p. 136.

19. Nous nous appuierons sur le rapport « Partenariat-Logement, vers un savoir sur le logement élaboré en commun par des universitaires et des personnes vivant des situations de pauvreté », Faculté de droit de Namur octobre 1999 (polycopié).

Le contexte

Une recherche sur le logement menée entre 1997 et 1999 a associé plusieurs partenaires :

– Du côté de l'Université le centre interdisciplinaire « Droits fondamentaux et Lien Social », au sein de la Faculté de droit des Facultés universitaires Notre-Dame-de-la-Paix à Namur. Ce centre travaille sur la norme et le fonctionnement des institutions dans leurs rapports avec les populations exclues.

– Du côté des associations sans but lucratif (ASBL) : « Luttes Solidarités Travail » (LST) qui rassemble des personnes et des familles vivant des situations d'extrême pauvreté dans la région namuroise et « Temps pour la recherche d'outils conviviaux » (TROC), lieu de formation permanente à l'action collective et communautaire en lien avec les plus pauvres.

Le contenu du projet est double :

– Évaluer l'existant « aux fins de comprendre, en vue de le réduire, le hiatus préoccupant entre l'affirmation nationale et internationale du droit au logement et l'absence d'un véritable droit à l'habitat qui implique une certaine maîtrise de l'habitant sur son espace de vie ».

– Sur le plan méthodologique présenter aux autorités une vingtaine de récits de vie illustrant les difficultés vécues sur le terrain.

Des personnes ressources sont invitées à apporter leur éclairage sur les différents aspects de la question traitée.

Les difficultés éprouvées de part et d'autre dans la communication

Cette recherche sur le logement s'est heurtée à plusieurs types de difficultés.

La négociation des enjeux et des démarches

Une première difficulté est de s'entendre entre partenaires, voire à l'intérieur de chaque groupe, sur les enjeux et leur formulation dans le document qui en définit le projet commun. Ces partenaires sont la Région Wallonne qui finance le projet, le Centre interdisciplinaire « Droits fondamentaux et lien social » de l'Université de Namur et les associations LST et TROC.

Cette entente a demandé un certain nombre de rédactions et l'entrée progressive des uns et des autres dans la négociation. L'accord semble se faire en trois temps, chaque temps comprenant du reste plusieurs essais :

– Un premier temps entre le Centre interdisciplinaire et la Région Wallonne
– Dans un deuxième temps, à la suite des critiques des associations sur le projet négocié, celles-ci participent à la négociation mais seulement les animateurs en dehors de la présence des militants.
– Un troisième temps, les militants ayant critiqué les responsables des associations, entrent dans le jeu.

Cette phase révèle donc les différences d'attentes des uns et des autres à l'égard des résultats et de l'objet de recherche.

Par ailleurs la recherche est pluridisciplinaire. Aussi, l'équipe des chercheurs professionnels se découvre-t-elle des conceptions différentes vis-à-vis de l'objet. Il n'y a pas de position commune des chercheurs, sinon sur la démarche de recherche. Aux rapports avec les associations s'ajoute donc la négociation interne au groupe de chercheurs. Cette multipolarité se trouve accrue par les statuts et les rôles de chacun.

Les rapports de place et les différences de savoirs

Les rapports de place entre groupes d'acteurs font aussi difficulté. D'une part, certains universitaires se demandent si les militants peuvent être considérés comme co-chercheurs. D'autre part, s'interrogent-ils, quelle est leur représentativité par rapport au milieu des très pauvres ? Question récurrente déjà posée au sein de Quart Monde – Université. Parmi les universitaires, les positions sont liées aux places qu'ils se donnent à différents moments : chercheurs, négociateurs ; certains ont du mal à gérer leur double appartenance (double allégeance ?) à l'Université et à une association de solidarité avec les très pauvres.

Pour les universitaires les relations entre animateurs des associations et militants ne sont pas claires. Un doute est plus particulièrement exprimé : « Quelle est la place réelle des pauvres par rapport aux animateurs ? » Le « nous » fusionnel entre animateurs et militants ne cache-t-il pas une emprise de l'idéologie de l'association sur l'expérience des très pauvres ? Ils souhaiteraient donc que soient mieux identifiés les détenteurs des savoirs d'action et des savoirs d'expérience.

Au sein même du groupe des militants, des différences socio-économiques et de statut existent et sont susceptibles de modifier leur réflexion sur une question telle que le logement. Et de même des différences dans l'habitat.

Le conflit des représentations et les non-dits

Comme dans les co-formations, les représentations réciproques peuvent bloquer le dialogue et fausser le contenu des échanges. Certaines craintes sont quasiment symétriques : ainsi les chercheurs ont-ils peur d'une instrumentalisation de la parole scientifique tandis que les militants ont peur d'être utilisés comme objets de la recherche. Un certain nombre de non-dits des deux côtés traduisent l'appréhension d'une perte de maîtrise sur la conduite de la recherche. Les chercheurs professionnels souhaiteraient avoir un accès direct aux personnes sans l'association qui pour eux fait écran entre eux et les militants. Les militants craignent que leurs propos ne se retournent contre eux ou qu'on ne leur fasse dire ce qui n'est pas dans leur intention. Ils redoutent aussi d'être entraînés dans l'évocation de souvenirs trop douloureux.

Le conflit des logiques de recherche

Les chercheurs sont partagés entre deux postures contradictoires face aux représentants des associations :

– ou bien ils répondent à la pure logique de la recherche indépendamment des personnes qu'ils ont devant eux, dans ce cas ils cherchent à identifier les mécanismes qui engendrent des situations de pauvreté, que ces mécanismes soient liés aux politiques ou qu'ils le soient aux rapports et aux comportements sociaux. Dans ce dernier cas par exemple, certains chercheurs se demandent si les comportements des personnes ne sont pas en partie responsables de leur situation de pauvres.

La recherche utilise alors ses propres outils et se montre plus ou moins indifférente aux conséquences identitaires des résultats produits sur le groupe observé. Conception traditionnelle et durkheimienne[20] qui risque de conduire au conflit des interprétations avec les représentants des associations et les militants et pourrait miner le croisement des savoirs.

– ou bien le chercheur met à disposition du partenaire associatif ses propres outils afin que celui-ci puisse construire sa propre explication et en retour interpeller la sienne, auquel cas il peut être accusé de dépendance des logiques, voire de l'idéologie des associations. Le conflit est à la fois interne aux universitaires (entre eux et en chacun d'eux), et externe entre les représentants des deux parties.

Le conflit des logiques se manifeste notamment dans la nature de l'implication des uns et des autres par rapport à l'évaluation de droit au logement : les militants s'inscrivent dans une logique de la valeur et de l'engagement. D'une part, l'ordre des valeurs qu'ils soutiennent n'est pas nécessairement celui que pourrait avancer leur interlocuteur juriste. L'exemple qui est donné est celui de la violence institutionnelle comme violation des droits de l'homme. D'autre part, ce qui pour le

20. Émile Durkheim (1858-1917) est considéré comme le père de la sociologie : *« La première règle et la plus fondamentale est de considérer les faits sociaux comme des choses »*, *Les règles de la méthode sociologiques*, Paris, Flammarion, 1988, p. 108.

chercheur est hypothèse peut être postulat pour le militant. Au point que l'un des juristes demande si cette recherche n'a pas pour but « d'organiser l'insolvabilité des pauvres ? »

Accorder ces deux pôles de la coopération exige des qualités tant d'écoute que de discernement et de rigueur pour tenir les deux bouts sans les fusionner.

Le conflit des relations au temps

Le conflit apparaît également dans les relations des uns et des autres au temps : d'un côté des chercheurs qui veulent aboutir au résultat escompté, de l'autre des associations pour lesquelles il est plus important de respecter le rythme propre des personnes afin que celles-ci, faisant valoir la connaissance tirée de leur expérience, soient reconnues comme cochercheurs. En témoigne un propos cité par le rapport sur le point de vue des universitaires :

> « Ne peut-on penser que le véritable but de l'association – conscient ou non – résidait moins dans la production d'un travail scientifique que dans la reconnaissance de sa temporalité spécifique. L'association a rarement donné l'impression de se soucier de l'avancement concret des travaux mais il lui importait davantage d'imposer, en retour, sa temporalité au monde universitaire[21]. »

Conflit de légitimités ou conflit d'objectifs ?

Dans les deux cas il y a débat pour ne pas dire conflit entre reconnaissance (des militants) et connaissance (de l'objet de la recherche). Que nous révèle cette remarque de l'évaluateur de l'action ?

Au premier abord, une difficulté méthodologique traduit la disparité et l'inégalité des deux groupes de participants face à la production de savoir. Quelles que soient les différences entre chercheurs et les disparités méthodologiques, ils appartiennent tous à une culture universitaire et sont professionnels de la production et de la diffusion des savoirs.

La marche lente des associations est nécessaire pour aider les militants à construire leur pensée (passage d'une raison sensible à une raison expérientielle, voire à une raison formelle) avec des mots qui ne la trahissent pas, et pour accueillir et comprendre les propos des universitaires et faire le lien avec leur propre expérience.

De ce fait, il semble que nous assistions à un double processus, les deux positions de l'alternative ne se situant pas dans la même temporalité, selon les intérêts

21. Cf. *Rapport « Partenariat-Logement... »*, p. 25.

de connaissance des uns et des autres[22]. D'une part, une démarche que nous qualifierons d'instrumentale car elle doit produire un résultat concret dans un temps et selon un coût définis à l'avance. D'autre part, une quête que nous dirons émancipatrice et dont l'enjeu serait d'amener les militants de la lutte contre la pauvreté à l'autonomie d'une pensée autoréflexive et critique ainsi qu'à la reconnaissance de leur savoir.

Le processus est communicationnel, mais la communication est finalisée dans la pratique des participants dans un premier temps au moins dans deux directions différentes. Ces deux directions pourraient se renforcer mutuellement dans un second temps, mais ce temps n'a pas été envisagé dans cette opération.

Il en résulte que la recherche s'est achevée sans écrit, « finalité cependant du travail universitaire » comme le mentionne le rédacteur du rapport[23].

Un partenariat durable est-il possible ?

Quels sont les fruits attendus tant pour l'Université que pour la lutte contre la pauvreté d'un tel partenariat associant des personnes en situation de pauvreté, des militants engagés dans la lutte contre la misère et des universitaires ?

On pourrait parler de dialogue ou de recherche improbable compte tenu de la disparité entre les partenaires. La position dominante est tenue par les universitaires. La formation et la recherche sont leur métier. Ils possèdent le capital de savoirs et le capital social. Peut-on réellement espérer une réciprocité dans l'échange ? Et si l'on souhaite aller au-delà d'expérimentations sans lendemain ou d'actions phare mais isolées, quelles sont les conditions pour fonder un partenariat durable entre les milieux de la pauvreté et les milieux universitaires ?

De ce qui précède nous tirerons quelques réflexions sur ces questions.

Les conditions d'un partenariat durable

Avant d'en examiner les effets, il faut tout d'abord poser les conditions d'un partenariat durable entre ces deux milieux.

22. Nous nous référons ici aux trois intérêts de connaissance analysés par Jürgen Habermas dans *La théorie de l'Agir communicationnel*, *op. cit.*

23. Cf. *Rapport « Partenariat-Logement... »*, p. 25.

L'élaboration d'une pensée collective issue des milieux pauvres

La première condition tient à l'élaboration d'une pensée collective issue des milieux pauvres. Cette pensée collective est le fruit de médiations complexes qui trouvent notamment, à l'intérieur du Mouvement ATD Quart Monde, leur matrice dans les Universités Populaires Quart Monde, mais aussi dans les nombreuses actions de représentation qui en sont le prolongement et l'expression. Il est difficile de concevoir un partenariat des représentants des milieux les plus précarisés avec les universitaires ou les professionnels sans ces instances qui sont aussi bien des lieux de formation que de construction de cette pensée à partir de l'expérience des gens. Il y a donc une double dimension formative préalable à la rencontre de l'Université : une formation personnelle au sein d'un collectif et une formation collective à laquelle s'adosse la formation personnelle.

La reconnaissance mutuelle avant la connaissance

La seconde condition de la mise en œuvre du partenariat est l'ouverture préalable et inconditionnelle de la reconnaissance mutuelle. On inverse ici l'ordre des valeurs. À l'Université, comme dans notre société, la reconnaissance est la sanction de la réussite. Il faut faire ses preuves pour être reconnu. La connaissance précède la reconnaissance. Dans la mise en relation des représentants de l'Université et des milieux pauvres il ne peut y avoir dialogue sans que la reconnaissance ne soit en premier lieu offerte comme une promesse d'alliance.

Pour être restauré dans ce qui constitue l'estime de soi[24], il faut être reconnu par l'autre non dans le statut de « pauvre » relevant de l'assistance mais comme une personne qui lutte pour faire reconnaître ses droits, un combattant de la misère, un résistant de l'ombre, mon compagnon en humanité.

Paradoxalement, compte tenu de la distance qui me sépare de l'autre, les premiers contacts qui se nouent ne peuvent l'être que sur la base d'une expérience commune, ne serait-ce que la démarche que je fais en venant, les sentiments ou les valeurs qui m'animent en rencontrant l'autre pour mener à bien une tâche. Mais le début du programme apportera d'autres occasions de rencontre au niveau des vies personnelles ou familiales.

Car l'universitaire lui aussi doit d'abord être reconnu comme personne et non comme universitaire pour que la glace des positions sociales fonde quelque peu. Les rôles que nous occupons et les statuts qui nous sont donnés divisent. Le souvenir et l'évocation d'expériences semblables nous rendent plus proches. Aussitôt

24. Nous écrivons ce terme en nous référant à Axel Honneth, *La lutte pour la reconnaissance*, Paris, Le Cerf, 2000.

la conscience prise de ce qui nous rapproche, chacun exprime la manière singulière dont il a vécu ou vit l'expérience. Pour nouer des relations d'intersubjectivité il faut que nous éprouvions notre « être-ensemble ».

Le « nous » ainsi découvert dans de libres échanges, sans fusion ni confusion, permet de se reconnaître comme « je » et « tu » dans l'intersubjectivité et non comme le « il », celui dont on parle hors de la rencontre.

De la reconnaissance à la confiance il y a cependant du chemin à parcourir. La confiance ne peut qu'être une méfiance surmontée, compte tenu des multiples causes de désaccord (au sens d'être désaccordés ou non accordés). Néanmoins, si l'on suit les distinctions du philosophe Honneth, le processus de coopération pourrait permettre de passer de l'estime sociale à la sollicitude personnelle (ou interpersonnelle) et donc de l'estime de soi à la confiance en soi que confèrent des relations d'amitié et pas seulement de travail[25]. Ce passage demeure cependant aléatoire dans la réalité des relations sociales.

Dans l'ouvrage *Le croisement des savoirs*, nous avons sans doute trop insisté sur la séparation des trois pôles de l'action, de l'expérience et de la science. Chacun de nous est potentiellement porteur de ces trois savoirs à travers son histoire de vie[26]. L'universitaire est un homme ou une femme qui a vécu des expériences heureuses et malheureuses. Le très pauvre a pensé sa vie (sauf dégradation physique et psychique grave). En s'ouvrant à la pensée de l'expérience chez l'autre c'est sa propre expérience de vie que l'on explore. En échangeant des savoirs on communique son existence. En fécondant mutuellement ses savoirs on se trans-forme et on transforme sa relation à l'autre. On entrecroise le dialogue avec l'autre et le dialogue avec soi-même. P. Galvani[27] écrit : « L'alternance des savoirs est un croisement dialogique où les savoirs d'action, d'expérience et les savoirs théoriques s'interrogent mutuellement[28]. »

Il n'en reste pas moins que dans le cadre du croisement des savoirs on est sollicité d'occuper la position de l'un des trois savoirs.

La parité entre co-chercheurs

La dernière condition à la mise en place du partenariat entre personnes subissant la pauvreté et universitaires réside dans l'établissement d'une parité entre les cochercheurs en tenant compte de la dissymétrie de leurs positions.

25. Axel Honneth, *op. cit.*, p. 159.

26. René Barbier en ajoute un quatrième qui est : les savoirs spirituels.

27. Universitaire et ancien membre des équipes pédagogiques du *Croisement des savoirs et des pratiques*.

28. Pascal Galvani, *op. cit*, p. 43.

Les interlocuteurs sont dans des relations de pouvoir dissymétriques. Les universitaires ont reconnu leurs interlocuteurs comme des partenaires potentiels mais dans un cadre méthodologique et des objectifs de recherche fixés par eux. Or ils découvrent que ce n'est pas possible pour les raisons mentionnées dans le développement précédent sauf à les considérer à nouveau comme des informateurs.

C'est pourquoi dans les deux recherches que nous avons mentionnées sur les indicateurs de pauvreté et le logement, les chercheurs reconnaissent non seulement qu'ils ont dû modifier leurs façons de faire mais encore que le pouvoir de la conduite de l'action leur a de fait échappé. Ils ont opéré un décentrement vers leur partenaire.

Un texte de l'Observatoire bruxellois de la santé et du social pointe ce retournement de situation :

> « Alors que demander aux partenaires en position de pouvoir ? Que d'une part, ils acceptent d'entamer un véritable dialogue avec les partenaires sans pouvoir, mais que d'autre part, ils consentent à ce que les partenaires sans pouvoir aient la possibilité d'exercer une stratégie de coopération conflictuelle. Une telle stratégie implique fatalement des temps de négociation. Cette double demande aux nantis peut paraître exorbitante : se mettre en état de dialogue avec les plus démunis, et, dans le même mouvement, leur reconnaître le droit, via les groupes communautaires, de négocier véritablement. Dans le cas contraire, le projet perd de sa crédibilité[29]. »

Cette négociation n'est pas seulement un acte préalable au démarrage de l'action. Elle est constitutive de la construction progressive des savoirs mutualisés. Elle en est même sans doute la dynamique sous-jacente : négociation des objectifs et de leur réévaluation en cours de route, des méthodologies, de l'alternance entre mises en présence et retrait du groupe associatif, des langages, du passage à l'écriture, etc.

La négociation comme stratégie de coopération semble d'autant plus nécessaire qu'elle met l'accent sur la nécessaire vigilance de la partie associative à l'égard de la tendance des chercheurs à revenir aux procédures classiques qui constituent leur culture de base. Par ailleurs, elle maintient un rapport identitaire de parité dissymétrique : les chercheurs ont certes les clefs de la validation de la recherche, mais les représentants du milieu de la pauvreté déterminent la temporalité du travail et les conditions de leur reconnaissance comme acteurs au sens plein de la recherche et représentants des intérêts de leur milieu.

29. « Évaluation de la participation des personnes vivant dans la pauvreté au rapport bruxellois sur l'état de la pauvreté », Observatoire de la santé et du social, Bruxelles, mai 2005, p. 13.

Les effets attendus du partenariat Université et représentants des milieux de pauvreté

Une fois posées les conditions d'un partenariat durable entre les universitaires et les représentants des milieux de la pauvreté, il est possible d'en examiner les effets: la question est de savoir ce que peuvent apporter les personnes très pauvres à la formation des étudiants et aux enseignants chercheurs dans les universités, compte tenu du système universitaire, au-delà d'un appel à s'engager dans la lutte contre la grande pauvreté à travers le témoignage. Et à quelles conditions?

Les militants du Mouvement ATD Quart Monde et d'autres organisations détiennent des savoirs qui ne sont pas réductibles à la seule communication de l'expérience. Certes, le récit d'expérience est un vecteur d'information, de motivation, d'émotion qui, par le canal du témoignage peut contribuer à la formation en contrepoint du cours de l'enseignant. On a vu qu'il avait été utilisé par des universitaires de Quart Monde-Université en criminologie, en droit, en sciences de l'éducation.

Mais à un degré d'élaboration supérieur, la « raison expérientielle » des militants de la lutte contre la misère interpelle les modèles en cours dans les disciplines universitaires notamment sur quatre points.

L'introduction du paradigme de la pauvreté

Le paradigme de la pauvreté c'est reconsidérer toute chose à partir de la faiblesse humaine, le très pauvre, la personne handicapée, l'étranger, l'exclu sous toutes ses formes. Montrer comment « regarder le monde par en bas » selon l'expression de J. Wresinski entraîne un recadrage de toutes nos disciplines et relie les savoirs à l'action transformatrice.

La transversalité dans l'approche des questions de pauvreté

On a vu que les savoirs de l'expérience sont transversaux aux disciplines. S'il est aujourd'hui si difficile de mettre en œuvre l'indissociabilité des droits c'est en raison non seulement du cloisonnement des administrations mais aussi du cloisonnement des disciplines. Montrer cette indissociabilité dans une intervention disciplinaire conduirait sans doute à poser les questions autrement.

Le déplacement des questions et des problématiques

Nous l'avons évoqué à propos des indicateurs de pauvreté. Nombre de représentations altèrent la manière dont les questions sont posées. L'approche est souvent quantitative. L'importance de la pauvreté monétaire est surévaluée par rapport à la question de la dignité et du lien social. L'expérience de Quart Monde-Université illustre le déplacement des questions initiales posées par les universitaires.

La mise en question de l'exclusivité des critères de l'objectivité et de validité

Nous avons noté sans la développer la question de l'implication du chercheur face à son objet de recherche lui-même complexe. Ce qui pose la question des critères de validité dans la prétention à l'objectivité de la connaissance.

P. Fontaine, universitaire participant au programme Quart Monde-Université, a écrit sur la bi-ocularité dans l'interprétation des données au travers des lunettes du chercheur et celle de l'acteur social. Cette expression désigne deux types de validité auxquelles nous ajouterons une troisième en nous référant aux distinctions opérées par Habermas [30] :

– La *prétention à l'objectivité* qui vérifie que la description correspond bien à la chose décrite. Ce critère exige une distance du chercheur à son objet qui considère toute « implication » contraire à l'objectivité.

– La *prétention à la justesse* qui s'interroge sur la correspondance de l'énoncé par rapport au contexte et à la norme sociale. Ici l'immersion du chercheur dans le milieu peut permettre une compréhension de l'intérieur. L'exemple en est fourni par l'École de Chicago.

– À ces deux « lunettes », on pourrait ajouter *la prétention à l'authenticité* qui concerne la sincérité du sujet. La distance réflexive du chercheur lui permet de critiquer ses propres préjugés et d'intégrer les effets de son implication dans sa recherche.

À chacun de ces critères correspondent des méthodologies adaptées. Dans leur questionnement, les représentants des milieux de la pauvreté obligent les universitaires, étudiants et chercheurs à s'interroger sur la concordance de leurs méthodes aux thèmes de recherche et aux publics concernés en relation avec les critères de validité.

Dernier apport mais non le moindre : *le sens de la recherche ou de la formation.* P. Freire [31] nous interpelle sur la finalité des savoirs. La formation comme la

30. Jürgen Habermas, *op. cit.*

31. Paulo Freire, *La pédagogie des opprimés*, Paris, La Découverte, (1974) 2001.

recherche peuvent être motivées par un intérêt « bancaire », la capitalisation (on discute sans fin des thèses qui ont précédé votre recherche sans autre profit que d'accumuler des savoirs) et c'est la même chose pour la formation ; ou bien par un intérêt « émancipatoire » à la fois pour les personnes et pour la collectivité. Les réponses peuvent n'être pas aussi tranchées que la question le laisse supposer, mais l'intention peut pencher de l'un ou l'autre côté. À quoi bon mener des recherches sur la pauvreté si ce n'est pour l'éradiquer ? Les sociologues se plaignent que leurs études ne soient pas prises en compte par les politiques ou les acteurs engagés dans l'action. Le croisement des savoirs en reliant recherche-action-formation établit un pont entre ces trois domaines en prenant le risque d'un dialogue critique avec les tenants de chacun d'eux.

Conclusion

Dans la postface du rapport sur le « Partenariat-Logement », la recherche menée sous l'égide de l'université de Namur, le rédacteur d'Interfaces, l'organisme choisi pour évaluer la recherche sur le logement posait la question suivante : « Qui doit en définitive avoir le dernier mot lorsqu'il s'agit de comprendre et d'expliquer scientifiquement les actions humaines [1] ? » Cette réflexion renvoie au processus de négociation des objectifs de la recherche. Car la tension demeure : la visée relève-t-elle de l'action politico-sociale, de la volonté de changer « l'ordre des choses » ou de la production de connaissances ? Aucun des deux objectifs ne s'oppose au croisement des savoirs ni à la rigueur de la recherche. Mais il faut rester conscient de cette tension pour en évaluer les effets sur la conduite et le résultat de l'opération.

Cette question reflète le débat sur le positionnement de l'Université. N'est-ce pas Kant qui a écrit que l'homme qui veut avoir les mains entièrement pures se prive de mains ? Entre une science « impure » aux yeux de certains pour sa compromission avec les acteurs sociaux à travers l'implication des chercheurs et une science agissante dans le monde pour le transformer, le débat initié par Marx ne cesse de nous habiter.

Le croisement des savoirs, matérialisé par les traits d'union qui relient recherche, action, et formation, inscrit l'Université dans son projet comme acteur de premier rang dans la lutte pour l'éradication de toute forme de pauvreté ou d'aliénation.

1. *Rapport « Partenariat-Logement... »*, p. 86.

Troisième partie

LE CROISEMENT DES SAVOIRS AU SEIN DU MOUVEMENT ATD QUART MONDE

Introduction

Bien souvent le concept de partage du savoir est entendu comme une mise à disposition de connaissances scolaires, académiques, scientifiques au service de populations considérées comme « ignorantes ». Dès les origines du Mouvement ATD Quart Monde, son fondateur Joseph Wresinski a mis en lumière le savoir détenu par les personnes en situation de pauvreté. Les Universités populaires Quart Monde[1] sont la mise en pratique la plus significative de cette reconnaissance. La dynamique du croisement des savoirs s'est greffée sur cette longue histoire.

Nous présenterons dans cette partie deux actions : La formation commune « Apprendre à penser et à agir ensemble » et l'écriture collective d'un texte fondateur. Ces actions sont pensées et animées selon les méthodes expérimentées dans les programmes initiaux de croisement des savoirs et des pratiques, et des actions issues de cette démarche.

1. Françoise Ferrand, *Et vous que pensez-vous ? L'Université Populaire Quart Monde*, Éditions Quart Monde, 1996.

Chapitre 1

UNE FORMATION COMMUNE POUR « APPRENDRE À PENSER ET AGIR ENSEMBLE »

Au sein du Mouvement ATD Quart Monde, les différents milieux sociaux, professionnels cohabitent. Un grand investissement humain a été fourni dès les débuts du Mouvement, initié par le fondateur, pour que toute personne désirant se joindre au combat contre la misère, se forme à la connaissance du milieu de la pauvreté. Tout au long des années, de nombreux moyens ont été mis en place pour que cette connaissance s'élabore, se transmette, s'actualise : écrits quotidiens par les volontaires-permanents*, carnets de bord des alliés*, bureau d'études, Institut de recherche, monographies, sessions de formation...

Le but du programme Quart Monde-Université était de faire connaître et reconnaître par la communauté scientifique la connaissance que portent les personnes en situation de précarité. Cette connaissance croisée avec celle élaborée par des universitaires et des volontaires-permanents bâtit une connaissance plurielle donc plus complète. Dans le programme Quart Monde Partenaire, la reconnaissance du savoir d'action des personnes en situation de pauvreté par des professionnels de l'intervention sociale et leurs institutions, ainsi que le croisement des différentes pratiques d'action des personnes et des professionnels, modifiaient le rapport de places généralement occupées par les uns et les autres.

Dans ces programmes, tous les participants avaient le statut de cochercheurs. L'apport d'une nouvelle source de connaissances, celle des personnes vivant la pauvreté, fut estimée riche, indispensable et parfois dérangeante, car elle obligeait les autres acteurs à un nouveau positionnement. Des conditions avaient été mises en place pour que soient possibles le croisement des différentes sources de connaissances, notamment en ce qui concerne l'autonomie de chaque groupe d'acteurs (groupe d'universitaires, groupe de volontaires-permanents, groupe de professionnels, groupe de militants) et la liberté de pensée, d'expression de chacun au sein de ces groupes.

C'est fort de cette expérimentation et de l'innovation qu'elle comportait, que des membres du Mouvement ATD Quart Monde en Belgique ont cherché à la fois la manière de vivre ce croisement au sein même du Mouvement et les moyens à mettre en œuvre pour mieux travailler ensemble entre personnes venant d'horizons sociaux, culturels, professionnels si divers.

Le premier cycle de formation commune s'adressa donc aux membres du Mouvement ATD Quart Monde en Belgique francophone et flamande en 2000. L'objectif était de découvrir par l'expérimentation les conditions pour que chacun puisse librement bâtir sa pensée avec ses propres mots, être compris par les autres et comprendre les autres, pour pouvoir ensuite mieux agir ensemble. Trois samedis ont été nécessaires pour cela avec les mêmes participants, selon une progression voulue lente et rigoureuse par l'équipe d'animation formée à la démarche du croisement des savoirs. Soixante-quinze personnes ont suivi le premier cycle de formation commune en Belgique, un groupe était animé en flamand, trois autres groupes en français.

Deux autres cycles ont suivi en Belgique, puis dans différentes régions françaises : Normandie, Nord, Rhône-Alpes, Lorraine, Île-de-France, Alsace, Bretagne. Nous reprenons ici l'un de ces cycles de formation, vécu en 2007.

Les 31 participants (11 militants, 17 alliés, 3 volontaires) sont répartis en deux groupes géographiques où ils retrouvent donc des personnes de leur ville. Ces groupes resteront identiques durant les trois samedis. Ils sont animés par deux formateurs du Mouvement extérieurs à la région.

1re journée : *« S'exprimer, écouter les autres »*

L'objectif de cette première journée est d'oser affirmer son unicité, sa spécificité, de découvrir sa différence. La démarche semble contraire à celle fondée sur l'attention à la parole de l'autre fréquemment utilisée. Ici, les formateurs disent et répètent : chaque participant s'occupe de lui-même, chacun travaille pour soi, vous ne vous occupez pas de votre voisin !

Il s'agit au cours de cette première journée de commencer à expérimenter l'entière liberté d'expression, dans le sens où chacun reste maître de son expression, de ses hésitations, de ses silences. Personne ne viendra interrompre une phrase hésitante, personne ne mettra ses propres mots disant à propos d'une autre personne : « Je la connais, je sais ce qu'elle veut dire... », personne ne questionnera pour en savoir plus.

La méthode choisie consiste à amener chacun à exprimer ce qu'il veut dire de lui aux autres par la réalisation d'un blason [1] personnel : chacun écrit un souhait ou un rêve qu'il voudrait réaliser dans son existence, il dessine ensuite ce qui lui tient le plus à cœur dans sa vie aujourd'hui et qu'il a envie de faire connaître aux autres. Chacun présente son blason aux autres, sans être questionné, puis dit ce qu'il retient du blason de quelqu'un d'autre et pourquoi cela fait écho chez lui. Puis, chacun écrit les représentations qu'il a des mots « bonheur » et « malheur ». Il s'agit de prendre conscience que bien des malentendus, des difficultés de communication viennent du fait que les mots n'ont pas les mêmes résonances, pas la même signification selon l'expérience de vie que l'on a.

En fin de journée, un temps d'évaluation se fait en deux groupes d'acteurs (un groupe de militants, un groupe d'alliés et volontaires permanents) avec la question : au cours de cette journée, qu'est-ce que j'ai appris, découvert, redécouvert sur moi-même ? Sur les autres ?

Les points qui ressortent de l'évaluation concernent trois domaines : la découverte de soi, la découverte des autres, la méthode utilisée pour cette formation. La découverte de soi a été vécue par l'écriture du rêve et le dessin. Plusieurs disent avoir été étonnés d'avoir à parler d'eux-mêmes et s'être surpris eux-mêmes. Les deux groupes sont assez proches sur ce point d'évaluation.

Des membres du groupe des alliés, volontaires, s'expriment ainsi :

> « J'ai appris à m'écouter moi. On oublie parfois de s'écouter soi-même pour savoir où on en est », « C'est difficile d'accepter de se dire et de se découvrir soi-même mais ça fait du bien ! », « Ça m'a plu de chercher en moi, de creuser, j'ai trouvé ce qui était le plus important, parce qu'il y a plein de choses qui me sont venues, mais qu'est-ce qui est le plus important ? Cette recherche m'a permis de mettre à jour des choses intimes et de bien les voir. C'est utile », « C'est rare qu'on dise nos rêves. »

Ces constats rejoignent ceux du groupe des militants :

> « Aujourd'hui j'ai appris à me connaître moi-même. J'en suis même surpris. Je ne pensais pas écrire ce que j'ai écrit, c'est venu tout seul », « Par rapport aux mots que j'ai marqués, je croyais jamais que je pouvais marquer une chose comme ça. Vu que je suis assez timide, j'ai osé, je n'ai pas eu le choix d'ailleurs, de parler de mes rêves et le dessin », « J'ai été étonnée parce que j'ai exprimé quelque chose de sincère, je me suis sentie capable de dessiner et j'ai pu montrer une partie de mes préoccupations, j'ai pu les dire, et j'ai trouvé du plaisir. »

1. *Le croisement des savoirs*, *op. cit.*, pp. 21-22.

Deux points reviennent dans les évaluations qui ont à voir avec une meilleure connaissance des autres et de l'autre. Des mots utilisés couramment peuvent avoir des sens différents selon le vécu et l'expérience. Par exemple, des militants reviennent sur certains mots employés par des alliés ou volontaires qu'ils n'ont pas compris, comme les mots « plénitude » ou « accomplissement » à propos du bonheur. « Ces mots qui ne font pas partie de notre vie. », « Ça me fait penser à plein de tristesse », « Ou le ventre vide, le ventre plein »... De même les mots « sérénité », « insouciant », « harmonie », donnent lieu à des contresens. L'ambiguïté du mot « justice » est soulignée. Pour les personnes en situation de précarité, ce mot est directement lié au tribunal, aux procès, à l'institution de la Justice.

De leurs côtés, les alliés et les volontaires prennent conscience que bien souvent les mots employés par les militants sont plus concrets que les leurs :

> « On recherche des grands mots, et quand je lisais : "santé", "maison", je n'y pensais même pas, ce n'était pas un souci. Ce sont ces choses qui font défaut à certains et qu'on ne prend pas suffisamment en compte quand on les a », « Les mots "chance" et "pas de chance" sont souvent revenus chez les militants pour le bonheur et le malheur, c'est dur de se dire que le bonheur c'est une question de chance dans la vie. »

Le premier point est la découverte que chacun est porteur de ses propres difficultés. L'étonnement des militants a été grande d'entendre pour la première fois certains alliés ou volontaires parler de leurs propres soucis familiaux ou professionnels.

> « Ce sont des préoccupation fortes, les partager avec nous, cela demande beaucoup d'humilité, de simplicité. Souvent on croit que les gens qui ne viennent pas de la misère, ils n'ont pas de soucis. Ils ne nous montrent pas leurs soucis. Et nous on croit toujours qu'on est les plus malheureux. »

La méthode utilisée pour cette formation a surpris. Même si elle a été annoncée en début de journée, la vivre est autre chose.

Plusieurs ont souligné l'importance que tous les participants aient eu exactement le même travail à faire au cours de la journée, à savoir, la réalisation de son blason et la présentation aux autres : « J'ai osé parce qu'autour de la table on a tous fait pareil. Cela m'a mis en confiance. » Le temps de silence laissé systématiquement pour la réflexion personnelle avant tout échange en groupe a été apprécié : « J'ai senti que c'était fort qu'on ait eu ce temps-là pour trouver sa propre parole. On a pris le temps d'avoir une parole authentique personnelle. On ne s'est pas précipités. »

L'autre point qui peut sembler *a priori* contradictoire est remarqué par le groupe d'évaluation des alliés : la rigueur de la démarche et la liberté d'expression. « La consigne était de s'exprimer sans contrainte mais les consignes étaient précises. On nous disait : stop, on s'égare ! C'était très contraignant dans la forme et c'est peut-être ça qui donnait cette liberté. »

L'expérience de pouvoir s'exprimer librement est particulièrement appréciée dans ce groupe par plusieurs personnes, notamment par le fait que l'on ne réagit pas les uns sur les autres, l'objectif étant de s'écouter, de découvrir la spécificité de chacun :

« Une chose qui était nouvelle pour moi et que j'ai appréciée, c'est que la parole était cadrée, on ne devait pas poser de questions, pas réagir, il y avait des règles. Moi ça m'a fait du bien. Dans le groupe dont je fais partie (groupe d'action au sein du Mouvement ATD), quelqu'un parle beaucoup et personne ne l'arrête. Des fois ça m'oppresse cette parole qui devient trop présente et qui en éteint d'autres. Ici pour une fois il y avait des règles, un cadre. J'ai trouvé intéressant de mettre ces nouvelles règles. Je suis curieuse de voir la suite... », « J'ai osé dévoiler mes convictions à travers un dessin, sans devoir craindre les réactions des autres, sans me soucier de leurs jugements de valeur », « Je me suis aperçue que les gens étaient tous différents mais qu'on pouvait réfléchir tous en groupe sans qu'il y ait des prises de tête. »

2e journée : *« Avoir une idée... la développer... apprendre de l'autre... »*

L'objectif de la seconde journée, dans le prolongement de la précédente, est que chacun puisse exprimer une idée en la développant avec ses propres phrases, ses propres mots, puis de vérifier s'il a été entendu et compris par les autres mais réciproquement, s'il a su écouter et comprendre les autres. Dans un second temps il est demandé de prendre appui sur une idée émise par quelqu'un d'autre pour entrer en dialogue avec lui.

La méthode choisie est celle du photo-langage. Un nombre important de photos très diverses sont étalées sur la table, chacun prend le temps d'en choisir une à partir de laquelle il pourra exprimer une idée en un temps limité de deux minutes. Cette parole est enregistrée. Le groupe réécoute l'enregistrement après avoir essayé de redire par lui-même ce qu'il a retenu de ce qui a été dit. Cet exercice nécessite une attention maximale d'autant plus que la consigne indique que personne ne prend de notes pendant que quelqu'un parle. On se regarde, on s'écoute, puis on choisit d'entrer en dialogue avec quelqu'un.

L'évaluation en fin de journée est faite en groupes d'acteurs (un groupe militants, un groupe alliés-volontaires). Deux questions sont posées : Qu'est-ce que j'ai appris sur moi ? Qu'est-ce que j'ai appris des autres ?

Connaissance de soi. Pour plusieurs participants, se réécouter au magnétophone était une première expérience. « La voix que l'on entend, ce n'est pas forcément la nôtre », dit une participante. Et un autre renchérit : « J'ai été très surpris ce matin d'entendre ma voix qui ne correspond pas à mon image que je me fais ». Est-ce à dire que cette journée a pu être déstabilisante pour certains ?

De fait, plusieurs disent que les exercices proposés ont mis en exergue un trait de leur caractère qu'ils connaissaient mais qu'ils essayaient parfois de maîtriser dans leurs relations aux autres. « C'était un peu dur de me voir dans le miroir aujourd'hui », résume une participante, « Je suis épuisée » répond une autre. « J'ai appris aujourd'hui d'une alliée qu'elle a choisi ma photo pour me dire que c'était pour elle un prétexte pour oser me parler parce qu'elle n'a jamais osé me parler. Je pensais qu'elle ne s'intéressait pas à moi. Que je faisais peur, je ne savais pas. »

La connaissance de soi passe pour certains par la prise en compte de leur propre émotion. « Je m'étais dit que j'allais prendre une photo facile, un paysage, finalement j'ai été attirée par la photo d'un camp de réfugiés, des gamins et une dame avec la main tendue. Après je me suis dit : j'ai plein de choses à dire mais je vais le dire positivement. Malheureusement j'ai craqué, parce que la nostalgie, l'émotion a pris le dessus. Je pensais que ça m'avait passé, j'ai quand même un certain âge. Je crois que c'est parce que j'avais confiance en tout le monde. Il y a toute ton histoire qui te réapparaît, même si tu veux positiver. D'habitude je n'arrive pas à parler, là j'arrivais à parler mais j'ai été envahie par mes émotions. »

L'émotion ressentie comme une difficulté à l'expression sur un sujet qui touche particulièrement même s'il est volontairement choisi, est parfois vécue comme un obstacle, une appréhension incontrôlable : « Tant que je n'ai pas parlé, je pense à ce que je vais dire. Pour moi c'est terrible. Plus ça approche, plus j'ai le cœur qui bat. J'ai mon idée mais je m'interroge surtout sur comment je vais le dire. »

Le principal apprentissage de la journée concernait **l'écoute**. Écouter attentivement celui qui parle pendant deux minutes afin de pouvoir restituer ensuite ses propos. Si les militants ne s'attardent pas pendant l'évaluation sur cet apprentissage, mettant davantage l'accent sur ce qu'ils ont appris des autres, l'exercice d'écoute a été jugé très surprenant, souvent difficile et riche d'enseignements personnels par nombre d'alliés et volontaires.

La difficulté majeure exprimée réside dans le fait de ne pas se laisser envahir par ses propres pensées, ses propres images et souvenirs et donc de ne plus être disponible à l'écoute de l'autre. Les mots entendus engendrent des idées personnelles entraînant l'imagination.

« Je me suis rendue compte que pour écouter je n'étais pas rigoureuse du tout, j'en restais plutôt à des impressions et je me coupais de ce qui était dit, après je revenais à ce qui avait été dit mais il y avait des choses que je n'avais pas entendues », « Ce qui m'a le plus choquée, c'est que je suis passée complètement à côté de mots clefs très importants dans le récit d'une personne, ça m'interpelle beaucoup ».

Une autre participante précise :

« Je raccroche quelque chose à ce qui est dit. C'est ce moi qui revient plutôt que d'être attentive et disponible à l'autre et de prendre en considération sa présence. Quand il y a des choses qui font résonance en nous, on n'écoute plus l'autre, on s'écoute soi. »

L'écoute est aussi sélective selon l'intérêt porté au sujet traité, la manière d'en parler.

Est réelle aussi la difficulté de ne pas interpréter ce qui a été dit, de respecter les mots prononcés sans proposer ses propres mots que l'on trouve équivalents ou parfois meilleurs mais qui déforment parfois, ou qui souvent vont au-delà de l'idée énoncée, dépossédant celui qui a parlé de son propre cheminement.

« J'ai découvert que quand j'écoute parler, j'interprète tout de suite au lieu de laisser ce temps de réelle écoute. Je mets tout de suite mes propres mots sur les mots que j'entends pour essayer de comprendre sans doute, mais pour interpréter aussi. »

Cette journée a-t-elle permis une meilleure **connaissance des autres**? Pour les militants, la connaissance des autres est passée par des photos, des idées où un vécu qui leur est familier, qui s'est exprimé soit par rapport à la famille, l'enfance, soit par le passé de misère, la vie dans une cité... Mais ils ont aussi retenu avec précision l'attention portée à des sujets qui ne leur étaient pas habituels mais qui ont résonné en eux : enfants autistes, la découverte de la vie en Inde, le souhait d'un voyage dans le désert... L'un d'eux explique :

« J'ai bien aimé la personne qui veut faire un voyage dans le désert, par rapport à sa croyance, comme ça elle pourra laisser son fardeau et se retrouver vraiment spirituellement avec Dieu et se retrouver à l'essentiel. J'ai trouvé ça important parce que moi j'ai un gros fardeau derrière moi et c'est pour ça que je n'avance pas par rapport à plein de situations. Je crois qu'il faut un temps où on peut laisser de côté ce fardeau qui nous empêche d'avancer, toujours se faire du souci, du mauvais sang et tout, revenir à l'essentiel, la nature, peut-être Dieu, la spiritualité. »

Les alliés et volontaires sont étonnés de découvrir autrement des personnes avec qui ils cheminent quotidiennement : « J'ai fait connaissance des personnes autrement, des personnes qui paraissent fortes, qui sont fragiles et des personnes qui paraissent fragiles qui sont fortes. » Parfois aussi des façons de s'exprimer les déconcertent :

« Je me dis que la logique de l'expression n'est peut-être pas comme la mienne mais il y a tellement de choses fortes qui sortent de cette façon-là, comme un florilège de couleurs qui servent l'idée qu'il voulait exprimer. Je ne le sentais pas comme décousu mais comme quelque chose d'inhabituel qui a beaucoup de forces par rapport à quelque chose qui peut être plus raisonné, construit. Qu'est-ce que je fais moi avec cette façon différente ? Quand je peux la recevoir, c'est super, et des fois je n'y arrive pas. »

En créant les conditions d'une grande liberté d'expression et d'écoute réciproque, le rapport des places occupées change. Cette observation confirme celle observée lors des co-formations qui mettent en interactions professionnels et personnes en situation de précarité, non plus dans une relation de dépendance d'usagers face à leurs intervenants sociaux, ou lors des recherches avec les universitaires, dans une relation de professeur à étudiant, mais de personnes qui se rencontrent au-delà de leurs statuts socioprofessionnels parce qu'elles ont un projet commun. « C'est la première fois dans le cadre d'ATD Quart Monde où j'arrive vraiment avec ma vie, ce que je porte, et je le partage. Habituellement c'est plutôt les militants qui parlent de leur vie et nous on est là pour écouter. Là on se parle vraiment tous d'égal à égal, et je trouve que ça c'est très chouette » dit une alliée.

Même si les conditions de cette formation commune veulent donner les moyens de cette égalité, elle reste à être gagnée et vécue par chacun des participants. Les places respectivement occupées depuis longtemps sont solidement ancrées et le cheminement est lent pour oser entrevoir un changement, comme en témoigne ce dialogue d'évaluation avec les militants.

Chantal[2] : J'ai appris que Béatrice, pendant longtemps, était comme moi, elle avait peur. J'ai ce problème-là, je ne sais pas comment faire.

La formatrice : Quand vous étiez en dialogue avec elle, vous ne lui avez pas posé de questions pour savoir comment elle s'en est sortie ?

Chantal : Non. Comment poser une question comme ça surtout à Béatrice ? C'est une femme que je trouve bien, intelligente, qui fait beaucoup de choses, qui connaît beaucoup de choses, je ne peux pas lui demander.

La formatrice : Pourquoi ?

Chantal. : Pour moi, elle est plus grande que moi. Je ne voulais pas le dire, mais vous me dites : dis pourquoi, dis pourquoi !

Nadia : Moi dans le groupe école ou à mon travail, dès qu'il y a la hiérarchie, je me sens toujours inférieure.

Michelle : Il n'y a pas de supérieur, il n'y a pas d'inférieur, on est tous des êtres humains.

Comme lors de la première journée, la méthode a été vécue comme contraignante, notamment les deux minutes imposées pour la parole de chacun. Personne ne déroge à ce temps, l'expérience est identique pour chacun mais le vécu est bien sûr différent. Parler pendant deux minutes, cela semble tellement court pour certains mais interminablement long pour d'autres. Deux minutes de monologue pour développer une idée, enchaîner des phrases en y donnant un sens compréhensible pour les autres, c'est un dur exercice pour beaucoup même si les difficultés sont de nature différente (expression, écoute, compréhension). Personne ne peut dire en fin de journée : c'était facile pour moi. « La communication pour moi c'est un travail, un apprentissage. Je crois que ce n'est pas évident. Les techniques qu'on a utilisées, je pense que c'est pour prendre conscience de tout ça et je pense que c'est absolument fondamental. »

2. Par souci de discrétion, les prénoms ont été modifiés.

Nous ne saurions prétendre qu'une ou deux journées de formation permettent un réel apprentissage, mais c'est le début d'une prise de conscience. Par exemple à propos de l'étape proposée au cours de la journée qui consiste à entrer en dialogue avec quelqu'un, un temps a été pris pour comprendre dans quel type de dialogue les deux personnes se sont installées : interview, monologue, dialogue de sourds, dialogue « ping-pong »... En fin de journée, chacun se souvient du dialogue qu'il a eu. « J'étais bien parti pour avoir un dialogue, mais la personne ne m'a pas laissé parler. C'est ça le problème », dit un militant. Le constat est fait, ce n'est pas facile de dialoguer : « Il faut être ouvert mais on a envie de parler de soi, est-ce qu'on a aussi envie d'écouter l'autre ? », « Le dialogue est quelque chose de plus difficile à vivre que ce que je pouvais imaginer. C'est complexe et pourtant on a la matière humaine tous en commun, c'est à notre portée, mais ça demande un vrai travail. »

En fin de journée, même si la prise de conscience de la difficulté de dialoguer est présente, les moyens pour progresser ne sont pas pour autant toujours repérés. Faut-il avoir une expérience commune pour vraiment entrer en dialogue, c'est-à-dire recevoir et donner, s'enrichir de la pensée de l'autre et apporter sa propre contribution, pour permettre peut-être à l'autre d'avancer ? Comment entrer en dialogue avec une personne qui ne parle que par mots brefs, sans construction de phrases ?

Troisième journée : *Apprendre à agir ensemble*

L'objectif de cette troisième et dernière journée est de s'exercer à bâtir une action ensemble, en tenant compte de la spécificité de chacun et en trouvant des intérêts communs. Pour cela, il s'agit d'oser donner son avis, défendre ses arguments en écoutant ceux des autres, et découvrir que toute action sera d'autant plus efficace qu'elle sera élaborée ensemble et non dictée par un leader ou quelques-uns.

La méthode utilisée est la technique du « pour et contre » individuel puis collectif. L'objectif est de réussir à dire à une autre personne que l'on n'est pas d'accord avec elle, en reformulant l'argument donné et en donnant son propre argument contraire ; puis en groupe, d'apprendre à contredire un autre groupe en répondant à ses arguments.

Ensuite, sur un sujet donné par les formateurs, l'exercice consiste à prendre une décision commune et établir un plan d'action. Les deux groupes travaillent indépendamment sur le sujet proposé : En tant que groupe ATD Quart Monde quelle action proposez-vous de mener par rapport aux personnes qui sont à la rue ? Les deux groupes mettent en commun leur plan d'action et étudient les possibilités de l'unifier ou non.

Même si cette dernière journée est encore présentée comme un temps d'exercices, elle est placée volontairement dans un contexte qui est proche de la réalité vécue dans les différents groupes locaux et régionaux du Mouvement. À savoir, chaque groupe est caractérisé par la diversité d'origines sociales et culturelles des personnes, leur implication plus ou moins grande au sein du Mouvement ATD Quart Monde, leur connaissance plus ou moins approfondie de ce Mouvement, de sa philosophie et de ses moyens d'action, les rôles respectifs au sein du groupe local ou régional. Puisqu'il s'agit lors de cette journée d'envisager une action au nom d'ATD Quart Monde, la tendance naturelle est que chacun reprenne sa place reconnue par les autres : responsable, délégué, membre participant... ou le rôle qu'il se donne lui-même : garant d'une histoire ou d'un combat, expert d'une connaissance ou d'une action...

Lors de certaines formations communes, la pression exercée par « ceux qui savent ce qu'il faut faire » sera forte. Ils imposent rapidement leur point de vue persuadés de savoir comment agir, font connaître leur mécontentement, parfois leurs impatiences, se lancent dans de grandes explications suivies par les seuls initiés. Les prises de conscience et acquis des deux premières journées, à savoir l'écoute, les temps de silence, de compréhension volent en éclat devant l'urgence de l'action à faire. D'autant plus que le thème d'action proposé pour cette troisième journée est volontairement en relation avec un thème d'actualité qui déclenche les passions.

Le formateur intervient peu dans l'animation contrairement aux autres exercices, il laisse le groupe réguler ses propres échanges, il regarde comment le groupe fonctionne afin de lui faire un retour au moment de l'évaluation. Des questions de fond, des justifications rejaillissent alors : « Si tu n'es pas bien informé, tu ne peux pas décider ce qu'il faut faire, il faut d'abord que quelqu'un qui s'y connaisse informe », « Cela fait des années que je travaille cette question, on ne peut pas la régler en deux heures », « Le Mouvement ATD a toute une réflexion et une pratique sur cette question, il aurait fallu en prendre connaissance avant de discuter. »

Est-ce que cela signifie que des personnes en très grande précarité sociale ne peuvent pas et ne pourront jamais donner leur avis d'action parce qu'elles n'ont pas accès aux informations dont disposent d'autres personnes ? Par conséquent, l'avis de ces personnes en situation de précarité risque d'être toujours annexe, elles feront l'objet tout au plus d'une consultation, car l'action se pense et se décide ailleurs entre personnes qui « savent ». Nous sommes au cœur de la question posée par le croisement des savoirs et des pratiques : la reconnaissance et donc la prise en compte du savoir de vie et d'expérience des personnes en situation de précarité afin de le croiser avec les autres savoirs. Lors de cette journée de formation sur l'action, il apparaît bien souvent que c'est le croisement qui pose problème, c'est le croisement qu'il faut continuer à travailler. Grâce aux deux journées précédentes, l'expression de chacun est acceptée mais certaines expressions ont plus de poids que d'autres, l'autorité des places revient et cela semble normal. Le groupe se prive ainsi d'un renouvellement de connaissances et d'un nouveau regard sur l'action.

Les participants de la région dont nous avons parlé précédemment ont-ils su et pu élaborer ensemble un plan d'action au cours de cette troisième journée et en ont-ils appris des manières de faire qui pourront ultérieurement leur servir ? L'évaluation en fin de journée, cette fois non plus en groupes d'acteurs, mais dans le groupe où ils ont travaillé pendant les trois jours, donne des éléments.

Des éléments de connaissance de soi apparaissent toujours, notamment sur la possibilité de s'affirmer, d'oser exprimer un avis contraire aux autres :

« ...ne pas être caméléon, ne pas être girouette pour faire plaisir à l'autre, ou changer d'avis pour donner raison à l'autre alors que je pense le contraire et que je crois que je n'aurais pas la force de défendre mes positions » affirme un participant. « Aujourd'hui, constate un membre du groupe, par rapport aux deux premières journées, j'ai éprouvé beaucoup plus de difficultés. Est-ce que c'est parce que j'ai des antécédents, c'est-à-dire que je n'ai jamais eu l'impression d'agir en commun, de pouvoir agir en commun avec les autres ? »

Des applications dans le champ professionnel se font jour :

« Quand je reçois par exemple des parents. Devoir se répéter régulièrement l'argument défendu par eux, je pense que ça peut m'aider à mieux comprendre leurs points de vue. Ainsi je peux mieux présenter mes arguments quand je ne suis pas d'accord avec eux. Je pense également que ce sont des choses qui peuvent éventuellement changer mon point de vue ou mieux présenter le mien quand vraiment je ne suis pas d'accord. » Le changement est aussi perceptible dans les relations, au lieu de s'installer dans une écoute complaisante il s'agit d'« ...apprendre à dire qu'on n'est pas d'accord parfois, cela s'apprend. Et comment le dire en respectant l'autre ? »

Retenons aussi les propos de Chantal qui avait dit lors de l'évaluation en fin deuxième journée qu'elle se sentait inférieure à une autre personne de son groupe, et qui dit ce jour :

« Autour de la table, il y a une dame qui m'impressionne énormément. Je l'ai déjà dit le mois dernier. Vous êtes très bien, et moi à côté j'étais toute petite. Aujourd'hui au bout de trois samedis, je me dis que je ne suis pas aussi petite que ça... Je ne suis pas aussi petite que ça parce que je travaille sur moi-même, et en trois mois j'ai fait beaucoup de choses. Maintenant je suis capable d'aller chez une personne de mon quartier et de parler avec elle. Et ça jamais je ne l'aurais fait avant. Depuis le mois de janvier je ne sais pas, il y a quelque chose qui s'est passé. J'ai eu un changement, j'ai eu quelque chose dans ma tête pour ces trois samedis. Je crois que je vais continuer à faire d'autres choses que ce je faisais jusqu'à maintenant, peut-être plus, je ne sais pas. On verra. »

Nous pourrions résumer les acquis en matière de connaissance de soi par ce constat fait par plusieurs participants : il faut apprendre à se connaître soi-même pour connaître d'autres et aller à leur rencontre pour agir ensemble. Cette affirmation peut sembler évidente, banale, mais dans le cadre de la relation entre "pauvres et non pauvres", elle prend tout son sens, il ne s'agit pas seulement d'entrer en relation avec "les pauvres" pour connaître leurs difficultés, les écouter, tenter de les aider éventuellement, mais il s'agit de créer une relation dans laquelle chacun s'implique en vue d'une action commune.

Et, lors de cette formation commune, la preuve a été faite qu'il est possible d'élaborer une action en tenant compte de chacun, non pas pour faire plaisir, mais parce que les avis sont complémentaires. Certains membres du groupe mettent l'accent sur des points fondamentaux, préliminaires parfois oubliés. Par exemple, pour envisager une action avec des personnes vivant à la rue, bien sûr il faut interpeller les politiques, mais la première étape est d'oser aller à la rencontre des personnes sans abri pour nouer une relation avec eux. Comment se fait cette rencontre ? Par qui ? Pour dire quoi ? Chacun a le temps d'expliquer son point de vue, chaque proposition retenue doit être comprise et acceptée par l'ensemble du groupe. Certaines propositions sont écartées sans que cela frustre celui qui l'a faite car une explication est donnée, par exemple pourquoi ne va-t-on pas créer en tant qu'ATD Quart Monde une nouvelle soupe populaire ou un nouveau centre de soins. À force d'échanges, un consensus naît respectant les étapes nécessaires pour que chacun se sente partie prenante de l'action envisagée.

La découverte essentielle est que « ... l'on a vraiment besoin les uns des autres car la diversité est une richesse ». Mais réfléchir ensemble, cela s'apprend, il ne suffit pas de se mettre autour d'une table. La confrontation des plans d'action des différents groupes a parfois posé problème dans certaines régions, l'esprit de groupe amenant une compétition, une rivalité, un sentiment d'avoir à défendre un projet élaboré difficilement et que l'on trouve cohérent. Comment alors intégrer la réflexion d'un autre groupe qui présente une autre logique d'action ? Est-il possible d'unifier, d'harmoniser ?

« Au départ tout paraissait tellement clair. Puis on a vu l'autre groupe et on s'est posé des questions. Et on a vu qu'il s'était posé des questions que nous n'avions pas abordées. On a été remis en question quelque part. D'où l'importance, quand on fait un projet, de toujours confronter les avis des autres avant de se lancer parce que le résultat est plus riche », « Ce que j'ai bien aimé, c'est que si il n'y avait pas eu les militants pour travailler avec nous, ça manquerait complètement. C'était vraiment très important que les militants soient là. Travailler avec des militants, c'est l'idéal que j'aime beaucoup. »

Les moyens expérimentés pendant les trois samedis de formation sont intériorisés :

« Savoir écouter et ne pas penser à la place de l'autre », « Donner des temps de parole à chacun », « J'ai apprécié le calme quand tout le monde parle. Comment personne n'a coupé l'autre et tout le monde a bien écouté. D'habitude on parle et on s'interpelle toujours entre l'un et l'autre, mais là c'est la calme », « On était tous un peu sur la même ligne. On travaille tous ensemble, et on avait tous la même chose à faire et on n'avait pas à poser des questions. Ce n'était pas quelqu'un de la région qui animait. On avait un privilège, une chance d'avoir trois jours, d'être tranquilles, on n'avait pas quelque chose qui nous attendait derrière. C'était vraiment une formation. »

Peut-être encore plus fondamentale est l'expérimentation faite de l'indispensable liberté individuelle de penser, de donner son point de vue afin d'enrichir l'échange en groupe :

« Cette formation m'a apporté quelque chose de très fort et que m'apporte ATD en fait, c'est la liberté d'être soi, de s'exprimer soi, et que tous autant qu'on est, on a des choses à dire, et on a des choses à recevoir. On a des choses à faire ensemble. J'ai vraiment vécu une progression durant ces trois jours, et durant ce troisième jour, je me suis rendu compte qu'aujourd'hui je n'avais pas peur d'un échange d'opinions différentes. Une formation comme ça rentre vraiment dans la vie tout court, c'est ma vie professionnelle, ma vie personnelle, ATD encore en plus. Ça rentre d'une manière très générale dans la relation avec l'autre, quel qu'il soit, la relation avec soi-même. »

Après la formation...

Les prises de conscience, les acquis énoncés lors de l'évaluation finale résistent-ils à l'épreuve du temps et des contraintes quotidiennes liées à toute action et à l'exercice de différentes responsabilités ? Des échos nous sont donnés par des participants qui ont pu se servir de l'une ou l'autre technique dans leur champ professionnel ou au sein du Mouvement ATD Quart Monde, par exemple pour l'animation de réunions, de rencontres pour que chacun ait un temps de parole, qu'on ne se coupe pas la parole, qu'on s'écoute, qu'on vérifie la compréhension...

Dans une région française, durant plusieurs années, des formations communes ont eu lieu. Pouvons-nous en mesurer l'impact sur la manière de travailler ensemble des membres du Mouvement dans cette région ? L'un des formateurs relate comment il a vécu l'animation des différents cycles de formation commune dans sa région.

« Pour moi, la formation commune est dans la suite logique du travail effectué au cours des deux programmes Quart Monde-Université et Quart Monde Partenaire. Cette approche m'a beaucoup intéressé car elle m'a permis d'avancer sur une question que je me pose depuis mes débuts dans le Mouvement ATD Quart Monde en 1980.

À cette époque, j'ai été entraîné dans le Mouvement par un collègue interne en pédiatrie, et j'ai participé à un groupe de professionnels qui cherchait à repérer les situations d'exclusion constatées dans le cadre de notre travail. Cela nous a permis d'être plus attentifs à ces situations repérables au travail, mais n'a débouché sur aucune action en dehors d'une sensibilisation de nos collègues. Au travail, j'ai découvert que rien n'était acquis et qu'il fallait une grande attention pour garder soi- même cette vigilance face à l'exclusion et pour entretenir cette attention aux plus pauvres chez mes collègues.

Un soutien important a été ma participation à un Forum de Nancy en 1985 : "Promotion de la santé, le Quart Monde Acteur et Partenaire", ouvrant à une approche plus collective, et à cette notion nouvelle pour moi "acteur et partenaire", que l'on retrouve aussi dans la loi de lutte contre les exclusions. Restait à trouver les moyens qui permettent d'étayer cette conviction, d'en faire l'expérience. J'ai animé avec une autre personne un groupe local de militants dans le cadre du programme Quart Monde Partenaire. Le projet de formation commune permettait de vérifier que le croisement des savoirs – comme moyen privilégié d'une rencontre à égalité – était possible au sein du Mouvement. De plus, faire partie d'une équipe d'animation constituée de personnes formées au croisement des savoirs était très important pour moi. Durant deux années, la formation commune s'est déroulée sur le même mode, ce qui a permis à une cinquantaine de personnes de la région de participer, et à plusieurs d'entre elles de participer aux deux années.

L'animation était fatigante à cause de l'attention à porter pour que personne ne soit hors du coup, ne se trouve en échec ou en situation d'humiliation. Des consignes assez strictes pour l'animateur balisaient bien le terrain, mais en pratique, les occasions de se laisser déborder étaient nombreuses. Dans cette situation pourtant bien "cadrée", je me suis rendu compte combien faire attention à l'autre, lui laisser le temps parce qu'on a confiance dans ses capacités, empêcher d'autres de prendre trop de place, ou ne pas la prendre soi-même en tant qu'animateur, ne pas interpréter ou comprendre trop vite n'allait pas de soi. Transposer cela dans la vie quotidienne ou dans l'action au sein du Mouvement est encore autre chose. »

Deux responsables de la région expliquent ce qu'ils ont mis en place à la suite de ces formations.

« Les formations communes nous ont fait comprendre que nous devions travailler autrement entre alliés et militants. Nous en avons tiré des enseignements à un moment où nous avions besoin d'adapter, de faire évoluer un fonctionnement qui n'était plus satisfaisant. En tant que responsables de l'animation régionale, nous impulsons d'autres façons de faire, nous nous donnons d'autres moyens. Nous sommes davantage conscients des conditions qui permettent une réelle participation des militants et nous avons pris confiance dans leur capacité à réfléchir et analyser. Nous avions déjà la volonté de faire place, mais nous ne savions pas comment.

Nous organisons maintenant des rencontres trimestrielles qui réunissent une trentaine d'alliés et de militants. Nous préparons et animons ces rencontres en faisant en sorte que chacun trouve sa place et contribue, qu'il y ait une réflexion commune sur les actions que nous menons, sur le Mouvement. Notre souci est de garantir un dialogue avec une confrontation des points de vue de chacun. Nous travaillons en petits groupes, nous laissons des temps de silence pour que des militants puissent exprimer ce qui leur tient à cœur. Nous ne laissons plus des alliés leur souffler des idées...

Nous avons aussi changé la manière de programmer sur une année les thèmes des Universités Populaires Quart monde. Au cours d'une journée de travail, des militants choisissent des thèmes, des questions qu'ils souhaitent aborder, disent les spécialistes ou les représentants d'institutions qu'ils voudraient faire venir en qualité d'invités. Une militante qui s'est beaucoup formée à la méthode du croisement des savoirs soutient ce travail. Dans un second temps, les militants proposent par écrit leurs propositions très construites à des alliés qui apportent de leur côté des propositions, une ouverture. Les thèmes abordés sont donc fixés conjointement, mais sur la base de l'apport des militants.

Avant les formations communes, les alliés effectuaient l'essentiel du travail et les militants donnaient leur avis. Maintenant nous faisons pratiquement le contraire, ce sont les militants qui font l'essentiel du travail. Nous sommes rarement allés aussi loin dans notre façon de travailler. Militants et alliés prennent l'habitude de s'accorder de l'intérêt, de réfléchir et de prendre des décisions ensemble. En tant qu'alliés, nous sommes moins préoccupés par la place, la contribution des militants parce que de fait, avec notre nouvelle façon de faire, la participation est plus égalitaire, plus libre, tout en étant très opérationnelle.

Pour l'ensemble des actions, systématiquement, nous travaillons très étroitement entre alliés et militants. Nous réfléchissions avec plus d'acuité à notre engagement aux côtés des personnes en grandes difficultés, nous adaptons notre manière de travailler en fonction d'elles, nous faisons attention à ne pas créer d'élitisme, nous percevons mieux ce qui bloque ou favorise la participation de militants.

Nous rencontrons encore des difficultés, nous avons besoin d'améliorer les méthodes d'animation, tout le monde n'a pas tiré les mêmes enseignements des formations communes, mais un pas a été franchi en osant travailler différemment. C'est exigeant, cela nous oblige à faire des choix, à prendre des moyens pour pouvoir être à la hauteur de ces exigences. Et c'est beaucoup plus satisfaisant. »

La méthodologie mise en œuvre lors de ces formations communes, les techniques utilisées ne sont que des moyens pour atteindre un objectif durable, à savoir que les personnes en situation de pauvreté puissent exercer leur pouvoir de réflexion, de parole, de décision et d'action, en réciprocité avec d'autres. Le chapitre suivant illustrera cette affirmation par une autre action.

Chapitre 2

ÉCRITURE COLLECTIVE D'UN TEXTE

Depuis quelques années, une avancée réelle s'est faite par le réseau associatif, les services publics de plusieurs pays pour solliciter la participation des personnes en situation de précarité. Cette expression est bien souvent orale, parfois enregistrée mais non écrite, ni analysée par et avec les personnes directement concernées. D'autre part, cette participation reste un en soi si elle n'est pas confrontée avec ceux qui ne vivent pas la précarité. L'expression des « pauvres » est recueillie mais, n'étant pas mise en dialogue, elle n'engendre pas de nouveauté.

Le programme Quart Monde-Université a expérimenté l'écriture collective de mémoires de recherche [1] menée par des personnes vivant la pauvreté et des universitaires, prouvant ainsi l'originalité et la richesse d'une connaissance écrite à plusieurs mains. Des conditions ont été inventées pour rendre cette écriture possible. Était-il possible de renouveler une telle expérience d'écriture collective entre des personnes aux itinéraires et aux vécus si différents ?

En 2003, le Mouvement international ATD Quart Monde lance la préparation des premières Assises internationales de ses membres présents sur les cinq continents. L'objectif est de dire ensemble publiquement ce qui unit tous les membres du Mouvement ATD Quart Monde aujourd'hui, soit près de cinquante ans après sa fondation, au-delà des différences de contextes des pays, des cultures, des langues...

Le support choisi est l'écriture collective d'un texte d'une page. La démarche proposée s'inspire largement de la démarche expérimentée dans les programmes

1. *Le croisement des savoirs, op. cit.*, pp. 27-30.

Quart Monde-Université et Quart Monde Partenaire, à savoir croiser les savoirs et les expériences pour élaborer une production commune à laquelle chacun aura participé et qui sera l'œuvre de tous.

Cette démarche constituait un défi à plusieurs égards : défi de travailler ensemble de la part de personnes d'origines très différentes ; défi de comprendre l'expression, le point de vue de l'autre et de trouver un réel consensus dans l'expression ; défi d'écrire avec des personnes qui n'ont pas pu apprendre à le faire tout en leur permettant de garder une maîtrise tout au long du processus...

Un groupe d'appui constitué d'une douzaine de membres actifs du Mouvement international, originaires d'Europe, d'Afrique, d'Amérique du Nord, d'Amérique Centrale, de l'Océan Indien, d'Asie, se met en place pour expérimenter lui-même la démarche proposée et l'animer lors du temps final. Ce groupe se réunit mensuellement pendant plus d'un an.

Les étapes de l'écriture collective

La première étape est de demander à chaque membre du Mouvement de répondre personnellement par écrit à trois questions :

– Qu'est-ce que le Mouvement ATD Quart Monde pour vous aujourd'hui ?

– Quand vous expliquez aux autres pourquoi le Mouvement compte pour vous, qu'est-ce qui vous tient le plus à cœur ?

– Qu'est-ce qui, d'après vous, est commun aux membres du Mouvement que vous connaissez ? Qu'est-ce qui nous unit ?

La deuxième étape est de mettre en commun ces réponses au sein d'un groupe dans un quartier, une ville, une région en veillant à ce que les expressions originales ne soient pas gommées.

La troisième étape est le regroupement national. Des délégués de chaque région apportent le texte rédigé par leur région, et selon une méthode de découpage, classement, les idées retenues sont discutées, ordonnées pour élaborer un plan de rédaction. La rédaction finale de chaque texte national dans la langue du pays prendra plusieurs journées, parfois des semaines.

Une trentaine de pays de par le monde ont participé à cette démarche, souvent avec peu de moyens, au prix de nombreuses visites à des familles très isolées, de rencontres pour favoriser la participation de chacun et l'expression commune. Dans certains pays, déchirés par la guerre, l'insécurité, les catastrophes, la démarche n'a pas pu entièrement aboutir, mais partout elle a suscité enthousiasme et espoir. Chaque contribution a été prise en compte. Chaque apport personnel a été recueilli. Ces textes individuels, régionaux et nationaux constituent une véritable bibliothèque de référence pour le Mouvement.

Vingt-huit textes nationaux d'une page sont reçus au centre international d'ATD Quart Monde au cours de l'année 2004. Ils seront tous traduits en français, anglais, espagnol puis envoyés à toutes les délégations d'ATD Quart Monde à travers le monde.

La quatrième étape est la préparation des délégations par pays. De deux à quatre délégués par pays, représentatifs à la fois des personnes ayant la vie très dure et des personnes engagés solidairement avec eux, volontaires permanents et/ou alliés. Les délégués ont reçu les différents textes nationaux et il leur est demandé, si possible, d'en prendre connaissance avant de quitter leur pays. D'énormes efforts de traduction sont réalisés. Afin de permettre le dialogue et l'échange avec les autres délégués, il est demandé que dans chaque délégation au moins une personne maîtrise très bien soit le français, soit l'anglais, soit l'espagnol.

La dernière étape est la rencontre internationale des Assises du vingt-et-un au vingt-huit novembre 2004 au centre international d'ATD Quart Monde à Méry-sur-Oise. Elle a rassemblé quatre-vingt personnes venant de vingt-cinq pays, parlant seize langues, certains n'ayant pas appris à lire, d'autres universitaires, certains ayant une très longue expérience avec le Mouvement ATD Quart Monde, d'autres plus récents, certains parlant plusieurs langues, d'autres la seule langue de leur pays ou de leur région... Mais tous avaient à cœur le but poursuivi : la rédaction d'un texte public commun qui présente le mouvement ATD Quart Monde aujourd'hui, que l'on vive à Manille, Ouagadougou, New-York, Port-au-Prince, Madagascar ou Madrid... Un défi immense !

Les moyens mis en œuvre

Pour relever ce défi, des moyens très importants en interprétariat ont été pris ainsi qu'une grande créativité dans l'intendance (pauses, repas...) pour que chaque délégation se sente chez elle à Méry-sur-Oise. Les trois langues de travail en séance plénière sont le français, l'anglais, l'espagnol. Les quatre-vingt délégués sont répartis en trois groupes en fonction de la langue parlée et comprise mais plusieurs délégués doivent assurer la traduction dans leur langue maternelle parlée par leurs compatriotes (wolof, malgache, créole haïtien, polonais...)

La méthode proposée au cours de cette semaine d'écriture s'appuie sur la préparation des délégués, chacun d'eux avait en effet participé directement à toutes les étapes du texte national dont sa délégation était porteuse. Chaque délégué avait donc déjà dans son pays, dans sa langue, vécu le passage d'une écriture individuelle à une écriture collective. Il savait que cela était possible. Il avait aussi et surtout intériorisé les attentes, les demandes, les réponses rédigées dans le texte national par les membres du Mouvement de son pays. Ces vingt-huit textes nationaux étaient le seul point de départ de cette semaine d'écriture collective, la référence écrite à laquelle les délégués sont sans cesse revenus au cours de la semaine. L'intégralité de ces textes est donnée à chaque délégué sous la forme d'un document relié.

Comment faire de ces vingt-huit textes un seul texte sans se perdre dans des généralités et en gardant l'apport et la spécificité de chaque délégation ? Comment préserver la réflexion et le cheminement de la pensée de chacun dans sa propre langue ? Comment créer le dialogue indispensable entre toutes les délégations en vue d'une production nouvelle dont chacun sera fier et propriétaire ? Comment tout au long du processus s'assurer de la participation effective et de la maîtrise des personnes qui n'ont pas les acquis de la lecture et de l'écriture ?

L'animation de cette semaine d'écriture se doit d'être très rigoureuse en vue de l'impératif du temps : sept jours, pas un de plus, mais sept jours à temps plein. Sept jours pour relever dans les vingt-huit textes initiaux les idées, les points principaux que l'on souhaite garder, pour mettre en commun ces points avec les autres délégations, pour regrouper les idées en élaborant ensemble un plan, pour répartir l'écriture des différentes parties du plan, pour relire ensemble et corriger cette écriture et aboutir au texte final. Toute cette démarche étant animée conjointement en français, anglais, espagnol. Ce sont donc trois textes qui paraissent à la fin du septième jour avec les mêmes idées mais les trois langues ont gardé leur liberté de rédaction[2].

Les conditions pour écrire collectivement

En quoi la démarche du croisement des savoirs et des pratiques a-t-elle été un support pour cette écriture collective ? Quelles ont été et quelles sont les conditions transposables quelle que soit la situation de départ ? Nous pouvons énumérer plusieurs de ces conditions particulièrement présentes lors de cette écriture collective mais que nous retrouvons dans toutes les démarches de croisement.

La préparation des délégués (des participants) est un facteur déterminant. Le croisement ne peut pas se faire si un sérieux temps de préparation n'a pas été pris, non pas tant pour être averti de ce qui va se passer lors du croisement mais pour être au clair sur ce que soi-même on apporte dans ce croisement, être au clair sur le savoir dont on est soi-même porteur. D'une façon générale, s'il semble évident de préparer avec les personnes qui ont la vie très dure, la préparation peut sembler annexe pour les autres délégués se disant peut-être qu'ils ont davantage de possibilités de s'adapter directement. Mais bien souvent des difficultés lors du croisement

2. Cf. les trois textes en annexe 4.

viendront d'eux car ils se mettent plus en position de réagir à ce qui se dit, que de contribuer avec un apport construit de leur propre savoir.

La diversification des temps de regroupement : en plénière, en groupes de pairs, en groupes mixtes, en groupes linguistiques, en groupe national... À chaque type de regroupement correspond un objectif, soit un temps d'appropriation en reformulant et vérifiant si chacun a compris, soit un temps de travail personnel en silence, soit un temps de préparation d'arguments à plusieurs, soit un temps d'échange et de décision...

L'écrit est intégré dans la démarche de croisement, il n'est pas seulement un aboutissement, il est un point de départ et il est présent tout au long du processus. Parce que les personnes en situation de pauvreté ne maîtrisent pas toujours l'écrit, celui-ci est vu comme sélectif et excluant. Il est alors réservé pour d'autres lieux, d'autres personnes. Si, pour ces premières Assises du Mouvement international ATD Quart Monde, il a été décidé d'aboutir à la rédaction d'un texte public, c'est parce que le Mouvement ATD s'est bâti sur l'écrit, notamment sur les écrits quotidiens de ses volontaires-permanents. Avec le programme Quart Monde-Université, une autre étape a été franchie, celle d'associer les personnes en situation de précarité à cette écriture, non pas dans une écriture parallèle, mais dans une écriture commune. Pour cela des moyens sont expérimentés par les Ateliers du Croisement des savoirs* et ils sont transposables : cheminement lent, affichage, écriture publique avec contrôle par les participants de cette écriture, découpage de textes, classement, précision des mots et vérification de leur sens, écriture de « texte martyr » soumis à la critique des autres... Grâce à ces moyens, il apparaît que ceux qui sont en difficultés au cours du croisement, ne sont pas toujours ceux que l'on pensait au démarrage. L'écriture est bien plus qu'une technique à maîtriser, elle est le reflet d'une lucidité, d'une sensibilité et parfois le résultat d'un bouillonnement intérieur et collectif...

Le contrôle par chacun des participants tout au long du processus de croisement des éléments produits et donc de la production finale. Pour ces Assises internationales, l'objectif final était énoncé : la production d'un texte public sur le Mouvement ATD Quart Monde. Dès la première lettre envoyée par la Délégation Générale, les différentes étapes de cette production étaient indiquées : individuelle, nationale, mondiale. À leur arrivée au centre international à Méry-sur-Oise, les délégués ont eu en leur possession le déroulement des différentes journées.

L'inconnue était la longueur du texte qui serait produit collectivement. Il ne dépasserait pas une page, mais sera-t-il d'un seul paragraphe ou de plusieurs ? Et bien sûr nul ne pouvait présager quels seraient les points retenus par tous et dans quel ordre. Les échanges les plus passionnés n'ont pas eu lieu là où l'on pouvait le penser, à savoir se mettre d'accord sur les points qui devaient figurer dans le texte final, mais lors de l'ordre à donner à ces points, c'est-à-dire lors de l'élaboration du plan d'écriture. Que fallait-il mettre en premier : le fondateur du Mouvement ATD

Quart Monde ? L'affirmation de la dignité de chaque être humain ? Le combat pour les droits ? La volonté de s'unir pour lutter contre la misère ?

De nombreux temps de concertation entre délégués ont été nécessaires pour que personne ne se sente frustré et surtout pour se comprendre mutuellement et arriver à un accord. Chaque paragraphe écrit par un groupe de plusieurs délégations était soumis à la critique des autres lors des séances plénières, donnant ainsi lieu à plusieurs réécritures. Et ceci jusqu'aux dernières minutes de ces sept jours.

Le rôle du groupe d'animation est essentiel : sa cohésion, sa compétence dans les techniques d'animation, sa connaissance des personnes présentes, la complémentarité de ses membres, sa confiance en ceux qui parmi eux ont déjà expérimenté la démarche de croisement, son attention permanente à ceux qui semblent en difficultés, sa résistance à la pression exercée par ceux qui parlent beaucoup et veulent aller vite parce qu'ils pensent savoir au nom de tous ce qu'il faut dire, ce qu'il faut écrire...

Chaque délégué est donc parti avec le texte final soit en français, soit en anglais, soit en espagnol. L'ultime étape étant de le traduire dans la langue de chaque pays. Ce qui sera fait par les délégués dans les semaines suivantes. Mais charge leur est faite aussi de transmettre cette manière de travailler ensemble qu'ils ont vécue intensément, non pas pour la recopier en tant que telle, mais pour s'en inspirer notamment au moment où le Mouvement international envisage sa programmation d'action sur plusieurs années.

Conclusion générale

La lutte contre la pauvreté n'est pas seulement la solution de problèmes matériels, de redistribution. Elle est structurelle, elle remet en cause l'organisation des pouvoirs et des volontés politiques. Elle passe nécessairement par la contribution des personnes exclues au niveau de la réflexion, de la pensée, de l'action et de la formation.

Faire place aux connaissances qu'ont les personnes en situation de pauvreté et d'exclusion est source d'innovation, de changement, de réajustement et d'avancée de nos démocraties.

C'est parce que nos sociétés se privent de l'apport de millions de personnes laissées au bord du chemin, condamnées à vivre dans la misère, l'exclusion et l'inutilité qu'elles se laissent prendre par la vitesse, la sélection, le moteur de l'argent et l'individualisme, créant une crise de civilisation.

Le croisement des savoirs et des pratiques avec les plus exclus oblige toute démocratie à se rééquilibrer, à se refonder sur l'égale dignité de tout être humain. Des étapes ont été franchies, ce livre le montre. Cette démarche de dialogue et de reconnaissance mutuelle entre acteurs professionnels et institutionnels et personnes associées vivant ou ayant vécu la grande pauvreté et l'exclusion n'en est plus au stade de l'expérimentation. Elle se démultiplie et inspire des recherches-actions, des formations et des actions.

Des praticiens, des formateurs, des universitaires ayant vécu eux-mêmes le croisement sont des relais et cherchent des moyens pour que les effets de cette démarche soient intégrés par leurs institutions et les politiques afin de susciter de nouvelles pratiques et créer des réseaux de soutien.

Le défi n'est pas tant d'avoir une connaissance des problèmes de pauvreté et d'exclusion pour identifier des besoins et y répondre par la création de nouvelles mesures pour faire diminuer la pauvreté. Nos sociétés ne sont pas en manque d'études de ce genre qui ont souvent pour effet de mettre les pauvres *à l'extérieur*, en objets d'études. L'urgence est maintenant de créer les conditions d'un véritable travail avec les personnes concernées pour que leur analyse, leur réflexion, leur pensée soient reconnues dans le dialogue avec les autres savoirs et influencent les pratiques et les décisions.

C'est un enjeu capital de la lutte contre la pauvreté et l'exclusion : prendre en considération et faire émerger les connaissances que possèdent ceux qui vivent au pied de l'échelle sociale, leurs résistances, leurs refus. Il s'agit de construire ensemble de nouveaux concepts, de nouvelles perspectives où chacun, relié à d'autres, est contributeur, cochercheur, coacteur et co-formateur. De multiples exemples explicités dans ce livre nous y invitent. Puissent-ils inviter le lecteur à oser interpeller son institution scolaire, universitaire, professionnelle, ses lieux d'engagements associatifs, syndicaux, politiques... pour que les personnes en situation de pauvreté et d'exclusion deviennent un partenaire incontournable et indispensable.

Postface

par Mireille Delmas-Marty [1]

Ce livre vient à son heure. Soixante ans après la Déclaration universelle des droits de l'Homme, le constat est d'évidence : tous les êtres humains n'ont pas été « libérés de la terreur et de la misère », et, malgré l'égalité proclamée, les inégalités de fait, loin de disparaître, se sont bien souvent accrues au détriment des plus défavorisés, y compris dans les pays les plus développés.

La leçon à tirer est claire. L'égalité des droits n'est pas seulement affaire de dispositions juridiques et leur effectivité ne dépend pas seulement de mesures d'assistance matérielle.

La reconnaissance de l'égale dignité nécessite un changement culturel fondamental. La démocratisation du savoir ne saurait se limiter à l'accès des plus défavorisés à la culture dominante, mais elle implique leur participation, en tant qu'experts irremplaçables de leur vécu, à la production des savoirs.

À défaut, sur le plan des pouvoirs, la démocratie participative risque de n'être qu'un leurre.

C'est ainsi qu'en faisant apparaître concrètement l'interaction nécessaire entre le croisement des savoirs et celui des pouvoirs, cet ouvrage apporte une contribution essentielle à ce qui reste le grand défi de notre temps.

1. Professeur au Collège de France, Membre de l'Institut.

Annexe 1

La charte du croisement des savoirs et des pratiques avec des personnes en situation de pauvreté et d'exclusion sociale [1]

Exposé des motifs

La lutte conte la misère et l'exclusion concerne de multiples acteurs en situation inégale.

D'un côté, dans le monde des institutions, des politiques, des chercheurs universitaires, des intervenants professionnels..., de bonne foi le plus souvent, construisent des solutions sur la base de l'analyse qu'ils font des causes de la pauvreté. Ils occupent d'emblée une position haute. Bien qu'ils n'aient pas une seule identité, homogène, ils seront dénommés dans cette charte « universitaires ou professionnels ».

De l'autre côté, dans le monde de la pauvreté, des femmes et des hommes ne sont trop souvent pris en compte que sous l'angle de leurs manques et de leurs besoins et sont priés de collaborer aux solutions que d'autres ont imaginées pour eux. Ils occupent d'emblée une position basse. Bien qu'ils n'aient pas une seule identité, homogène, ils seront dénommés dans cette charte « personnes en situation de pauvreté ».

Les « Universitaires ou professionnels », de par leur formation et le milieu dans lequel ils travaillent, acquièrent des capacités d'expression, d'énonciation, d'abstraction, d'intellectualisation. Nous savons combien ces capacités culturelles donnent du pouvoir à ceux qui les maîtrisent. Ils disposent d'un savoir socialement reconnu, communicable, construit dans la durée. Ils connaissent les règles du jeu. De par leur statut et leurs fonctions, ils ont le pouvoir d'agir, d'orienter ou de décider.

À l'inverse, le savoir des personnes en situation de pauvreté, basé principalement sur leur expérience de vie, n'a pas de reconnaissance a priori. Ces personnes ont le plus souvent l'expérience d'être traitées en objets : objets de procédure, de décision, de mesure, de règlement... parfois objets de sollicitude mais objets tout de même. La non prise en compte du savoir des personnes concernées est une des causes de l'échec des politiques de lutte contre la pauvreté.

Le préalable, dans la lutte contre la misère et l'exclusion, est de reconnaître les personnes en situation de pauvreté comme des acteurs à part entière. Les reconnaître, c'est leur reconnaître un savoir de vie et d'expérience sans lequel les autres

1. © ATD Quart Monde.
(En ligne : www.atd-quartmonde.org/Charte-du-croisement-des-savoirs.html.)

types de savoirs (scientifique, d'action...) sont incomplets et donc à terme inefficaces, voire générateurs d'effets contraires à ceux qui sont en principe recherchés.

S'appuyant sur la pensée de Joseph Wresinski[2], fondateur du Mouvement ATD Quart Monde, et sur la démarche qu'il a initiée, des conditions indispensables au croisement des savoirs et des pratiques ont été expérimentées au cours de deux programmes de recherche-action-formation :

– Quart Monde-Université, [3]
– Quart Monde Partenaire[4]

Ces programmes ont été initiés par l'Institut de Recherche et de Formation aux Relations Humaines du Mouvement ATD Quart Monde, en collaboration avec l'Université de Formation Européenne de Tours et la Faculté Ouverte de Politique Economique et Sociale et l'Institut Cardijn à Louvain-La-Neuve.

À la suite de ces programmes, ces conditions ont été mises à l'épreuve au cours de formations réalisées avec des « Universitaires ou professionnels » (du monde de la santé, de l'enseignement, du travail social...) et des personnes en situation de pauvreté (membres d'associations de lutte contre la misère). S'agissant de formations réciproques utilisant la méthode de croisement des savoirs et des pratiques, ces formations sont dénommées « co-formations ».

Les pré-requis du croisement des savoirs et des pratiques

La démarche de croisement des savoirs ne saurait en aucun cas se confondre avec une simple démarche de participation des populations en situation de pauvreté.

Avoir conscience d'un changement nécessaire

La misère n'est pas une fatalité. Ne pas être satisfait des réalités sociales, économiques ou culturelles... entraîne une volonté de changement. Etre porteur de cette volonté et la reconnaître chez les autres est un pré-requis du croisement.

---

2. « La pensée des plus pauvres dans une connaissance qui conduise au combat », *Revue Quart Monde*, n° 140, pp. 44-52, 1991.

3. *Le croisement des savoirs-Quand le Quart Monde et l'Université pensent ensemble*, Groupe de Recherche Quart Monde-Université, Éditions de L'atelier / Éditions Quart Monde, 1999.

4. *Le croisement des pratiques – Quand le Quart Monde et les professionnels se forment ensemble*, Groupe de recherche-action-formation Quart Monde Partenaire, Éditions Quart Monde, 2002.

Considérer chacun comme détenteur de savoirs

Les personnes en situation de pauvreté et d'exclusion sociale n'ont pas seulement des manques, des besoins à satisfaire, elles ont aussi des savoirs à apporter. Le savoir d'expérience qu'elles ont, quand il est croisé avec d'autres savoirs, révèle leur capacité de distance et de réflexion. Ce croisement produit des connaissances plus complètes et plus fidèles à la réalité.

Ne pas être seul

Toute personne par sa propre vie acquiert une expérience. Si l'expérience personnelle n'est pas reliée à un groupe social ou professionnel, elle reste fragile. C'est l'appartenance à un groupe social, professionnel qui consolide le savoir dont chacun est porteur.

Cela signifie que pour participer à un croisement des savoirs et des pratiques avec des universitaires et des professionnels, les personnes en situation de pauvreté ne doivent pas rester isolées. Elles doivent vivre l'association avec d'autres personnes ayant les mêmes conditions de vie et avoir des espaces de réflexion, d'expression et de dialogue.

Se placer ensemble dans une position de recherche

Il est nécessaire que chaque participant soit dans une attitude de co-chercheur, co-formateur, co-acteur pour identifier des questions, les mettre en problématiques et rechercher des compréhensions communes et des pistes de changements. C'est-à-dire un partage de la maîtrise de la recherche.

Les conditions de mise en œuvre du croisement des savoirs et des pratiques

Présence effective des personnes en situation de pauvreté

La première condition pour réaliser le croisement des savoirs et des pratiques est que les personnes qui vivent en situation de pauvreté soient effectivement présentes tout au long du processus et non seulement à un moment donné pour donner leur témoignage sous forme d'exposé, de vidéo ou d'écrit.

En aucun cas, d'autres acteurs ne peuvent se substituer à elles, parler en leur nom, à leur place, en s'appuyant sur la connaissance ou la proximité qu'ils pourraient avoir du monde de la misère.

Créer les conditions de l'autonomie des savoirs en vue de leur mise en réciprocité

Autonomie et réciprocité ne sont habituellement pas des acquis dans la pratique des relations entre « universitaires et professionnels » et personnes en situation de pauvreté.

• Pas de lien de dépendance

Pour réaliser le croisement des savoirs et des pratiques, les groupes de travail doivent être composés de personnes qui ne dépendent pas les unes des autres. Afin de préserver la liberté de réflexion et de parole de chacun, des professionnels d'un service ne seront pas en présence de bénéficiaires ou usagers de celui-ci – par exemple des enseignants avec des parents dont ils ont les enfants comme élèves, des travailleurs sociaux, des médecins, etc., avec leurs « clients ».

• Groupe de référence, groupes d'acteurs

Chaque acteur du croisement des savoirs et des pratiques a en référence son propre groupe d'appartenance (acteurs du monde de la pauvreté, acteurs associatifs, acteurs professionnels, acteurs universitaires...) C'est au sein de ces groupes que chacun aura une sécurité, une liberté, un temps pour bâtir sa propre pensée avant d'en entreprendre le croisement.

D'autre part, la compréhension et la réception du savoir de l'autre nécessitent maturation et explicitation. Ces espaces et ces temps en groupes d'acteurs permettent aux participants de s'approprier les questions, de formuler leurs propres interrogations, de construire leur propre expertise.

Établir un espace de confiance et de sécurité

Le croisement des savoirs et des pratiques n'est possible que si le sentiment de sécurité et de confiance de chacun vis-à-vis de ses partenaires, ainsi que du cadre instauré est assuré.

– *Une forme de contrat* doit fixer les règles précisant la sécurité et la confidentialité des paroles et des écrits produits. En particulier, tout ce que disent les personnes en situation de pauvreté est le plus souvent le fruit d'une expérience longue de souffrances et d'efforts, et la fragilité des personnes reste grande. Cette fragilité doit être protégée, notamment par la règle de confidentialité. Celle-ci s'applique pleinement aussi à ce que disent les « Universitaires ou professionnels », tenus par ailleurs de respecter les règles du secret professionnel.

– *D'autre part le cadre éthique* comprend un certain nombre de valeurs liées au dialogue entre les personnes : écoute active, respect de la parole de l'autre, disponibilité à adopter une posture critique vis-à-vis de son propre savoir, conviction que tout savoir est toujours en construction.

Garantir les conditions d'échange et de rigueur

L'inégalité des positions est bien présente dans le processus de croisement des savoirs et des pratiques. Ce serait un piège de faire comme si tous les participants étaient d'emblée en situation d'égalité alors que ce n'est pas le cas.

Rendre l'échange possible c'est donc créer les conditions d'une parité dans l'échange. C'est le rôle d'une équipe pédagogique ou équipe d'animateurs. Elle doit être constituée de membres connaissant, pour les avoir côtoyées de longue date, les personnes en situation de pauvreté, leurs difficultés, leurs ressources, et de membres du monde des « Universitaires ou professionnels ».

– *Vis-à-vis des personnes en situation de pauvreté*

Le rôle des animateurs est d'aider les personnes en situation de pauvreté à s'exprimer avec leurs propres termes sans jamais se substituer à elles, sans leur « souffler » ce qu'elles tentent de dire. Il s'agit de créer les conditions qui leur permettent de consolider elles-mêmes leur savoir : relire leur expérience de vie en prenant du recul, la confronter à d'autres pour en tirer des enseignements généralisables, les soutenir dans la démarche de compréhension des autres acteurs. C'est également les accompagner en amont et en aval des rencontres pour qu'elles restent en lien avec leur milieu de vie.

– *Vis-à-vis des « Universitaires ou professionnels »*

« Universitaires ou professionnels » rencontrent eux aussi des difficultés quant à l'expression orale et écrite. Habitués et formés à travailler et communiquer entre pairs, ils ont tendance à utiliser des formulations abstraites compréhensibles uniquement par des initiés. Le rôle des animateurs est de les aider à rendre leur pensée communicable et de les accompagner dans la démarche de compréhension des apports des personnes en situation de pauvreté.

Le rôle des animateurs est aussi de faire comprendre aux « Universitaires ou professionnels » le bien-fondé des rythmes et du temps nécessaire pour une démarche de croisement des savoirs et des pratiques (on ne peut pas brûler les étapes).

– *Animer le croisement*

Le rôle des animateurs est de faire en sorte que tous puissent s'exprimer, être compris, et de respecter le temps de parole de chacun. Pour parvenir à cela, ils prennent l'option de porter une attention particulière à l'écoute de la parole des personnes en situation de pauvreté.

Mettre en œuvre une méthodologie du croisement des savoirs et des pratiques

Le croisement des savoirs et des pratiques est une construction, il requiert des outils et des étayages, tant dans le domaine de la recherche que de la co-formation. L'équipe pédagogique est responsable de la méthodologie mise en place qu'elle adapte selon les contextes.

Les fondements de la méthodologie sont les suivants :

– *L'expérience de chacun*

Le récit d'une expérience précise permet de mettre tous les participants sur le même pied. Le récit des faits porte sur des situations vécues où il y a interaction entre des personnes en situation de pauvreté, des « Universitaires ou professionnels ».

– *Le rythme et la durée*

Au cours des échanges, chacun doit voir respecté son propre rythme de compréhension et d'expression. Il faut respecter les temps de silence, permettre à chaque personne d'aller au bout de ce qu'elle veut dire, comprendre ensemble le sens des mots. Parfois, des tensions surgissent de part et d'autre au cours des échanges, le retour régulier en groupes d'acteurs permet de prendre le recul nécessaire.

La durée est une donnée indispensable pour un travail en profondeur. Elle est nécessaire pour créer la confiance, asseoir le dialogue, analyser les récits, comprendre ce que veut dire l'autre, préparer ses propres interventions. La durée est cependant relative aux objectifs que l'on se donne, mais dans tous les cas il faut compter avec le temps de la maturation.

– *La construction collective*

Les efforts consentis par chacun pour participer au croisement des savoirs et des pratiques sont motivés par la transparence des procédures mises en œuvre et par le but recherché connu de tous, qui est d'améliorer les interactions entre personnes en situation de pauvreté et tous les autres citoyens (qu'ils soient professionnels, institutionnels, universitaires, syndicalistes, politiques...).

Pouvoir identifier les éléments de désaccord est une étape essentielle. Sans confrontation, pas de construction collective. Le meilleur moyen de confronter réellement les points de vue est de s'engager mutuellement lorsque c'est possible dans une production commune.

« Croiser » les savoirs, ce n'est pas « additionner » les savoirs. Il y a simultanément et progressivement au cours du processus, pour chacun dans la position qu'il occupe, plus d'emprise sur sa compréhension du monde et plus de maîtrise sur la place qu'il y prend.

Croiser, c'est se confronter, c'est-à-dire s'exposer au savoir et à l'expérience de l'autre, pour construire une plus-value.

L'enjeu n'est pas seulement une meilleure compréhension réciproque mais également la mise en œuvre d'une démarche permanente de démocratie participative au sein de laquelle les personnes en situation de pauvreté seraient acteurs à part entière.

Annexe 2
La charte des droits et libertés de la personne accueillie

Loi n° 2002-2 du 2 janvier 2002 rénovant l'action sociale et médico-sociale

L'article 8 de la loi du 2 janvier 2002 stipule que les établissements sociaux et médico-sociaux doivent délivrer à la personne accueillie ou à son représentant légal une charte des droits et libertés. La charte figure en annexe de l'article 1 de l'arrêté du 8 septembre 2003 :

Charte des droits et libertés de la personne accueillie

Article 1er : Principe de non-discrimination

Dans le respect des conditions particulières de prise en charge et d'accompagnement, prévues par la loi, nul ne peut faire l'objet d'une discrimination à raison de son origine, notamment ethnique ou sociale, de son apparence physique, de ses caractéristiques génétiques, de son orientation sexuelle, de son handicap, de son âge, de ses opinions et convictions, notamment politiques ou religieuses, lors d'une prise en charge ou d'un accompagnement, social ou médico-social.

Article 2 : Droit à une prise en charge ou à un accompagnement adapté

La personne doit se voir proposer une prise en charge ou un accompagnement, individualisé et le plus adapté possible à ses besoins, dans la continuité des interventions.

Article 3 : Droit à l'information

La personne bénéficiaire de prestations ou de services a droit à une information claire, compréhensible et adaptée sur la prise en charge et l'accompagnement demandés ou dont elle bénéficie ainsi que sur ses droits et sur l'organisation et le fonctionnement de l'établissement, du service ou de la forme de prise en charge ou d'accompagnement. La personne doit également être informée sur les associations d'usagers œuvrant dans le même domaine.

La personne a accès aux informations la concernant dans les conditions prévues par la loi ou la réglementation. La communication de ces informations ou documents par les personnes habilitées à les communiquer en vertu de la loi s'effectue avec un accompagnement adapté de nature psychologique, médicale, thérapeutique ou socio-éducative.

Article 4 Principe du libre choix, du consentement éclairé et de la participation de la personne

Dans le respect des dispositions légales, des décisions de justice ou des mesures de protection judiciaire ainsi que des décisions d'orientation :

1° La personne dispose du libre choix entre les prestations adaptées qui lui sont offertes soit dans le cadre d'un service à son domicile, soit dans le cadre de son admission dans un établissement ou service, soit dans le cadre de tout mode d'accompagnement ou de prise en charge.

2° Le consentement éclairé de la personne doit être recherché en l'informant, par tous les moyens adaptés à sa situation, des conditions et conséquences de la prise en charge et de l'accompagnement et en veillant à sa compréhension.

3° Le droit à la participation directe, ou avec l'aide de son représentant légal, à la conception et à la mise en œuvre du projet d'accueil et d'accompagnement qui la concerne lui est garanti.

Lorsque l'expression par la personne d'un choix ou d'un consentement éclairé n'est pas possible en raison de son jeune âge, ce choix ou ce consentement est exercé par la famille ou le représentant légal auprès de l'établissement, du service ou dans le cadre des autres formes de prise en charge et d'accompagnement. Ce choix ou ce consentement est également effectué par le représentant légal lorsque l'état de la personne ne lui permet pas de l'exercer directement. Pour ce qui concerne les prestations de soins délivrées par les établissements ou services médico-sociaux, la personne bénéficie des conditions d'expression et de représentation qui figurent au code de la santé publique.

La personne peut être accompagnée de la personne de son choix lors des démarches nécessitées par la prise en charge ou l'accompagnement.

Article 5 : Droit à la renonciation

La personne peut à tout moment renoncer par écrit aux prestations dont elle bénéficie ou en demander le changement dans les conditions de capacités, d'écoute et d'expression ainsi que de communication prévues par la présente charte, dans le respect des décisions de justice ou mesures de protection judiciaire, des décisions d'orientation et des procédures de révision existantes en ces domaines.

Article 6 : Droit au respect des liens familiaux

La prise en charge ou l'accompagnement doit favoriser le maintien des liens familiaux et tendre à éviter la séparation des familles ou des fratries prises en charge, dans le respect des souhaits de la personne, de la nature de la prestation dont elle bénéficie et des décisions de justice. En particulier, les établissements et les services assurant l'accueil et la prise en charge ou l'accompagnement des mineurs, des jeunes majeurs ou des personnes et familles en difficultés ou en situation de détresse prennent, en relation avec les autorités publiques compétentes et les autres intervenants, toute mesure utile à cette fin.

Dans le respect du projet d'accueil et d'accompagnement individualisé et du souhait de la personne, la participation de la famille aux activités de la vie quotidienne est favorisée.

Article 7 : Droit à la protection

Il est garanti à la personne comme à ses représentants légaux et à sa famille, par l'ensemble des personnels ou personnes réalisant une prise en charge ou un accompagnement, le respect de la confidentialité des informations la concernant dans le cadre des lois existantes.

Il lui est également garanti le droit à la protection, le droit à la sécurité, y compris sanitaire et alimentaire, le droit à la santé et aux soins, le droit à un suivi médical adapté.

Article 8 : Droit à l'autonomie

Dans les limites définies dans le cadre de la réalisation de sa prise en charge ou de son accompagnement et sous réserve des décisions de justice, des obligations contractuelles ou liées à la prestation dont elle bénéficie et des mesures de tutelle ou de curatelle renforcée, il est garanti à la personne la possibilité de circuler librement. À cet égard, les relations avec la société, les visites dans l'institution, à l'extérieur de celle-ci, sont favorisées.

Dans les mêmes limites et sous les mêmes réserves, la personne résidente peut, pendant la durée de son séjour, conserver des biens, effets et objets personnels et, lorsqu'elle est majeure, disposer de son patrimoine et de ses revenus.

Article 9 : Principe de prévention et de soutien

Les conséquences affectives et sociales qui peuvent résulter de la prise en charge ou de l'accompagnement doivent être prises en considération. Il doit en être tenu compte dans les objectifs individuels de prise en charge et d'accompagnement.

Le rôle des familles, des représentants légaux ou des proches qui entourent de leurs soins la personne accueillie doit être facilité avec son accord par l'institution, dans le respect du projet d'accueil et d'accompagnement individualisé et des décisions de justice.

Les moments de fin de vie doivent faire l'objet de soins, d'assistance et de soutien adaptés dans le respect des pratiques religieuses ou confessionnelles et convictions tant de la personne que de ses proches ou représentants.

Article 10 : Droit à l'exercice des droits civiques attribués à la personne accueillie

L'exercice effectif de la totalité des droits civiques attribués aux personnes accueillies et des libertés individuelles est facilité par l'institution, qui prend à cet effet toutes mesures utiles dans le respect, si nécessaire, des décisions de justice.

Article 11 : Droit à la pratique religieuse

Les conditions de la pratique religieuse, y compris la visite de représentants des différentes confessions, doivent être facilitées, sans que celles-ci puissent faire obstacle aux missions des établissements ou services. Les personnels et les bénéficiaires s'obligent à un respect mutuel des croyances, convictions et opinions. Ce droit à la pratique religieuse s'exerce dans le respect de la liberté d'autrui et sous réserve que son exercice ne trouble pas le fonctionnement normal des établissements et services.

Article 12 : Respect de la dignité de la personne et de son intimité

Le respect de la dignité et de l'intégrité de la personne est garanti. Hors la nécessité exclusive et objective de la réalisation de la prise en charge ou de l'accompagnement, le droit à l'intimité doit être préservé.

Annexe 3
Un exemple d'évaluation écrite par des participants à une co-formation

– Est-ce que la formation a correspondu à vos attentes ?

« C'était une complète découverte »

« Ce que je suis venue chercher était de l'ordre de l'échange avec l'autre, qu'il soit allocataire ou professionnel. Cet objectif a été atteint. »

« Le climat de la réunion a permis une expression de plus en plus libre. »

« Les professionnels ont dit clairement ce qu'ils pouvaient faire ou non, leurs limites. Maintenant je sais ce qu'ils peuvent nous apporter, le sens de leur travail. »

« Je trouvais très intéressant de pouvoir travailler entre professionnels et non professionnels pour avoir un autre regard, une autre façon de travailler. Je trouve qu'il est important de pouvoir échanger sur nos pratiques. »

« L'expérience de la mixité -professionnels et non professionnels- est toujours un risque. Une fois de plus je l'ai vécue comme un enrichissement, comme étant et une philosophie et une méthode de travail. La mixité a bien fonctionné dans les échanges, authenticité. »

« Un bon accueil et une bonne entente générale. J'espère et souhaite qu'il y ait une suite. »

« Je sais aujourd'hui qu'il existe des contextes qui peuvent rapprocher des personnes issues de mondes différents et que ces contextes sont la source d'une nouvelle façon de concevoir l'accompagnement ou l'insertion. »

– Pouvez-vous donner quelques points précis que vous retenez particulièrement des trois journées de formation ?

• Le travail sur les représentations est cité à plusieurs reprises :

« Les premiers regards, les premières impressions, les premières représentations... »

« Le travail sur les représentations est très important pour mesurer les différences, les écarts, les incompréhensions que cela peut entraîner. »

« Le poids des mots, la compréhension des mots pour comprendre et se faire comprendre, pour être dans l'échange vrai tout simplement – La différence de signification des mots insertion et exclusion – beaucoup plus de concret chez les allocataires. »

« Les images types de la personne enfermée dans un rôle aussi bien professionnelle que non professionnelle – l'appréhension et les a priori réciproques en début de la co-formation – le choix des photos très significatif des a priori réciproques – la représentation des travailleurs sociaux : une image sans visage. »

• Le travail d'analyse des récits :

« Les récits reflètent pour les bénéficiaires un sentiment d'incompréhension et d'inadaptation des réponses apportées à leurs problèmes et pour les professionnels le sentiment parfois d'être démunis face au peu de réponses à apporter. »

« La passion et la conviction que chacun mettait à défendre ses idées et le respect les uns envers les autres. »

« Le travail en groupes et avoir assez de temps pour les débats entre les groupes L'importance du respect des rythmes de chacun. »

« Le plaisir d'apprendre ensemble, de construire ensemble. »

« Après 30 ans de carrière, je pensais bien connaître les personnes en difficultés... »

• Le jeu de rôles, sous forme de théâtre-forum :

Le jeu de rôles permet d'explorer toutes les possibilités et les blocages de part et d'autre.

« Bien entendu ce travail n'est possible qu'à partir des phases précédentes qui ont montré les écarts entre la vision des professionnels et des allocataires ainsi que le pouvoir des professionnels. Il y a là une source de créativité importante. »

« Le jeu de rôles est impliquant et donne à réfléchir. »

« Oser dire ce qui nous dérange chez l'autre. »

– Voyez-vous des possibilités de vous servir de cette formation dans vos pratiques (professionnelles ou associatives) ?

« L'importance du réseau associatif pour les personnes en difficultés. »

« La volonté, le désir d'aller vers les personnes allocataires dans le respect que je peux avoir de l'autre, de croire en ses possibilités, ce qu'il peut aussi m'apporter afin d'avancer ensemble et de faire ensemble. »

« Cela me donne une autre vision des professionnels que je serais amené à rencontrer, à aller au-delà de la façade, leurs limites, leur diversité. »

« Changer les a priori des autres allocataires par rapport aux travailleurs sociaux. »

« Avoir conscience de ses limites, je dois me rendre à l'évidence que je ne peux pas tout maîtriser toute seule, et faire appel au travail en réseau. »

« Cela permet d'améliorer, de renforcer notre accueil, notre écoute – Pendant les entretiens, mieux cerner les attentes, privilégier l'écoute et la résolution du problème. »

« Il me semble très important de toujours tenir compte du fait que les personnes en – détresse – sont surtout en attente d'une réponse à leur problème. »

« Cette formation me conforte dans l'idée que beaucoup de choses peuvent se régler plus facilement grâce au dialogue, que l'on ne juge pas les gens sans les

connaître et que l'entraide fait bouger les choses. J'essaierai de transmettre cette pensée positive aux allocataires qui m'entourent.»

« C'est une modalité de travail qui doit être proposée plus largement. Elle ne doit pas rester confidentielle. L'importance de l'attitude accueillante, de l'ouverture : de décentrer de son métier. »

« Permettre à d'autres professionnels de vivre une telle formation. »

« Approfondir le partenariat avec les référents RMI pour aider la personne dans sa globalité et apporter des solutions adaptées sans cloisonner les problèmes. Prendre conscience des échecs successifs éventuels qui peuvent amener un comportement hostile voire agressif. Humaniser la relation. »

« Avoir en tête comment sont perçus les travailleurs sociaux, avoir en tête la différence de définition des mots, avoir en tête que le bénéficiaire du RMI est une personne avant tout. »

Annexe 4
Un exemple d'écriture collective
(en français, anglais et espagnol)

Toute personne, quelle que soit sa position dans la société, a une dignité égale à celle de toute autre personne. Nul ne peut offenser cette dignité sous aucun prétexte.

Pour que chacun puisse mener une vie digne, le respect de l'ensemble des droits par tous et pour tous est essentiel (droit de vivre en famille, liberté d'expression, moyens convenables d'existence en priorité par le travail et la formation, éducation, culture, accès aux soins, logement, justice...).

Dans la longue histoire de douleur et d'espoir des plus pauvres, le Père Joseph Wresinski, né dans la misère, a fondé en 1957 le Mouvement International ATD Quart Monde avec les familles du camp des sans-logis de Noisy-le-Grand (France) et des amis venus les rejoindre. L'expérience, la pensée et la vision du Père Joseph sont source d'inspiration à travers le monde : *« chaque homme est une chance pour l'humanité »*, *« la misère n'est pas fatale, elle est l'œuvre des hommes, seuls les hommes peuvent la détruire »*.

La misère est un scandale.

L'injustice, l'humiliation, la honte... empêchent ou cassent les relations. La priorité est de rejoindre les personnes les plus pauvres, tisser des liens et cheminer avec elles, afin que leurs idées, aspirations et rêves d'une vie meilleure soient pris en compte sans jugement. Bâtir une société juste qui ne laisse personne en arrière exige que les personnes en situation de pauvreté soient au centre et puissent participer activement à partir de leurs expériences de vie. Pour cela, il est important de changer de regard, de relier les familles entre elles, d'apprendre à s'écouter mutuellement et à partager les savoirs. Ainsi, tous les parents peuvent trouver de la force pour que les enfants et les jeunes apprennent, aient leur place, deviennent responsables de leur vie et contribuent à l'avenir de leur pays.

À travers le monde, des personnes de tous horizons s'unissent. Peu à peu des solidarités se renforcent, des liens se nouent et chacun ose davantage d'initiatives dans la confiance, l'un épaulant l'autre, la force de l'un rejaillissant sur l'autre. Chacun a la liberté de s'engager dans la durée, quelles que soient ses capacités et ses possibilités. La lutte que les pauvres mènent chaque jour pour résister est au cœur de l'engagement commun. Contribuer à ce combat est source de fierté pour tous.

Convaincus que les efforts de tous sont nécessaires, le Mouvement ATD Quart Monde cherche à gagner des amis et à développer le plus largement possible des alliances et des partenariats à tous les niveaux de la société. En faisant entendre la voix des plus pauvres se crée un courant qui interpelle les responsables politiques, économiques, religieux, culturels et institutionnels.

Le 17 octobre, Journée mondiale du refus de la misère, célébrée depuis 1987 et reconnue par l'ONU depuis 1992, rappelle à tous la nécessité de se mobiliser : *« Là où des hommes sont condamnés à vivre dans la misère, les droits de l'Homme sont violés. S'unir pour les faire respecter est un devoir sacré » (*Joseph Wresinski).

La misère est intolérable et inacceptable.

Aujourd'hui le pouvoir de l'argent est une menace pour nos sociétés. Le défi est d'affirmer la valeur de la personne pour réaliser la paix dans le cœur de chacun et dans le monde.

Texte des Assises du Mouvement International
ATD Quart Monde,
novembre 2004.

All human beings, regardless of their place in society, are equal in dignity, which must be respected, not violated by anyone for any reason. Equal dignity is the basis for fundamental rights especially the right to freedom of expression, to live as a family, to housing, to health care, and to work. Those who live in extreme poverty are the first victims of the violation of human rights.

Keenly aware of the world's long history of human suffering and hope, Father Joseph Wresinski, born in extreme poverty himself, founded the International Movement ATD Fourth World in 1957 with families from the homeless camp of Noisy-le-Grand (France) and others who joined them. His belief that *« Every person is a chance for humanity »* is a source of inspiration for many people all over the world.

Injustice, powerlessness, shame, humiliation, and exclusion as experienced by those living in extreme poverty must not be tolerated. Our priority is to reach out to the poorest and most ignored people, be alongside them, and create links with them and between them. Ensuring that those with the hardest life are at the heart of all projects and listening to the dreams and aspirations they have for themselves and their children, we can reach a mutual understanding. When the most excluded people can contribute their knowledge and experience to society as equals, extreme poverty will be overcome.

ATD Fourth World welcomes everyone. It unites people whatever their origin, social status, culture or beliefs to fight against poverty. In building trust, solidarity and friendship, all have a place to realize their full and best potential. Working together and learning from each other, everyone is free to express themselves without being judged. The Movement develops partnerships at all levels of society.

It was founded with the conviction that people have created the conditions for extreme poverty and social exclusion. Therefore, a long-term commitment is needed to ensure that no one is left behind. Embracing such a responsibility is a source of pride for everyone.

As long as the power of money is the primary value, the world will be menaced by poverty and violence. If humanity is our primary value, the world will be transformed and we can all enjoy peace. October 17, the International Day for the Eradication of Poverty, inaugurated by ATD Fourth World in 1987 and recognized by the United Nations since 1992, annually presents this on-going challenge :

« Wherever men and women are condemned to live in extreme poverty, Human Rights are violated. To come together to ensure that these rights be respected is our solemn duty. » Father Joseph Wresinski

Text of the General Assembly of the International Movement
ATD Fourth World,
november 2004.

Cada persona, cualquiera que sea su posición dentro de la sociedad, tiene la misma dignidad y nadie se la puede negar. Cada uno tiene la capacidad de desarrollarse y de aportar al presente y al futuro de la humanidad.

Los que viven en la extrema pobreza son las primeras víctimas de la violación de los derechos humanos. Hay que luchar para que cada Hombre pueda tener una vida digna. Todas las personas tienen la responsabilidad de hacer respetar el conjunto de estos derechos que se basan en reconocer la dignidad del ser humano y la importancia de vivir en familia. Sólo así se consigue la paz en el mundo y en el corazón de cada quien.

A través de una larga historia de dolor y de esperanza humana, el Padre Joseph Wresinski, nacido él mismo en la extrema pobreza, ha creado con las familias y otros que se han juntado con ellos, en 1957, el Movimiento Internacional ATD Cuarto Mundo. La experiencia, el pensamiento y la visión del Padre Joseph son fuente de inspiración para todos los pueblos. *« Cada hombre y cada mujer son una oportunidad para la humanidad »*. Por ejemplo, el 17 de octubre, Día Mundial del Rechazo a la Miseria, celebrado en todo el mundo, recuerda a todos la necesidad de movilizarse : *« Allí donde hay hombres y mujeres condenados a vivir en la miseria, los derechos humanos son violados. Unirse para hacerlos respetar es un deber sagrado »*.

Para los más pobres la injusticia, la impotencia, la humillación y la vergüenza implican la desaparición de las relaciones e impiden la participación en cualquier decisión, aún si les afecta. La prioridad es llegar a los más pobres, los más olvidados y caminar a su lado. Tejer lazos y relacionarlos entre sí. La expresión de sus ideas, sueños y aspiraciones a una vida mejor para ellos y sus hijos es la base para superar la extrema pobreza y les permite participar activamente.

El Movimiento ATD Cuarto Mundo une a personas de todos los medios, creencias, culturas y nacionalidades con una misma ambición; capaces de indignarse y combatir juntos la miseria y la exclusión. Crea lazos de amistad y confianza, construyendo juntos un sentimiento de pertenencia y solidaridad, un lugar seguro donde cada uno puede expresarse sin ser juzgado y sentirse libre, como una gran familia. Desea ganar amigos y alianzas dentro de la sociedad.

El Movimiento ATD Cuarto Mundo fue creado con la convicción que la extrema pobreza es inaceptable. Por lo tanto, cada uno tiene la libertad de comprometerse de forma duradera, sean cuales sean sus capacidades y posibilidades. La lucha que llevan a diario los pobres para resistir está en el centro del compromiso común. De este modo, se asegura que los más pobres no se queden atrás mientras otros progresan. Esta lucha es un orgullo para todos.

El Movimiento ATD Cuarto Mundo invita a cada uno a actuar. Teniendo en cuenta el pensamiento de los más pobres se crea una corriente que interpela a los responsables políticos, económicos, religiosos, culturales, etc. Todos debemos caminar juntos para cambiar nuestra mirada y compartir nuestras ideas, experiencias y proyectos con la finalidad de llegar a un conocimiento mutuo. Así todas las familias encuentran las fuerzas, los niños y jóvenes pueden aprender, encontrar un lugar propio y volverse completamente responsables de sus vidas y del porvenir de su país. El valor del dinero está en el corazón de la sociedad. El desafío es reemplazarlo por el valor del ser humano para la liberación de la humanidad.

Texto de las Assises del Movimiento Internacional
ATD Cuarto Mundo,
noviembre 2004.

Table des sigles

AEMO	Aide éducative en milieu ouvert
ASBL	Association sans but lucratif
ATD Quart Monde	Aide à toute détresse Quart Monde
CAF	Caisse d'allocations familiales
CAREP	Centre académique de ressources sur l'éducation prioritaire
CCAS	Centre communal d'action sociale
CES	Conseil économique et social
CHRS	Centre d'hébergement et de réinsertion sociale
CLI	Commission locale d'insertion
CNCDH	Commission nationale consultative des droits de l'Homme
CNFPT	Centre national de la fonction publique territoriale
CNLE	Conseil national de lutte contre les exclusions
CPAS	Centre public d'action sociale
CSTS	Conseil supérieur du travail social
CVS	Conseil de vie sociale
DDASS	Direction départementale de l'administration sanitaire et sociale
DGAS	Direction générale de l'action sociale
DGS	Direction générale de la santé
DRASS	Direction régionale de l'administration sanitaire et sociale
EAPN	European Anti Poverty Network
EDF	Électricité de France
ENACT	École nationale d'application des cadres territoriaux
ENSP	École nationale de la santé publique
FNARS	Fédération nationale des associations d'accueil et de réinsertion sociale

GIReP	Groupe interuniversitaire Recherche et Pauvreté
IDRH	Institut pour le développement des ressources humaines
ILEP	Institut Lillois d'éducation permanente
LST	Luttes Solidarités Travail
MDS	Maison pour un développement solidaire
MRIE	Mission régionale d'information sur l'exclusion
NAJE	Nous N'abandonnerons Jamais l'Espoir
ONE	Office de la naissance et de l'enfance
OSE	Observatoire social européen
PASS	Permanence d'accès aux soins de santé
PNAI	Plan national d'action et d'inclusion
PRAPS	Programme régional d'accès à la prévention et aux soins
RERS	Réseau d'échange réciproque des savoirs
RGP	Rapport général sur la pauvreté
RMI	Revenu minimum d'insertion
RSA	Revenu de solidarité active
SLP	Service de lutte contre la pauvreté
TMS	Travailleuses médico-sociales
TROC	Temps pour la recherche d'outils conviviaux
UNESCO	Organisation des Nations unies pour l'éducation, la science et la culture
UNIOPPS	Union nationale interfédérale des organismes privés sanitaires et sociaux

Lexique

Alliés : Citoyens de tous horizons engagés dans leur milieu professionnel, culturel, syndical, politique, religieux... à faire connaître la réalité de vie des populations en grande pauvreté et les moyens proposés par le Mouvement ATD Quart Monde pour enrayer la misère. Certains d'entre eux sont engagés au sein de quartiers défavorisés, aux côtés des enfants, des jeunes ou des adultes.

Ateliers du Croisement des savoirs et des pratiques : Composés d'une dizaine de membres du Mouvement ATD Quart Monde, ils ont pour objectifs de faire connaître et développer la démarche du croisement des savoirs et des pratiques, de répondre aux demandes d'intervention et/ou de co-formation des institutions, d'animer au sein du Mouvement ATD Quart Monde des formations par le croisement des savoirs. Adresse : ateliers.cdsp@orange.fr

Militants Quart Monde : Personnes quotidiennement confrontées à la misère, dans leur propre vie ou celle de leurs proches, qui ont décidé de prendre durablement une part active au sein du Mouvement ATD Quart Monde à partir de leur implication dans leur milieu.

Mouvement ATD Quart Monde : Créé en 1957 par le père Joseph Wresinski et des familles très pauvres du camp des sans-logis de Noisy-le-Grand. Mouvement international, ses objectifs d'action prioritaires sont : l'accès aux moyens nécessaires pour vivre en famille, l'accès au savoir, à la culture, à la formation et la prise de parole dans les débats publics.

Père Joseph Wresinski : 1917 – 1988. Né à Angers, dans un quartier pauvre, de parents immigrés (père polonais, mère espagnole). De 13 à 19 ans, il travaille comme pâtissier, période au cours de laquelle il rencontre la Jeunesse Ouvrière Chrétienne. En 1936, il entre au petit séminaire. Il est ordonné prêtre en 1946. En 1956, son évêque lui propose d'aller rencontrer les familles qui habitent le camp des sans-logis à Noisy-le-Grand, dans la région parisienne. Il y resta et fonda ce qui allait devenir le Mouvement international ATD Quart Monde. Il est enterré à Méry-sur-Oise (Val d'Oise), au centre international de ce Mouvement.

Réseaux Wresinski : Ces réseaux mettent en lien des personnes (professionnels, militants associatifs et syndicaux, élus, etc.) membres du mouvement ATD Quart Monde ou non, qui dans leur domaine d'activité ont le souci d'atteindre et d'associer les plus pauvres.

Il existe 10 réseaux qui permettent aux participants de confronter leurs expériences et réflexions, d'encourager des initiatives.

Université populaire Quart Monde : Lieu de rencontre, de formation réciproque entre des adultes vivant la pauvreté et des citoyens qui s'engagent à leurs côtés. Les participants débattent autour d'un thème qu'ils ont préparé, ils apportent leurs réflexions, leurs suggestions et leurs questions. Régulièrement, des invités participent, interviennent et se forment aussi à l'écoute de ces échanges.

Volontaires-permanents ATD Quart Monde : Hommes et femmes, célibataires ou mariés, d'origines sociales et professionnelles très variées, de toutes nationalités, ils rejoignent le Mouvement ATD Quart Monde acceptant un salaire minimum ainsi que la vie et le travail en équipe. Ils sont près de 400 à travers le monde dans 24 pays.

Bibliographie

AUTHIER Michel, *Les arbres de connaissances*, La Découverte, 1992.

BARBIER René, *La recherche action*, Anthropos, 1996.

BENASAYAG Miguel, *Du contre-pouvoir*, La Découverte, 2003.

—, *Résister c'est créer*, avec AUBENAS Florence, La Découverte, 2003.

BOLTANSKI Luc, *L'amour et la justice comme compétences*, Métailié, 1990.

BOLTANSKI Luc, *Le nouvel esprit du capitalisme*, avec CHIAPELLO Eve, Gallimard, 1999.

BOUCHET Paul, *La misère hors la loi*, Éditions Textuel Conversations pour demain, 2000

BRUN Patrick, *Émancipation et connaissance*, L'Harmattan, 2001.

CHAMPAGNE Patrick, *La misère du monde*, en collaboration, sous la direction de Pierre Bourdieu, Le Seuil, 1993.

CHAMPAGNE Patrick, *Initiation à la pratique sociologique*, Dunod, 1989.

COULON Alain, *L'école de Chicago*, PUF, coll. Que sais-je, 1992.

—, *L'ethnométhodologie*, PUF, coll. Que sais-je, 1987.

DELMAS-MARTY Mireille, *La refondation des pouvoirs*, Le Seuil, 2007

DENOYEL Joël, *Le biais du gars, la métis des grecs et la raison expérientielle*, Villeneuve d'Ascq, Éditions PU Septentrion, 2000

DURKHEIM Émile, *Les règles de la méthode sociologique* (1894), Flammarion, 1988.

FERRAND Françoise, *Et vous, que pensez-vous ?*, Éditions Quart Monde, 1996.

FONTAINE Pierre, sous la direction de, *La connaissance des pauvres*, Groupe Interuniversitaire de Recherche et Pauvreté, Travailler le social, Belgique, 1996.

FREIRE Paulo, *La pédagogie de l'opprimé*, La Découverte, (1974) 2001.

GALVANI Pascal, *Quête de sens et formation, anthropologie du blason et de l'autoformation*, L'Harmattan, 1997.

GROUPE DE RECHERCHE QUART MONDE-UNIVERSITÉ, *Le croisement des savoirs – Quand le Quart Monde et l'Université pensent ensemble*, Éditions de L'Atelier/Éditions Quart Monde, 1999.

—, Version anglaise : *The Merging of knowledge- People in poverty and academics thinking together*, University Press of America, 2007

GROUPE DE RECHERCHE-ACTION-FORMATION QUART MONDE PARTENAIRE, *Le croisement des pratiques – Quand le Quart Monde et les professionnels se forment ensemble*, Éditions Quart Monde, 2002.

GUITART Cécil, *Tutoyer le savoir*, La pensée Sauvage, 2007.

HABERMAS Jürgen, *Théorie de l'agir communicationnel*, Fayard, 1987.

HONNETH Axel, *La lutte pour la reconnaissance*, Le Cerf, 2000.

LASCOUMES Pierre et CALLON Michel, *Agir dans un monde incertain*, Le Seuil, 2001.

LE BOTERF Guy, *Construire les compétences individuelles et collectives : la compétence n'est plus ce qu'elle était*, Éditions d'Organisation, 2004.

LE MOIGNE Jean-Louis, *La modélisation des systèmes complexes*, Dunod, 1990.

—, *La Théorie du Système Général*, PUF, 1994.

—, *Le constructivisme*, ESF, 1994.

PAGES Max, *L'implication dans les sciences humaines*, L'Harmattan, 2006.

PERRAUT SOLIVERES Anne, *Le savoir de la nuit*, Le Monde/PUF, 2001.

PINEAU Gaston, PAUL Patrick, *Transdisciplinarité et formation*, L'Harmattan, 2005.

ROSENBERG Suzanne, Marion CARREL, *Face à l'insécurité sociale : désamorcer les conflits entre usagers et agents des services publics*, La Découverte, 2002.

ROSENFELD Jona, TARDIEU Bruno, *Artisans de démocratie*, Éditions l'Atelier/Éditions Quart Monde, 1998.

STRIVAY Lucienne, *Enfants sauvages*, Gallimard, 2006.

THILL Georges, *Le dialogue des savoirs*, Bruxelles, Éditions Luc Pire, 2002.

TOURAINE Alain, *La voix et le regard*, Le Seuil, 1978.

TOURAINE Alain, *Pourrons-nous vivre ensemble ? Égaux et différents*, Fayard, 1997.

TOURAINE Alain, *Sociologie de l'action*, Le Seuil, 1965.

WRESINSKI Joseph, *Refuser la misère, une pensée politique née de l'action*, (recueil de textes), Le Cerf/Éditions Quart Monde, 2007.

Rapports

Ce que l'on dit doit faire changer notre vie, ATD Quart Monde, document de travail européen, Éditions Quart Monde, février 2006.

Connaître pour agir ensemble, Mission régionale d'information sur l'exclusion, 2005.

Rapport bruxellois sur l'état de la pauvreté, Observatoire de la santé et du social, Bruxelles, 2005.

Indivisibilité des droits face aux face aux situations de précarisation et d'exclusion, Commission nationale consultative des droits de l'Homme, 2006.

L'accélération du temps juridique, Facultés Universitaires Saint-Louis, 2000.

L'usager au centre du travail social, Ministère du Travail, des Relations sociales et de la Solidarité, Conseil supérieur du travail social, Éditions ENSP, juillet 2007.

Partenariat-Logement, vers un savoir sur le logement élaboré en commun par des universitaires et des personnes vivant des situations de pauvreté, Faculté de droit de Namur, 1999.

Rapport Général sur la pauvreté, en ligne: www.atd-quartmonde.be/Rapport-General-sur-la-Pauvrete.html, 1994.

Une autre approche des indicateurs de pauvreté, Service de Lutte contre la Pauvreté, en ligne : www.luttepauvrete.be/publicationsserviceindicateurs.htm, mars 2004.

Mémoire, thèse

CARREL Marion, *Faire participer les habitants ? La politique de la ville à l'épreuve du public*, thèse de sociologie, Paris V, 2004.

HERMESSE Olivier, *De la pauvreté vers les plus pauvres*, Mémoire de licence en économie, Université Catholique de Louvain-la-Neuve, Belgique, Session 2003-2004.

Revues

Revue Quart Monde, n° 140, « Reconnaître l'autre comme chercheur », 1991.

Revue Quart Monde, n° 170, « Le Quart Monde à la Sorbonne : croiser les savoirs », Éditions Quart Monde, juin 1999.

Revue *Travailler le social*, n° 34-35, Éditions Cardijn-Publications asbl, 2e et 3e trimestre 2003.

Filmographie

Quand le Quart Monde rencontre l'Université, 30 mn, DVD, 1999.

Index

Achevé d'imprimer dans les Ateliers de la Nouvelle Imprimerie Laballery
58500 Clamecy
N° d'éditeur : 6015 – N° de Fab. : 6191 – N° Imprimeur : 811124
Dépôt légal : décembre 2008

Imprimé en France

La Nouvelle Imprimerie Laballery est titulaire de la marque Imprim'Vert®